伝承された縄紋技術

木の実・樹皮・木製品

名久井文明［著］

吉川弘文館

まえがき

きわめて高度に発展した現代日本に、実は縄紋時代から一万年を超えて途切れることなく継承されてきた文化がある。原始の記憶を秘めたそれらの存在は、古老たちから聞いた伝統的な生活技術や知識を参照することによって考古学的事実の理解を図るという、まったく新しい「民俗考古学」の研究手法によって明らかになった。

黒潮と親潮が交差する三陸沖は世界三大漁場の一つに数えられている。三陸の名は陸前、陸中、陸奥に由来しており、三陸海岸といえば宮城、岩手、青森県の太平洋岸を指す。その海岸には景勝地が多く、岩手県の北部から宮城県北部までの一八〇キロにわたる一帯は陸中海岸国立公園として指定、保護されている。三陸地方には、梅雨どきから盛夏のころ、毎年、オホーツク海に発達する高気圧から冷涼で湿った風が、しばしば濃い海霧を伴って内陸部まで何日にもわたって吹き込む。北上山地の人々はその風を「やませ」と呼んで恐れ、警戒する。というのはそれがイネの出穂、開花期にあたると、低温、日照不足が深刻な冷害をもたらすからだ。北上山地に立地している七市町村の作況指数が皆無作となった平成五年の大冷害は今なお記憶に新しい。

そのように稲作には厳しい気候風土のこの地だが、どうにかして家族に米を食べさせたい、食べたいと願う人々が大型土木機械を投入して傾斜地を均し、水漏れを防ぐために基盤を固め、用水を導いて水田稲作農耕を始めることができたのは昭和三十年代に入ってからだったという所が珍しくない。それまで、人々は傾斜地に畑を拓き、この地の気候風土に合ったソバ、ムギ、アワ、ヒエ、ダイズなどの雑穀を植え、それらを主食のようにしながら、落葉広葉樹林が生み出す各種の資源を巧みに利用してきた。人々はさまざまな山の幸はもちろんのこと、建築材や生活用具の製作材料、薪や製炭材などを山地に求めたばかりでなく、畜産に必要な採草地や放牧地としても山野を幅広く利用してきた。

昭和五十年代の後半、岩手県立博物館の学芸員だった私は、古くから行われてきた雑穀栽培についての調査を進めるため、北部北上山地を足しげく訪れていた。そんなある年の秋、山深い所で通りかかった小さな集落で、日が当たる縁側にアワの穂を山盛りにして干している家を見かけた。訪ねてみると庭先にしつらえた棹には穂刈りしたタカキビ（モロコシ）の束を乾している。応対してくれたその家のご老人からは、雑穀を主食にしていた時代に栽培した作物の種類や、それらを植えてから収穫し、口にするまでの手順についてお聞きすることができた。さらに一連の作業に使った道具も見せていただけることになり、農具置き場に案内された。そこの柱や壁にはいろいろな道具が掛けられていたが、その中でひときわ異彩を放っていたのが、薄型の、やや小ぶりな籠だった。深みのある濃い栗色をしたその籠が外光を反射しているのは、長年にわたって労働の汗を吸ってきた証と見た。聞いてみるとヤマブドウの蔓の皮を剝いで自分で作ったもので、山仕事に行くときにはこれに諸道具や弁当を入れて背負って行くのだという。

蔓皮や樹皮利用のことをさらに聞いてみると、北上山地でマダと呼ぶシナノキの樹皮では［荷縄］のほかウシの［口籠］や［つけ縄］、［みの］や［背負い籠］を作ったし、若いクルミの樹皮では［背中当て］を、ヤマブドウの蔓の皮では［はばき］も作ったという。しかも今でもそれらを作れるという。樹皮を剝ぐには適季があり、どんなものを作るかによって選ぶ樹も樹皮の採り方も違うのだという。さまざまな種類の樹皮でいろいろな「もの」を作ることは、北上山地に暮らす人々にとって、どうやら普通の生活技術だったらしい。

古老が語る樹皮利用にまつわるさまざまな知識や技術を聞きながら、私は全国各地の遺跡から樹皮製品やその断片が発見されていることを思い出していた。樹皮製遺物が発掘されると、調査報告書にはその図や写真、寸法が掲載される。しかしその樹皮素材がどんな季節に、どのような方法で採取されたか、といったところまでは踏み込んでいなかったのではないかと、考古学の研究水準が気になった。

そうした山深い所で暮らしてきた古老たちから昔の食生活について聞いてみると、家族が多かった時代のこと、限られた面積の畑で取れる作物だけでは足りなかったから、コナラ、ミズナラ、クリ、トチ、クルミといった木の実を盛んに採集し、乾燥させて長期保存を図りながら利用したものだったという。ある古老は、この地方でシダミと呼ぶ、コナラ、ミズナラの実の「あく抜き」をして、「日に三度、茶椀で二つずつシダミばかり食って、大きくなりました」という。また、ある年配の女性によると、クリは拾ってきたのを煮て食べるばかりでなく、十分に乾燥させて保存し、食べるときには臼、杵で搗いて、箕で皮を除いたという。トチの「あく抜き」をして食べるまでの手順を聞いてみると、その方法には何種類かあるようだった。

また、ある山間の奥まった一軒家で暮らしている女性が家族のために毎年拾って乾燥し、保存したクルミの殻を割るのは、なんと近くの河原で見つけたという手ごろな石だ。長年握り続けてきた部分が手の脂で黒く染まったそれは、まさに平成時代の「クルミ割り石」だ。また、ある古老が言うには、山中で野宿できる場所については普段から気をつけておかなければならないもので、実際、彼が夜道に行き暮れて野宿したときにはサワグルミの樹皮を幅広く剝ぎ、それで雨風をしのぎながら岩陰で一夜を明かしたという。籠類を背負う紐や樹皮で作る「はばき」その他の製品の要所に使う紐を作るには畑で作ったアサも使ったが、野生の繊維植物であるイラクサの繊維も使ったという。また、若いとき、木挽きの仕事をなりわいとした古老によると、何を作るには何の木を使うという「適材適所」の知識がしっかりと定着していた。例えば刈り取った穀物を干す稲掛の柱には必ず皮を剝いだクリの丸木を使うが、それは最も腐り難いからだという。

北部北上山地の奥まった所で暮らしてきた人々の、そんな一連の話をうかがっていると、都市部で暮らす現代人が、とうの昔に忘れてしまった遥か遠い時代の営みの数々がおぼろげに見えてくるような気がしてならなかった。そういえば縄紋時代以降の諸遺跡から、しばしばコナラ、ミズナラ、クリ、トチ、クルミなどの木の実が発見されるが、先史時代の人々はそれぞれの木の実をどのように処理し利用していたのか、十分に解明されているのだろうか。三内丸山遺跡や真脇遺跡をはじめとする各地の遺跡に立てられていた巨木はクリの木だったことが判っているが、それらがクリ材だった理由がどのように理解されているのかなどと、考古学の研究水準がここでも気になった。

それにしても樹皮や蔓皮を剝いで縄や籠類、雨具などを作るとか、何種類もの木の実を、時に「あく抜き」して食料にするとか、野生の繊維植物から糸や紐を作るという文化は縄紋時代の出土遺物にも認められる文化だ。そんな古い時代の文化と同じような文化が現代民俗例に認められるというのは、いったいどういうことなのだろうか。もしかしたら、北部北上山地一帯で受け継がれてきた伝統的生活技術や知識の中には縄紋時代から幾百世代を超えて受け継がれてきた、いわば原始の記憶が今なお息づいているのではないか。もしそうだとすれば、この地で暮らしてきた古老たちは縄紋時代の文化に連なるさまざまな知識や技術を受け継いでいる貴重な証言者に違いないのに、誰もそのことに気付いていないのではないか。自分は図らずも、遺跡から発掘される木の実や樹皮といった植物性遺物を残した何千年も昔の人々の諸技術について、あたかもわがことのように語ることができる古老たちと出会ってしまっているのではないか。そんなことがしきりに思われた。

クリや「どんぐり」、トチやクルミなどの木の実、あるいはさまざまな種類の樹皮や蔓皮など、遺跡から発見される各種の自然物と全く同じ自然物を利用する民俗的諸技術について古老たちから詳細な話をお聞きしたなら、出土遺物の周辺に未解明のまま残されている部分を相当明らかにすることができるのではないか。そう確信した私は、これからは北上山地の山襞深く分け入って古老たちの語るところに耳を傾け、各種の自然物を利用する伝統的生活技術やそれに伴う諸知識についてじっくり聞いてみようと固く心に決めたのである。

しかしそうなると、たちまち直面するのが切羽詰った現実だ。土器や石器は土中で腐ることがない。しかし、ある高齢の人が私に言い聞かせてくれた、「年寄りの命は春の雪。きょう有って　あす無い」という言葉には迫ってくるような現実味がある。古老たちからうかがう伝統的生活技術や知識を調査、研究する先にどんな世界が見えてくるのか、そのときは見当もつかなかったが、あたかも無人の原野に分け入ろうとしている感覚だけはあった。

そのようにして手探りの作業が始まった。以下はその記録である。

目　次

図・写真・表目次

第一章　クリ・「どんぐり」・クルミの乾燥、保存、利用技術

一　ク　リ

1　発掘された搗栗

クリは「あく抜き」しなくても食べられるから、遥か遠い旧石器時代から食料に加えられてきたに違いない。しかしその痕跡がはっきりするのは、これまでに知られた発掘調査報告書による限りでは縄紋時代早期以降のことだ。クリは縄紋時代から平安時代までの、主として東日本から北海道に至る諸遺跡から、皮、皮が付いたままの実、剝き実などが発見される。皮の多くはごみ捨て場から発見されるが、実の方は住居跡、床面、床面に近い土層、貯蔵穴などから検出されるから、クリが彼らの生活に深く関わる食料だったことは明らかだ。民俗例を参照すると、遺跡にクリを残した人々は、それを煮て食べていた可能性が高い。しかしそのことを遺物から証明する試みは行われていないようだ。ここでは根拠を挙げないまま、生クリは煮て食べられていたとみておきたい。

(1)　発掘される皮付きのクリと剝き実

皮が付いたままのクリは出土例で見る限り少数派だったらしい。それらは皮で完全に包まれているのではなく、剝き実の表面の所々に皮が付着しているといった状態だ。その様子から皮が分離しやすい傾向を見て取ると、もしかし

たら発掘時には皮が付着していたものが洗浄などの作業を行っているうちに脱落してしまったのではないかという心配を捨てきれない。もしもそうだとすれば最初から剝き実として生成されたものとの区別が困難になるので、発掘時には皮が付いていたのか、報告書にその所見を記載することが重要になる。

(2)　縄紋時代の「搗栗」

先史時代のクリの利用方法で、生クリを煮て食べるのとは全く異なる利用方法があったことを物語るのがクリの剝き実だ。各地の遺跡から発掘された剝き実のクリは、いずれも本来の色が失われ真っ黒に変色している。炭化して軽く、軟質に変化しているものもあるが、硬く、互いに触れ合うとカチカチと音がする剝き実も多い。それらの剝き実は割れて破片となっている場合が多いが完全な形を保っている例も少なくない。そして何よりも目を引くのが非常に特徴的な表面の様子だ。その外観について各遺跡の発掘調査報告書は次のように記載する。

「その表面には縦方向の細かく低い畝状の構造が比較的規則正しく走る」、「乾燥し縮んだ状態で表面に小皺の沢山生じた径一センチ前後の真っ黒な光沢ある実」、「黒色で表面に縦しわがある」、「炭化子葉は緻密であり、表面には縦に筋が入る」。

調査担当者が描写したこれらの表現から察することができるように、剝き実の表面全体には誰の目にも明らかな深い皺が現れている。興味深いのは、実を包んでいた皮が完全に除かれているのに、剝き実の表面には皮を取り除いたさいの傷跡らしいものが全く認められないことだ。それには合理的な理由がある。

私が遺跡から発掘されたクリの剝き実の表面にあらわになった皺を見て、それが現代民俗例の「搗栗」の外観と非常によく似ていることに気付いたのは、昭和も六十年代に入ってからのことだ。それは押出遺跡（山形県）の発掘現場でのことだったが、そこで、表面全体に深い皺が刻まれた縄紋時代前期の剝き実を初めて見たとき、心のどこかで、考古学者がまだ誰一人として気付いていないこの剝き実の正体を自分は知っている、と思いながら、それを見つめたのだった（写真1－1）。というのは、そのころ北上山地の古老から「押し栗」（搗栗の地方名）について話を聞いていた私は、その作り方を自分でも追体験していたから、十分に乾燥させた皮付きのクリを臼、杵で搗いて皮を破り、剝き実を取り出すと、その表面には必ず深い皺が顕著に現れていることを知っていた（写真1－2）。だから初めて押出遺跡のクリの剝き実を見たとき、縄紋時代前期の人々の「乾燥処理」という目に見えない営みの痕跡が、具体的なかたちで目の前に存在している事実がひときわ印象深かったのである。そこに、縄紋時代人が北上山地の古老たちのようにクリを乾燥させ、長期保存しておいたのを食べようとして搗いて皮を剝いた営みが目に見えるように思えたのだった。

その後、クリの剝き実の出土例を調査したところ、五頁の表1－1のように縄紋時代早期から平安時代までの遺跡から発掘されていることが判った。

縄紋時代早期［元野遺跡（静岡県）ほか一遺跡］、同前期［押出遺跡ほか九遺跡］、同中期［藤内遺跡（長野県）ほか一八遺跡］、同後期［上組Ⅱ遺跡（埼玉県）ほか三遺跡］、同晩期［御井戸遺跡（新潟県）ほか八遺跡］、弥生時代［八幡遺跡（青森県）ほか二遺跡］、平安時代［隠川遺跡（青森県）ほか二遺跡］。これらはたまたま手元にある発掘調査報告書で目に付いた例に過ぎない。悉皆調査をしたなら、その数はこんなものではないだろう。

ところで、このような植物性遺物が発掘されたとき、遺跡の発掘調査担当者はどうするかというと、それらの理化学的分析を外部の自然科学者に委託するのが普通だ。受託した分析の専門家は、クリの皮の破片でも、皮が付いた実でも、あるいは皮が除かれた後の剝き実でも、高倍率の顕微鏡写真を添えてクリと記載して報告する。報告を受け取

写真１－１　縄紋時代の搗栗（押出遺跡）

写真１－２　現代の搗栗

表1－1　乾燥，保存，搗いて皮を除いた堅果類を出土した遺跡名

	ク　　　リ	「どんぐり」	へ　　そ
昭和～ 明治時代	(民俗例)	(民俗例)	(民俗例)
江戸～ 安土桃山時代	(＋)	(＋)	(＋)
室町～ 鎌倉時代	文献資料	イルエカシ　K502	(＋)
平安時代	『延喜式』 隠川(4)(12)　砂子　三内丸山(6)	田面木平　砂子　古館 矢田　御用池　御所野 上野　大仏	(＋)
奈良時代	『正倉院文書』	(＋)	(＋)
古墳時代	(＋)	白倉下倉　天引向原	(＋)
弥生時代	K135　八幡　諏訪台C	(＋)	(＋)
晩期	御井戸　上杉沢　荒屋敷　石亀 石ノ窪　右エ門次郎窪　三合山 五月女萢　二枚橋	山王囲	御井戸　是川中居 青田
後期	稲荷原　上組Ⅱ 大湯環状列石周辺　SK258 牛ケ沢　アチヤ平	京安林　美々4 大湯環状列石周辺 草野貝塚	下宅部　忍路土場
中期	明戸　藤内　森の越　御所野 峠山牧場IB　沖ノ原　栃倉 地蔵沢　松ヶ崎　ツベタ　下野 万条寺林　泉山　大船C 大中山26　黒坂　大イナバ 上藤城7　野場(5)	森の越　下野崎山貝塚	粟津湖底第3貝塚 崎山貝塚 石狩紅葉山49号
前期	南太閤山Ⅰ　上北田　鳥浜貝塚 三内丸山　池内　押出　吹浦 鍋屋町　有明山社　熊ケ平	上北田　峠山牧場IB	羽根尾貝塚　池内 三内丸山
早期	粟津湖底　元野	粟津湖底　高木Ⅰ 八千代A　五斗林　干迫 S256	粟津湖底
縄紋時代 草創期	(＋)	西鹿田中島　東黒土田 王子山遺跡	鳥浜貝塚

(＋)は該当の資料の存在が推測されるもの（以下同じ)。

った発掘担当者は、その分析結果を調査報告書に右から左へそのまま転載するだけだから、報告書を利用する研究者は「クリ」としか記載されていない文章を読むことになる。それは例えて言うなら、新巻や生の切り身、イクラや筋子の違いに頓着せず、単にサケとしか書いていないようなものだ。誤りではないが、各様の違いを見せる遺物の背後に潜む諸情報を読み取り、それらを残した当時の人々の「営み」に肉薄する機会をみすみす逃がしている。

遺物を精査し、そこに反映されている文化的痕跡を読み取るのは考古学領域の作業だと思うのだが、例えばいま挙げたクリの剝き実についてはどうか。発掘された深い皺が顕著なクリの剝き実がどのようにして形成されたのか、遺物をどれほど緻密に観察したとしても解らないだろう。ところが民俗例を参照すると、一見しただけでそれが理解できるという事実は重要だ。それはクリの利用方法に関して、縄紋時代例と民俗例との間に深い関連性があるからだ。ところが現実には、きわめて特徴的な外観を備えて出土したクリの成因に関して、民俗例を参照して理解し、記載している発掘調査報告書は一冊もない。私は、古老たちからクリの利用方法について詳しく話を聞き、そこで培った目で出土遺物を見たなら、未開拓の広野に鍬を振り下ろすような、考古学界で初めてとなる作業ができるのではないかと考え、北上山地の古老たちから改めて話を聞き始めた。

2　民俗例の掲粟

わが国では皮が付いたままのクリを長期にわたって保存し、利用することは昔から広く行われてきた。以下には、採集したクリを乾燥させて保存し、皮を除いて食べるまでの手順について、私が聞くことができた北上山地での例をいくつか挙げてみる。

【事例一－1】　岩手郡葛巻町小田　橋場ハナさん（大正七年生まれ）談

a　クリ拾いに持って行くもの

盛んにクリを拾ったのは三十歳前後だった昭和二十年代前半のころで、拾うときはまだ暗いうちに起きて仲間どうし一〇人ぐらいで行った。シノダケで編んだ腰籠の［ゆっきり］をつけ、ふだんは野菜を入れて使っている木綿の［袋］か［ふすま袋］に餅を入れ、マダ（シナノキ。以下同じ）の木の皮で作った［背負い縄］［鎌］を持って行く。袋に一杯拾って帰ってきて計ってみると一日に二斗も拾うことがあった。

b　樹上保存、土中保存

家に帰ったら粒の良いのを選んで水に一週間も浸けるのが「水栗」。それを洗って少し水を切り、［四斗かます］に入れたのを二つも三つも作って、スギの葉を入れて家の近くに植えているクワの木の又に上げ、フジの蔓で木に縛って留めておく。雨風が当たるにまかせた［かます］の中で、クリは翌年の三月ごろまで生栗の状態を保った。それを正月やお客さんが来たときに木から下ろしてきて煮て振る舞うと喜ばれるものだった。生栗のまま保存するもう一つの方法は、畑の土の中に埋めることだった。一尺五寸ぐらいの深さに穴を掘ってスギの葉を敷き、その上にクリを載せて、またスギの葉を敷いて土をかけると「水栗」よりもいっそう生の状態を保つものだった。しかし木に上げて保存する「水栗」の方が取り出しやすいしクリに土も付かないから、穴に埋めるよりは木に上げることが多かった。

c　乾燥→搗く→保存

「水栗」にならなかった、粒があまり良くないものや虫が食ったクリは、蚕を飼ったときに使った［とうか］に広げ、天日でカラカラになるまで乾燥させる。振ってみると音が聞こえるのもある。かじってみて、よく乾いたことを確かめ、さらに［鍋］で炒ってから［唐臼］で搗き、［箕］で皮を飛ばす。そうして作った「押し栗」（「搗栗」を指す北上山地の地方名。以下同じ）は桶に入れて台所の隅に置いた。台所の炉の上には［火棚］があって、その上には木の皮で作った［とうか］にスダミ（どんぐり）やヒエを入れて乾燥させていた。それよりもさらに高い所には「ほげ」と呼ぶ丸木を渡した所がある。子供のころ、［はしご］を使って上り下りするそこには、［莚］を敷いてスダミ（どんぐり）を干していた。「押し栗」をそこに載せないのはネズミに食べられるからだった。

d　「押し栗」を食べる

「押し栗」を食べるときは、水に浸してから手でゴリゴリと揉むと渋皮が取れる。それを煮てあんこ（餡）の代わりに饅頭に入れた。

【事例一－2】　岩手県九戸郡山形村　長内ハルヱさん（大正十年生まれ）談

a　クリ拾いに持って行くもの

十四～十八歳（昭和十年代前半）のころ、友達とクリ拾いに行ったときはそれぞれが［かっこべ］というシノダケ製の籠を腰に付け、麻の［つの袋］、マダの樹皮で作った［縄］と［鎌］を持って行くのが普通だった。［つの袋］は豆腐を碾いたときに使う、二斗も入る大きなものだった。朝四時ごろに出ると五時ごろにはクリがある所に着く。拾ったら腰の［かっこべ］に入れ、それが一杯になったら［つの袋］に入れる。［鎌］はクリのいがの割れ口を開けるのに使う。そうして袋に一斗ぐらい溜まったら［縄］で背負って家に帰った。朝飯前に一斗ぐらいには簡単になった。家に帰ってクリを置き、また戻って拾って一日に六斗も拾ったことがある。

b　乾燥、殺虫

家に帰ったらすぐ、クリを日当たりの良いところに敷いた［莚］に広げて乾燥させる。一日で大体乾くが、四～五日間をかけてカラカラになるまで乾燥させる。その後、沸騰した湯に一〇分足らず入れて虫殺しのための湯通しをする。その入れ物はクリの量によって大鍋か［とな釜］を使い分けた。このとき煮過ぎると折角の甘い味が落ちるし色も悪くなるから注意する。湯通ししたら揚げ、また日向に敷いた［莚］にクリを広げ、乾燥させた。

c　乾燥保存

カラカラになるまで十分に乾燥させたら藁の［かます］に入れ、台所の炉の上に作ってある「まげ」の上に載せておいた。「まげ」というのは炉の上の［火棚］よりもさらに高い所に棒を何本も並べ、その上にカヤのようなものを編んで作った簀の子を敷いてある所。そこは味噌玉を上げて干したり、クリやトチ、シダミ（どんぐり）など、干したものや干したいものを載せておく所だった。

d　搗く

クリを食べたいときは「まげ」から下げてきて、土間の脇の方に据え付けてあった［唐臼］で搗く。そのときクリがなるべく砕けないように、杵の先に縄で作った［輪］を取り付けたのは杵の先が臼の底まで届き難くする工夫だった。そうして搗いたら屋外に出て［せんごく］でふるい、その目を通った細かいところを［箕］で吹いた。そうして選んだクリのうち粒が壊れなかった良いところは人に分けたり、欲しい人に譲ったりし、砕けたところは自家用にした。そのようにして「押し栗」を作るのは女の仕事だった。

e　食べる

自家用のクリは煮てご飯の代わりにしたり、搗いて「小麦まんじゅう」の中に入れたりして食べた。砂や穴の中に生のままで保存することはしなかった。

【事例一－3】　岩手県下閉伊郡川井村川井　滝野トクエさん（大正十年生まれ）談

a　クリ拾いに持って行くもの

昭和十八～十九年ごろ、同村小国ではクリ拾いに行くときは、竹製の［ふくべ］（腰籠）、穀物入れに使う麻布の

［袋］、マダ（シナノキ）の樹皮か藁で作った［縄］［鎌］または先を尖らせた木の棒を持って行くものだった。クリの木の下に着いたら［鎌］で草を除けながらクリを［ふくべ］に拾い集めて、それが一杯になったら［袋］に移す。［鎌］はクリのいがの口を開けるのにも使う。［袋］が一杯になったら［縄］で背負って家に帰る。クリの実には木によって大小があるもので、大きい実の方はどこの家でも家族総出で皮を歯で剝き、ブリキ缶に孔を開けたものを使って研いで渋皮を取り除き、蒸して朝ご飯として食べた。

b　乾燥、保存

粒の小さな実の方は蚕を養うのに使った［とうか］に入れて縁側に並べ、天日で乾燥させる。それを蒸かす。その後でまた［とうか］に入れて乾燥させる。乾燥が足りないと後で渋皮がよく取れないのでカラカラになるまで十分に乾燥させる。すっかり乾燥したら［かます］か［箱］に入れ、「けだ」に上げて保存した。「けだ」というのは炉の上の高い所に棒を何本も渡してある所で、そこには［簀］が敷いてある。クリはその［簀］の上に［かます］か［箱］に入れたまま置いたが、トチ、シダミ（ミズナラ、コナラ）はそのまま広げておくものだった。そうしておくと保存食として、あるうちはいつまでも食べることができた。そうして保存しておいたクリが「干した栗」だ。

c　搗く

食べる場合は食べる分だけ下げてきて、夕方に「にわ」に備え付けている足踏み式の［かる臼］（唐臼）で搗く。臼の中では皮が外れて実も皮も一緒になるから、外に出て［箕］で吹く。そのようにして皮を取り除いたのが「押し栗」だ。

d　食べる

乾燥が足りなかった「押し栗」には渋皮が残っていることがあるから、それを洗うと果皮の屑とともに流れてきれいな実が残る。それを炉に掛けた鍋で軟らかくなるまで炊いて夜のご飯の代わりに食べた。そのとき、黄色くて甘みの強い「チョウセンカブ」を入れて炊くこともあった。そうして煮たクリを弁当にして学校へも持って行った。アズキに混ぜて饅頭の中に入れることもあった。

そうして食べる「押し栗」とは別に、粒の大きな生クリを選んで針で糸を通し、風通しの良い所に下げて乾燥させてから炊くことがあった（写真1－3）。炊いたのを風通しの良い所に下げてカラカラになるまで乾燥させ、そのまま保存した。それを食べるときは「押し栗」と同じように搗いて皮を除いて食べた。つまり乾燥→炊く→乾燥保存という処理だった。

ところで、右の事例とよく共通している注目すべき出土例がある。札幌に所在する続縄紋時代のK一三五遺跡四丁目地点から、真ん中に小さな孔の開いたクリが発掘されている（写真1－4）。この遺跡を調査した札幌市教育委員会（当時）の上野秀一さんは、その孔が糸を通して乾燥させた痕と見抜き、民俗例の乾燥方法と共通していることを指摘している。

【事例一－4】　岩手県九戸郡山形村小国　内間木安蔵さん（大正十二年生まれ）談

a　クリ拾いに持って行くもの

腰に下げた［籠］の中にクリを拾い集め、一杯になったら、［ばった袋］に移し、それを背負って帰る。その袋は［豆腐袋］の古くなったのを下ろしたもの。拾うとき、クリを「いが」から取り出すためには［鎌］を使った。

b　殺虫

朝に出掛けて三升ほど拾ったクリは、家に持ち帰ってから［となな釜］で五〜一〇分間ほど煮て実の中にいる虫を殺す。水を入れた［はんぎり］に、しばらくの間浸けて実の中にいる虫を殺すこともあった。

写真1－3　糸を通してクリを干す民俗例（岩手県宮古市川井，再現写真）

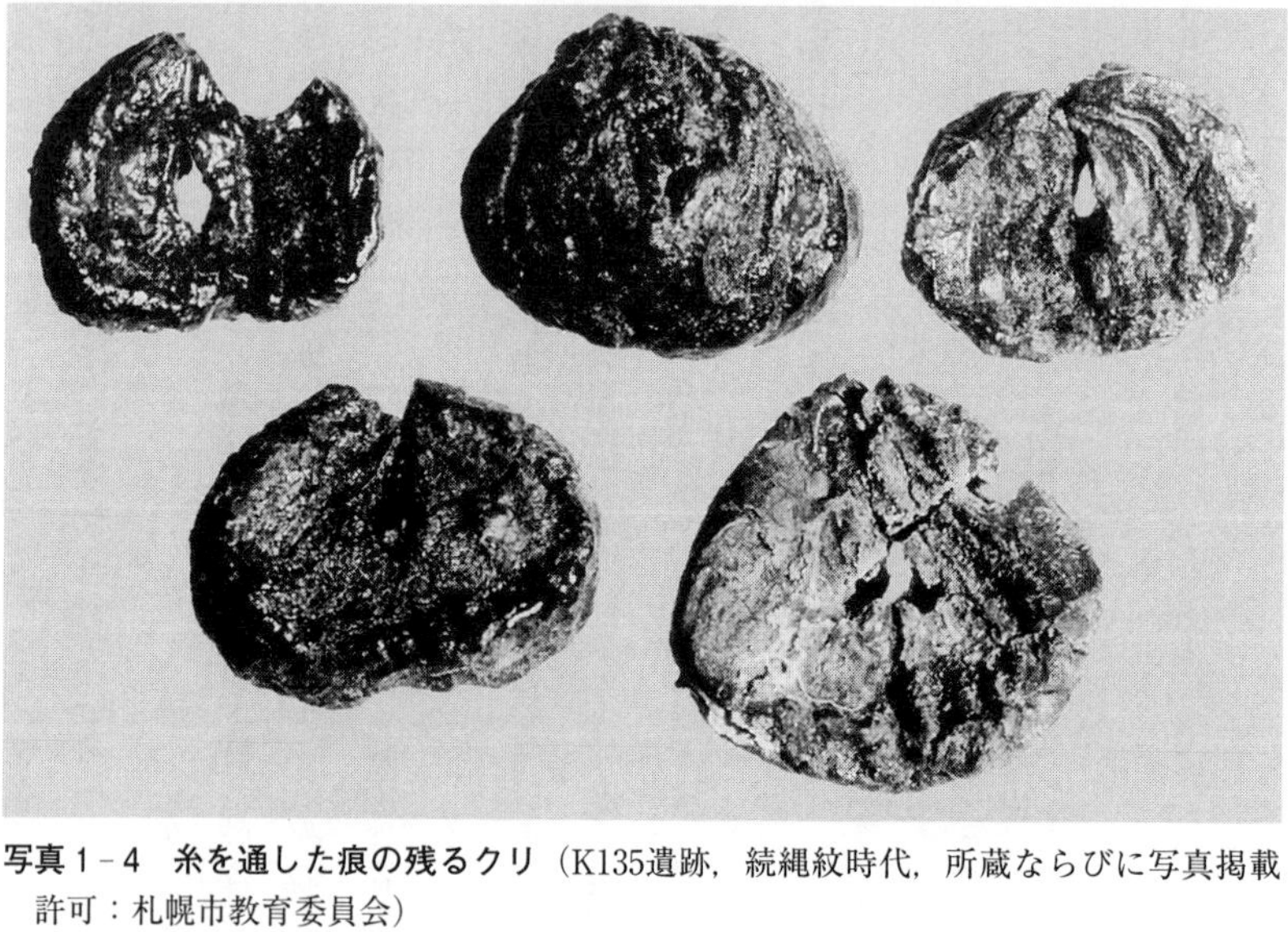

写真1－4　糸を通した痕の残るクリ（K135遺跡，続縄紋時代，所蔵ならびに写真掲載許可：札幌市教育委員会）

c　乾燥、保存

その後［柄笊］で掬って水切りをしてから、ふだんは軒下の物入れに収納してある、カヤを編んで作った［とうか］を出してきて、これに敷き詰めるようにクリを広げ、ある程度天日で乾燥する。その後で、深く作った［竹とうか］に移し、炉の上に掛けた棚に載せて十分に乾かした。その棚は、長さが一メートルあまりの、先端が又になった木を炉の四隅に立ててから横木を渡したもので、その上に［竹とうか］を載せたのである。その［とうか］は炉に下がっている鈎を避けるように「井」の字形に四枚から六枚を重ねて使用することもあった。こうして乾燥させたクリは皮が付いたまま、あるいは、剝き実で保存した。

d　食べる

食べるときは［水ばった］（ばったり）あるいは［足踏みばった］（唐臼）で搗いて皮を剝く。そのとき、実は砕けて皮も混じるので、まず［せんごく］の目の細かいので分け、その後に［箕］で吹いた。そうして得た実はご飯に入れて量を増やすのに使ったり、クリを煮て潰し、それを丸めて小麦粉で作った皮で包み、さらにそれを煮て饅頭にしたりした。もちろんそのまま食べることもあるが、クリご飯にして食べることもある。クリはナラの実やトチと違って「あく抜き」を必要とせず、手軽に利用できる食料としてなるべく多く拾ったものだった。そうして、一秋に四〜五斗拾い集めると、次の年の五〜六月ごろまで利用できた。昭和十年代から二十年代のことだった。

【事例一－5】　岩手県下閉伊郡川井村箱石　川目キイさん（大正十四年生まれ）談

クリを拾いに行くときは家族で連れ立って自分の山へ行く。二升入りの竹製の［ふくべ］を腰につけ、［袋］［縄］［鎌］を持って行く。各自が［ふくべ］に拾い入れ、それが一杯になったら［袋］に移し、［袋］が一杯になったら［縄］で背負って帰った。

造林する前は雑木林に太いクリの木があったから、朝飯前に三～五升ぐらいは拾ったし、一日中拾ったら持って帰られないぐらい拾えた。家に帰ったら日当たりの良い所に敷いた［莚］の上にクリを広げ一週間ぐらいも干してカラカラにする。それを炉に掛けた［鍋］か「にわ」に据え付けてある［釜］で十分に蒸す。それをまた［莚］に広げてカラカラになるまで乾燥させる。このときの乾燥が足りないと後で搗いたときに細かくなってしまうし、渋皮も取れない。よく乾燥させたらクワの葉を取るときに使う［よこだ］という籠に入れて「けだ」の上に上げて保存した。「けだ」にはそのほかにクルミ、スダミ（ミズナラ、コナラ）が保存されていた。保存しているクリを食べるときは「けだ」から［ざる］で下げてきて、「にわ」に据え付けてある、足で踏む［がったり］（唐臼）で搗く。［箕］で吹いて皮を捨てる。そうして取れたクリが「押し栗」で、［ざる］に入れ［流れきっつ］に入れて洗うと、ごみも残っていた渋皮も取れる。そのまま煮て食べたり、搗いて「まんじゅう」に入れたり、蒸してから、モチゴメ、アワ、アズキを混ぜて作った赤飯に入れたりした。子供のころは搗く前の硬いクリを持ち歩いては食べたものだった。「押し栗」を盛んに作ったのは昭和十七～十九年ごろのことだった。

【事例一－6】　岩手県下閉伊郡川井村江繋　中村フヂノさん（大正十五年生まれ）談

購入した竹製の［ゆかご］を利き腕側の腰につけ、背中には藁製の平らな［ねこがき］を当てる。マダ皮の［縄］を腰に結わえ付け、［ちがい袋］を背負って山へ行く。拾ったクリで［ゆかご］が一杯になったら［ちがい袋］にあけ、袋が一杯になったら［縄］で背負って家に帰った。クリを拾うには風が吹くときを選んで、あまり遠くない山へ行った。拾える季節が決まっているから雨降りのときでも構わず、何回も出掛けて何斗も拾った。拾ってきたら日向に敷いた［莚］に広げて干す。これは虫殺しのためだ。クリには土や木の葉などが付いているから、干したら手早く水で洗う。洗ったら［釜］で蒸す。蒸したらまた［莚］を敷いて天日でカラカラになるまで乾燥させる。乾燥が不十分だと搗いた後で渋皮がよく取れないから、乾燥具合は剝いてみて判断した。よく乾燥させたら、一斗も入る木の［ふね］に入れ、板で蓋をして「けだ」の上で保存した。［かます］に入れて保存する分もあったが、これはネズミに食われるので先に食べるものだった。「けだ」というのは炉の上の二階で、いつも乾燥していた。そんな「火の息」のいくところで保存するものだった。食べるときは食べる分を「けだ」から下げてきて、「にわ」にあった［かる臼］で搗く。皮は［箕］で吹き分けて捨てる。そうして得た実を、米を研ぐようにして水を流して掻き回すと、実は沈んで細かい皮の屑や渋皮が浮くからそれを流し去る。煮て食べたり赤飯に入れたりした。おばあさんはヒエとクリを一緒に蒸して食べさせることがあった。押し栗は昭和五十年ごろまで姑が作ったが、盛んだったのは昭和二十三〜二十四年ごろのことだった。

現代民俗例の「搗栗」（押し栗）

右に挙げた民俗例の要点をまとめてみる。まずクリの保存方法についてだが、皮が付いたままの生クリを土中や樹上に保存する方法のほか、炉の上の空間で、乾燥状態で保存することが行われた。北上山地では、それを食べるさいには［臼］［杵］で搗いて皮を破り、［箕］で吹き分けて皮を捨て剝き実を得た。それは国語辞典にも載っている「搗栗」にほかならないが、北上山地ではそれを「押し栗」と呼び、それを作る作業のことを、「クリを押す」と言う。

伝統的な方法で作られた「押し栗」（搗栗）は堅く、色は黄色味がかった明るい褐色ないしこげ茶色で、完全な形を保っているものもあるが、半分あるいはそれ以下に割れているものもある。そんな搗栗の顕著な特徴が、剝き実の表面全体に不規則な皺があらわになることだ（前出写真1－2）。

木から落ちた、あるいは叩き落としたクリを拾ってきて十分に乾燥させると中身はかなり収縮する。しかし皮の方はそれほど収縮しない。縮み方に差がある皮と実の間には隙間ができるから、なかには振るとカラカラと音がするものもある。そこまで乾燥させてから［杵］で搗くから皮が破れ、簡単に剝き実が取れるのだ。肝心なのは十分に乾燥させることで、それが不十分だと渋皮が中の実の表面に付いたままになるという。そのために北上山地の人々は十分に乾燥させようと気を配ったし、それでも剝き実に渋皮が残る場合に備えて［渋取り］を用意した。

この搗栗をどのようにして食べたのかは先に挙げた事例に紹介したとおりだが、私がとくに注視するのは「ご飯の代わりに食べた」という例だ（【事例一－2】【事例一－3】）。これを聞き逃すことができないのは、堅果類を、場合によっては主食にもした遠い過去の食べ方を示唆していると思うからだ。

3　縄紋時代から現代まで継承された、搗栗の製造技術

前項で述べたとおり、皮付きの生クリを十分に乾燥させ、搗いて皮を除いたクリの剝き実の表面には必ず皺が現れている。民俗例から知られる、このきわめて明瞭な因果関係は、乾燥させた皮付きのクリの物理的特性に由来しているので、その普遍性を逆にたどることが可能だ。すなわち、たとえ数千年あるいはそれ以上も昔の遺跡から発掘されたものであったとしても、クリの剝き実の表面全体に深い皺が現れているのは、そのクリが皮付きのまま乾燥され、その状態で保存され、搗くことでその皮が除かれたからだ。それは民俗例から類推される、きわめて合理的な推察だ。

いま述べたように縄紋時代以降の出土例と現代民俗例という、時間的に大きく隔たったクリに、乾燥され、搗くことで皮を除いたことを表す皺という痕跡が共通しているのはどういうことか。それは両者の間に存在する時間的空白をどう理解するかにかかっている。その点については遺跡から発掘された遺物と文献資料とに分けて考えた方がよいようだ。

まず縄紋時代早期（元野遺跡）から平安時代（隠川遺跡ほか）に至る諸遺跡から発掘されるクリの剝き実の出土地についてみると、その発見例は時間的にも空間的にも「点在」と呼ぶ方が実態に合っている。しかし時空上に点在する遺物の合間、合間の空白を、もしも文化的空白と理解しようとすれば、その解釈には相当無理な状況を想定しなければならなくなる。この場合で言うと、ある時期に搗栗を作る技術が途絶して何千年も経た後に、途絶前の技術と全く同じ技術が偶然に誕生した。そのような偶然の復活劇が何回にもわたって、しかも全国各地で繰り返された、といったいくつもの偶然に頼らなければ説明できない想定は現実離れしている。

クリの剝き実の発掘例が「点在」しているのは、先史時代の人々が暮らした集落が土に埋まってから数千年あるいは一万年以上も経った結果、多くの場合、腐朽、消滅してしまったからだ。たまたま好条件に恵まれた遺跡だけに残存し、発掘された、と考えるのが最も合理的だ。そうしてみるとクリを乾燥して保存し、搗いて皮を破る技術や方法は縄紋時代から平安時代まで途切れることなく受け継がれてきたと理解するのが最も理にかなっている。

では平安時代まで受け継がれて発掘された例と現代民俗例の搗栗を作る技術が共通していることについてはどのように考えたらよいか。ここで注目したいのは、古代、中世の文献資料に出てくる「搗栗」だ。奈良時代の正倉院文書や平安時代の『延喜式』には「生栗」のほかに「干栗」「搗栗」などの名称が散見される。「生栗」や「干栗」と区別されている「搗栗」とは何か。その用字から、［臼］［杵］のような用具で搗いたもの、すなわち「干栗」を搗いて得る現代民俗例の「搗栗」と全く同じものだったと推察するのが妥当だ。平安時代末期に成立したと考えられている『今昔物語集』（二十八）に出てくる「掻栗」は搗栗であろうと考えられている。さらに鎌倉時代に成立した『古今著聞集』には「かちぐり」の語が見えるし、室町時代に成立した『尺素往来』に出てくる「搓栗」も搗栗のことを指すと考えられている。こうした文献資料のあれこれをみてくると、搗栗を作る奈良、平安時代の技術は途切れることなく中世に受け継がれたとみてよい。このような、諸資料に「搗栗」が散見される古代や中世以降、現代までの間に「搗栗」を作り利用する食習慣や製造技術に断絶や偶然の復活があったとは考え難いから、結局、奈良時代や平安時代の「搗栗」はそのまま現代民俗例に連なっているとみるのが合理的だ。

これまでのところで通観したことから導き出される理解は一つしかない。すなわち皮付きのクリを乾燥させて長期保存し、食べるために搗いて皮を破って搗栗を作り、利用する技術は、縄紋時代早期から現代まで途切れることなく一万年以上にもわたって受け継がれてきたと考えられるのだ（表1－1）。

そのような、乾燥したうえで保存したクリを利用する人々は、一方ではクリを煮て食べてもいたはずだ。たぶん、秋が来てクリが拾えるようになったら、彼らはできるだけ大量に拾い、それを煮て食べた。それと並行して長期保存のために乾燥させて蓄えることも怠らなかった。生クリを煮て食べ尽くしたとしても、その後には乾燥させて前年から保存しておいたクリを搗いて皮を剝き、それを煮て食べるという二本立てで利用したというのが実際の姿ではなかったか。

以上は発掘されたクリの剝き実、奈良時代以降の文献資料、現代民俗例の三者を総合的に考察するという、これまで一度も試みられたことのない方法によって初めて言えるようになった先人たちの「営み」だ。

二　「どんぐり」

1　発掘される「どんぐり」

前項ではクリを乾燥させて保存し、搗いて皮を除くという利用方法が縄紋時代早期から現代まで継承されてきたと論じたが、その調査を進める過程で知ったのは、各地の遺跡から「どんぐり」もまた発掘されていることだった。「どんぐり」はブナ科の木の実だが、ここで言うのはクリやブナ以外の実。北海道から九州まで、気候風土に応じたさまざまな種類が生えており、コナラ、ミズナラ、カシワ、クヌギ、ウラジロガシ、イチイガシ、マテバシイ、スダジイなど、その種類はたいへん多い。

「どんぐり」は北海道から九州に至る、縄紋時代草創期（東黒土田遺跡〈鹿児島県〉ほか）から中世（イルエカシ遺跡〈北海道〉）までの遺跡から、皮、皮が付いた実、剝き実が発見される。それらは住居跡の床面や炉跡付近、覆土などのほか、貯蔵穴、土坑といった生活域から発見されるから、「どんぐり」もまた、彼らの日常生活に深く関わる食料だったことは確かだ。

(1) 先史時代の「どんぐり」の貯蔵法

このうち当時の「どんぐり」の貯蔵法を物語るものとして注目したいのが貯蔵穴から発掘される皮だ。すっかり潰れている堅い皮の先端部だけがわずかに破れているという例がしばしば発見される。それは堅い皮に包まれた生の「どんぐり」が貯蔵穴の中で長い年月を経て中身が自然に消失した生貯蔵の痕跡だ。それに対して、皮が付いた実や剝き実の状態で発掘されるものがある。それはクリの場合と同様だから、たぶん乾燥処理が施されたことを物語る。このうち皮が付いた実というのは皮ですっかり覆われているのではなく、剝き実の表面に辛うじて皮が付着しているといったものが多い。だから発掘された時点での皮の有無について入念な観察と記載が重要であることはクリの場合と同様だ。

⑵　剝き実の「どんぐり」

遺跡からは剝き実の「どんぐり」がしばしば発掘されるが、それには次のような特徴がある。完全な形を保っている例もあるが、どちらかというと真半分に割れているものが多い。堅い皮がすっかり除かれているが、だからといってその表面には皮を取り除いたさいの傷跡らしいものが少しも認められない。炭化して軟質になったものもあるが、炭化していないものは互いに触れ合うとカチカチと、いかにも硬そうな音がする。その色調は、表面も中も真っ黒、あるいは濃いこげ茶色をしたものが多い。

このように見てくると、発掘された「どんぐり」の剝き実の外観には、前項でみたクリの剝き実のそれと共通しているところがある。どうやら先史時代人は、クリと「どんぐり」を似たような方法で処理し、利用していた可能性が高い。

遺跡から「どんぐり」の剝き実が相次いで発掘されるようになって半世紀以上経った。しかし私自身が実際に遺跡から出土した「どんぐり」の剝き実を十分に観察する機会を得たのは平成五年ごろ、岩手県宮古市にある崎山貝塚の発掘現場でのことだった。それは片方の手の平に載る程度の量だったが、どれも皮がすっかり除かれた、褐色で新鮮な感じがする堅い実で、真半分に割れたものが多かった（写真1-5）。当時、北部北上山地の古老たちからさまざまな話を聞いていた私は、秋を待ちかねて拾い集めた「どんぐり」を乾燥させ、搗いて皮を除く方法を追体験していた。だから、崎山貝塚から発掘された「どんぐり」の剝き実を見て、それがどのような過程を経て形成されたものか一目で理解できたのだった。

古老から見聞し、その追体験を試みたことによって、発掘された「どんぐり」の外観から、それが形成された背後の文化的営みを読み取ることができるという経験をした私は、「どんぐり」の剝き実の出土例を記載する各県の発掘

写真１－５　縄紋時代中期の「どんぐり」の剝き実（崎山貝塚）

写真１－６　現代の「どんぐり」の剝き実

調査報告書をひっくり返してみた。しかし出土した「どんぐり」の剝き実がどのような過程を経て形成されたのか、どの報告書にも一行も書かれていなかった。

それにしても、発掘された「どんぐり」の剝き実と、「どんぐり」を食べるための処理工程で生成された民俗例の剝き実が、悠久の時を隔てて非常によく似ているのは何故なのだろうか。

それはなかなか興味深い問題だと思うのだが、その辺りを研究している考古学者も民俗学者もいないようだった。発掘される「どんぐり」の周辺に、考古学界が見向きもしない、学術的に未開拓の領域があることは明らかだった。手付かずのその辺りには、民俗例を参照することによって理解できる余地があるのではないか。幸い私に「押し栗」（搗栗）の作り方について話してくれた北部北上山地の古老たちは例外なく、かつては「どんぐり」を拾い、「あく抜き」をして食べた経験者だ。彼らの話の中には遺跡から発見される「どんぐり」の剝き実が形成された背景を理解する手掛かりが、きっと含まれているに違いない。そう確信した私は古老たちからうかがったさいの調査ノートを見返したり、新たに聞いたりし始めた。

2　乾燥「どんぐり」を利用する民俗例

関東以西の「どんぐり」にはそのまま炒って食べられるものがあるが、北日本の「どんぐり」には「あく」があり、相当苦く渋いから、そのままでは食べられない。東北地方で暮らしてきた人々は、そんな「どんぐり」を昔から左記の事例のようにして保存し、「あく」を抜いて食料にしてきた。

【事例一－7】　岩手県久慈市山根町端神　岩泉市太郎さん（明治三十七年生まれ）談

a　採集時期、いれもの類、運搬方法

「どんぐり」のことをシダミという。昔はどこの家でも子供の数が多かったし、三世代が同居している家もあったから、家族が一〇人を超える家は珍しくなかった。そのため、畑作物だけでは食料が足りず、秋に山でシダミ（ミズナラ・コナラの実）を拾って食料の足しにするのが普通だった。ナラの実には二種類あり、粒の小さいのがコンナラ（コナラ）、大きいのがミンナラ（ミズナラ）である。木の葉が落ち始める十月の末ごろから拾い始めるが、主に拾うのは葉が落ちてしまった十一月中旬からである。拾うときは父母が子供を連れて山に行く。マダの樹皮縄で編んだ［こだし］を腰につけ、アサ布の［袋］を入れた四斗入れの［かます］を、マダの樹皮で作った［ねん縄］（荷縄、背負い縄ともいう）で背負って行く。今のように山の中まで車道が通っている時代ではないので、大木を伐って運び出すということがなく、ナラの大木は家のすぐ近くにもたくさんあったから、実はずいぶん拾うことができた。拾う場所に着いたなら、そこに［かます］を置いて、めいめいが［こだし］に拾い集める。［こだし］が一杯になったら［袋］にあける。［袋］を提げながら拾い集めているうちに、それが一杯になるから、［かます］のある所へ行って、それにあける。［かます］が一杯になったら［ねん縄］で背負って家に帰った。そのようにして家族で一日に三斗も四斗も拾った。それを何日か繰り返して、一秋のうちに都合二石も三石も拾った。七、八人家族で翌年の秋が来るまで食べるには、それぐらいが必要だった。

b 「ゆぶく」

山で拾ってきたシダミが二、三日分溜まったら、「にわ」（作業小屋）に据え付けてある［とな釜］に水を入れ、木を焚いて軽く煮る。そのことを「ゆぶく」と言った。「いまシダミゆぶいでいました」などと言った。拾った分を何回かに分けて、全部煮てしまう。煮たら［笊］に取って水を切る。

c 乾燥する

台所の炉の上に造っている「まげ」に上がり、以前から、床まで届くような長さの縄を縛って留めて引き上げていた［桶］を使ってシダミを吊り上げる。そこには、並べた棹の上にカヤを編んで作った［たれ］が敷いてあるから、その上にシダミを広げる。［たれ］は、葉を取り除いたカヤを三、四本ずつ藁縄で編んだ、かなり丈夫なもので、カヤの長さを最大限に利用して編んだ三枚を二間四方ぐらいになるように敷き並べた。その上に二、三石のシダミを広げると、その厚さは二〇センチ以上になるので縁が必要である。そのためにはカヤを一〇センチぐらいの太さになるように束ね、それを［たれ］の周囲に綴り留めて縁にした。どこの家にも、台所にある炉の上の「まげ」には、そのような乾燥用の仕掛けが常設されていた。

その［たれ］の上に、ゆぶいた、滴が垂れるようなシダミが厚く積まれるわけだから、これを乾燥しなければならない。そのためシダミを干す夜は、主人は布団に寝ないで炉端で「背中あぶり」し（仮眠を取り）ながら一晩中火を絶やさないようにした。時には「まげ」に上がってシダミを掻き回して乾燥させた。三日間ぐらいはこのようにして昼夜とも火を絶やさない。こうして乾燥した後でも、毎日ではないが、時々上がっては掻き回した。乾燥したら、そのままの状態で保存する。

d　搗く

食べるときは、直径六〇センチぐらいある［シダミ鍋］に一杯になるぐらいの量を［桶］に入れ［縄］を使って下ろす。これを［ばった］で搗くと実が砕けるから［唐臼］で搗くのが普通だった。搗くと堅い皮が取れるので、それを［箕］で吹き分ける。こうして実だけになることを「白米になる」という。

e　湯で煮る

煮るときは朝から始める。［シダミ鍋］か、あるいは小さめの［釜］の真ん中に［シダミどう］を立てる。それは蔓で作った輪に、一寸幅の木を、縦に隙間を空けながら筒状に並べて編んだもので、高さが約三〇センチ、直径は［柄杓］が十分（約一八センチ）に入るようにする。鍋に立てた［どう］の周りに、白米になったスダミを入れて水から沸かす。沸いたら［どう］の中の湯を［柄杓］で汲み出し、また水を加える。この作業を何回か繰り返す。

f　灰汁水で煮る

昼ごろになったら、今度は水の代わりに灰汁水を加える。それは午前中、シダミを煮ている傍らで作る。まず、底が割れたり孔が開いたりした古い鍋の底に［莚］の切れ端を敷く。その上に炉から取った灰をたっぷり入れ、何かの器の上に置いて、その上から水を掛けて溜めた汁である。炉の灰は、何の木の灰でも構わずに使った。この灰汁水を入れたあと、十分に沸かし、その後、頃合を見て灰汁水を汲み出してしまう。

g　湯で煮る

灰汁水を汲み出してしまったら、今度は再び水を入れて煮る。沸いたら汲んで水を足すことを繰り返す。その回数を数えたことはないが、夕飯には間に合う。こうして食べられるようにしたスダミは、たいてい二つに割れている。そのシダミは鍋に入れたままにしておき、食べるときにそこから［茶椀］に盛って食べる。

h　食べる

鍋から人数分を取り分けて、黄な粉をかけ、「日に三度、［茶椀］で二つずつ」食べた。それは、常食であるヒエやムギの粥の不足を補わなければならなかった大正時代のことだった。［シダミ鍋］に一つ煮ると、一週間ぐらいは食べることができた。そのときにかける黄な粉は、［鍋］で炒ったマメ（ダイズ）を［唐臼］で搗いて、［粉おろし］で何度もおろして粉にしたもの。それに塩で味をつけた。

そのようにして食べるのが普通だったが、たまにシダミ餅にすることもあった。それはシダミにソバか何かの粉を混ぜて［唐臼］で搗き、ちょうど良い大きさにして鍋で煮たものだ。

【事例一―8】岩手県九戸郡山形村小国　内間木安蔵さん（大正十二年生まれ）談

拾ってきたシダミ（ミズナラ、コナラの実）は［とな釜］で蒸した後、［ざる］で揚げ、日当たりの良い場所に［莚］を広げて天日乾燥するか、［とうか］で火力乾燥した。それを炉の真上の「まげ」に敷いてある、カヤを編んで作った［シダミ簀］に広げて乾燥し、そのまま何年も貯蔵する。食べるときにはそこから必要な量だけ下ろして［ばったり］や［臼］［杵］で搗いて殻を剝く。搗いたときのシダミは実も殻も混じっているから、［箕］で殻を吹き分ける。そうして得た実を鍋で煮る。煮るのはたいていお婆さんの仕事だった。煮る場合は家の外に石を立てて［竈］を造り、八升炊きの［鉄鍋］を置いて、その真ん中に［どう］を立てる。［どう］はナラやクリなどの木を二センチぐらいの幅で、鍋の高さに合わせて切り、それをマダ縄で編んだ筒状のものである。その周囲にシダミを入れ、「あく抜き」用の「あくみず（灰汁水）」を注ぐ。灰汁水というのは孔を開けた石油缶の底に藁を敷き、その上に炉の灰を載せ、上から水を少しずつ掛けるとポタポタと缶の底の孔から出てくる液体である。灰はナラの木を燃やした灰が最も効果があるとされている。この灰汁水で一時間ぐらい煮立てたら、それを汲み出して真水と入れ替える。そのときに使うのが［あく汲み］で、シダミが紛れ込まない構造の［どう］の中へそれを入れて効率よく汲み出す。このような作業を数回にわたって繰り返し、実が軟らかくなったら［鍋］を下ろし、湯をあけ、砕けた粒や粉になったものを［茶椀］に盛って塩味の黄な粉を掛けて食べる。たまに甘みを付けたいときは山から蜂蜜を採ってきて水で少し薄めて使った。昭和六（一九三一）年ごろまでは主食としてトチとともに日に三度食べた。そのころは一秋に一石ぐらい拾った。

【事例一―9】岩手郡葛巻町小田　川端キクさん（大正十二年生まれ）談

シダミは熱湯に通して虫を殺してから、炉の上の［火棚］、あるいは日向に広げた［莚］の上で乾燥させ、［袋］に入れて保存する。食べるときは［唐臼］で軽く搗き、［箕］で外皮を飛ばす。少量の場合は［鍋］に入れ、多量の場合は［やだ釜］に入れ、灰汁水に浸して、とろ火で長時間かけて煮る。灰汁水を捨て、さらに新しい水を加えては煮て、湯を汲み出すことを繰り返す。その作業のため、初めから［鍋］や［やだ釜］の中央に［どう］を立てておき、タケで作った深い籠を沈めて、周りから寄ってくる湯を［しゃくし］で汲み出した。そうして「あく」が抜けたら［唐臼］か［手杵］で搗いて黄な粉をかけて食べる。昔の人はそれを、ご飯の代わりにした。

現代民俗例の「どんぐり」の剝き実

右に挙げた民俗例のようにして「どんぐり」を乾燥させて保存し、食べるときに搗いて皮を除く方法は、九州、四国の民俗例にもあるから、現在では跡形も残っていない所を含め、もともとはかなり広範囲に分布していたのだろう。追体験してみるとよく解ることだが、右のような民俗例で取り出された「どんぐり」の剝き実は真半分に割れているものも、それよりもさらに細かく割れているものもある。それは加減しながら搗いた場合と、搗き過ぎるほど搗いた場合の差のようだ。いずれ搗くことによって皮は完全に取り除かれる（写真1－6）。それを［箕］で吹き分けて手にした剝き実は互いに触れ合うと、カチカチといかにも硬そうな音がする。

そのような民俗例で取り出された「どんぐり」の剝き実の外観は、遺跡から発掘されたそれとよく似ている。違うのは色調だけで、現代民俗例が明るい褐色ないし薄茶色であるのに対して、発掘例の方が真っ黒ないし濃い茶色をしているが、それは経年変化による違いだろう。その色調を別とすれば、両者の外観がよく類似しているのは、それぞれの形成過程が共通しているからだろう。このような民俗例を参照すると、発掘された「どんぐり」の剝き実は、皮付きの「どんぐり」が十分に乾燥され、保存されたのを搗いて皮を破り、中身を取り出したものであることは決定的だ。

3　縄紋時代人が、乾燥させた「どんぐり」を搗いた証拠──「へそ」

前項では縄紋時代の「どんぐり」は、クリと同じように、乾燥、保存され、搗くことによって皮が除かれたと論じた。縄紋時代人が搗いた証拠の一つは「どんぐり」の「へそ」だ。「へそ」というのは、樹上で「どんぐり」を包んでいる、お椀の形をした殻斗の底と結合している実の底部の呼称で、「どんぐり」で独楽を作るときにマッチ棒を刺すところ。「どんぐり」が母なる樹からこの部分を通じて水分や養分を受け取るので、生物学者はここを「へそ」と名づけたのだろう。「へそ」の形状は樹種によって多少異なるが、その平面形は概ね円形である。その「へそ」が、縄紋時代草創期の鳥浜貝塚（福井県）例を最古として、早期の粟津湖底遺跡（滋賀県）、前期の羽根尾貝塚（神奈川県）、池内遺跡（秋田県）、三内丸山遺跡（青森県）、中期の石狩紅葉山四九号遺跡（北海道）、崎山貝塚、後期の下宅部遺跡（東京都）、忍路土場遺跡（北海道）（写真1－7）、晩期の青田遺跡（新潟県）、御井戸遺跡、是川中居遺跡（青森県）その他の遺跡から、小円盤もしくはその破片の状態で発見されている。

このように諸遺跡から「どんぐり」の「へそ」が発掘されても、その意味するところに言及している発掘調査報告書は一冊も存在しない。その意味とは何か。これまでの考古学や民俗学では全く注意されてこなかったが、発掘された「へそ」は「どんぐり」を食料にした先史時代人の次のような「営み」を物語る。

古老から教わったミズナラやコナラを乾燥して保存し、「あく」を抜いて食べる方法の再現実験をしてみて気付いたことだが、十分に乾燥させた皮付きの「どんぐり」を［臼］［杵］で搗いて皮を破ってみると、捨てられる皮の中

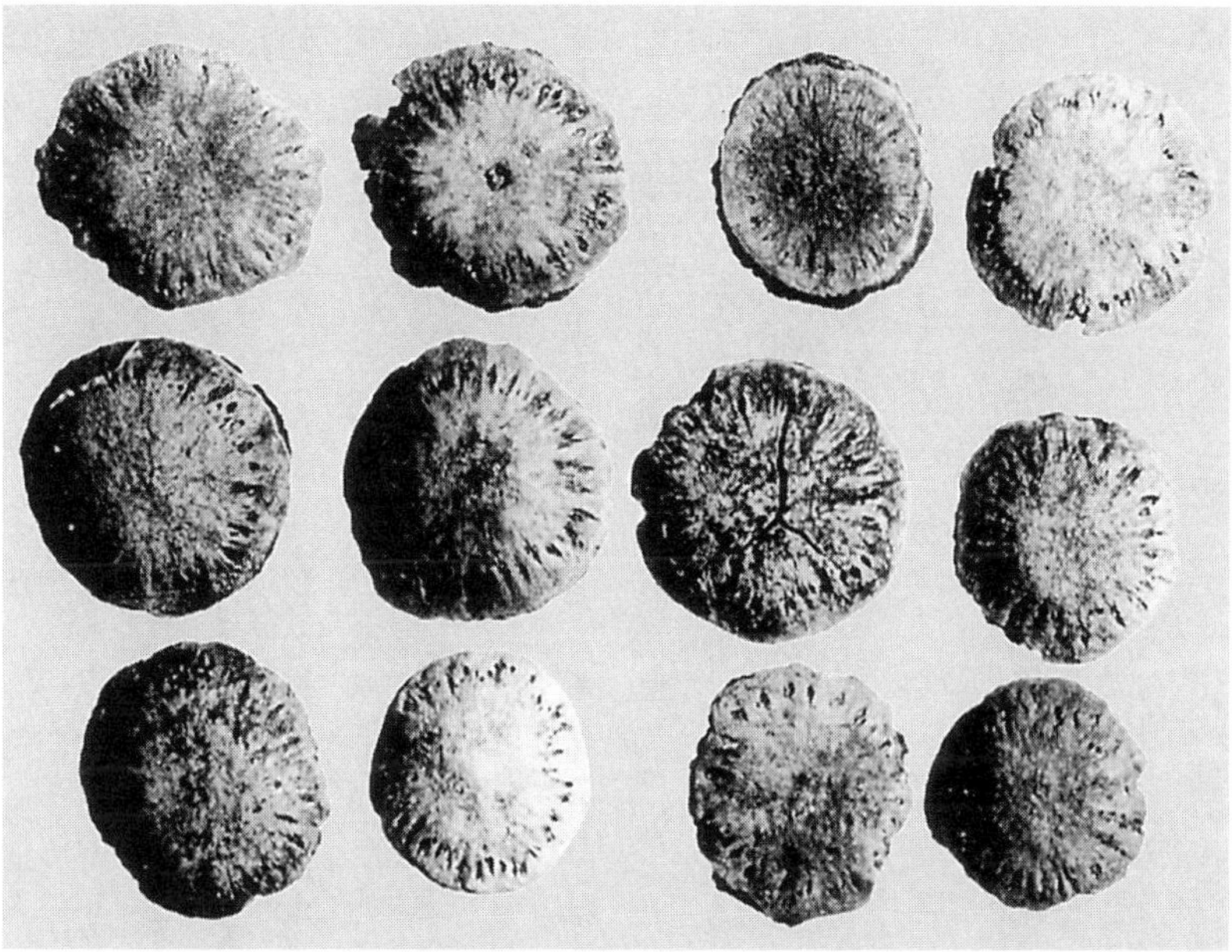

写真１－７　縄紋時代後期の「へそ」（忍路土場遺跡）

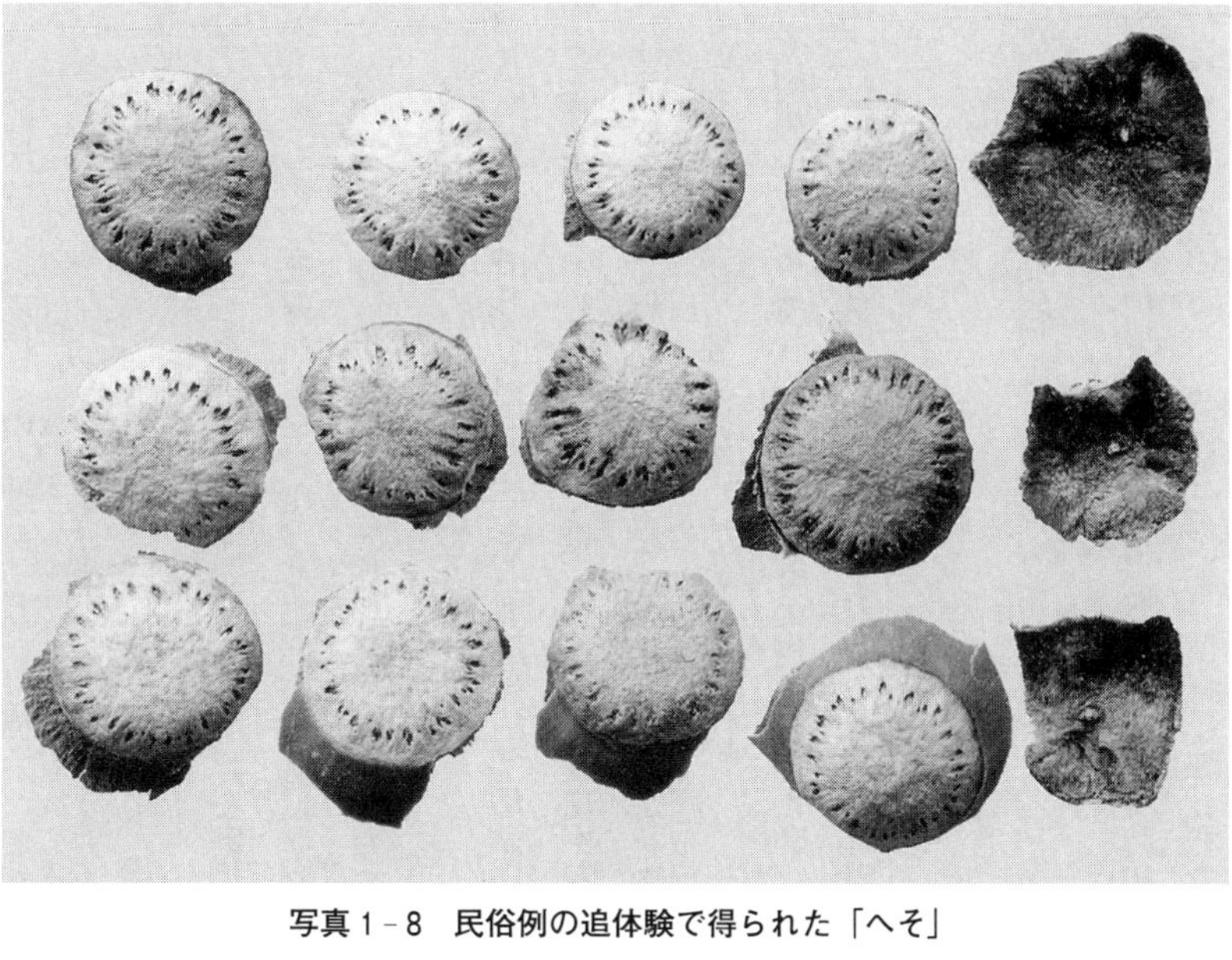

写真１－８　民俗例の追体験で得られた「へそ」

に、円くて薄い「へそ」が必ず混じっている（写真1－8）。それは乾燥された皮付きの「どんぐり」を搗いたとき、「へそ」の部分が分離する性質によるものだ。とくにクヌギの「へそ」はそっくりそのまま分離する。コナラ、ミズナラは「へそ」の周囲に皮が少し付いた状態で分離する傾向があるようだ。

この、乾燥され、保存された皮付きの「どんぐり」を搗いた場合に限って「へそ」が分離するという明瞭な因果関係は、乾燥させた「どんぐり」の皮の物理的特性に由来しているので、その普遍性を逆にたどることが可能になる。すなわち発掘された「へそ」は、その遺跡を残した人々が皮付きの「どんぐり」を乾燥させて保存し、食べるために搗いて皮を除いたことを証明するこの上ない物証だ。

このように「へそ」の成因を知ってみると、「どんぐり」の剝き実が発掘される遺跡で、もしも皮の捨て場が発見されたなら、そこからは当然「へそ」も検出されるはずだと推察される。しかしそれにしては「へそ」の検出を記載している調査報告書が甚だ少ない。実際には「へそ」が発掘されているにも関わらず、その意味するところが認識されないまま、「ごみ」のように看過され、記載されずに終わっている発掘調査報告書がないことを信じたい。

さて、これまでのところで、乾燥させたクリや「どんぐり」を利用した先史時代の人々は、その皮を除くために搗いたと論じたわけだが、その推察に誤りがなければ、［臼］［杵］に相当する用具が存在したはずだ。それらは実際に遺跡から発見されるのだろうか。

4　縄紋時代人が、乾燥させたクリ、「どんぐり」を搗いた物証――竪杵

各地の遺跡から［臼］［杵］が発掘されるようになるのは、列島内に広く水田稲作農耕技術が普及した弥生時代以降のことだ。そのため、一般に［臼］［杵］は稲作農耕に伴うものとみなされてきたふしがある。しかし前項までに

写真1－9　縄紋時代前期の竪杵(上)と先端部(下)（上：福井県立若狭歴史民俗資料館1984『鳥浜貝塚4』133頁より引用，下：所蔵ならびに写真掲載許可：福井県立若狭歴史民俗資料館）

論じたように、縄紋時代以降の遺跡から発掘されるクリ、「どんぐり」の剝き実や「へそ」は、搗くという行為がなければ生み出されなかった。そう確信した私は縄紋時代の遺跡から「臼」「杵」が出土していないか、手元の発掘調査報告書を片端から探した。

(1)　鳥浜貝塚出土の「竪杵」

縄紋時代前期のこの遺跡の発掘調査報告書に掲載された、「槌状木製品」の写真には目を奪われた（写真1－9）。大きさが手ごろであり、柄の末端を太目に削り残しているのは、いかにも使い勝手を考えた製作だ。報告書に掲載されたその写真を見て、これを竪杵ではないかと疑った私は、所蔵している福井県立若狭歴史民俗資料館まで出掛けて行って見せてもらった。それは全体の長さが四八センチの完形品で、［横槌］の名で展示されていた。しかし、もしも横槌なら側面に使用痕があってもいいはずだが、仔細に観察してもそれらしい傷みは見つからない。使用痕はむしろ先端に顕著で、あたかも磨いたように滑らかな丸みを帯びている。ただし先端部には大きな凹凸があるが、それはこの木製品が作られる前、素材の段階ですでに割れていたか、あるいは作られて間もなく割れたのを、そのまま使い続けたために不均整に摩耗したものとみた。それだけでもこれが［竪杵］であると十分に確信できたが、だめ押しのようにそれを裏付けるものが見つかった。というのは、滑らかに摩滅したその先端に小さな石片が打ち込まれており、その石片の頂部も摩滅していたことだ（写真1-9下）。それはこの木製品が［横槌］ではなく、先端部が盛んに使われた［竪杵］であることを物語っていた。その見方を裏付けるように、この遺跡からは「どんぐり」の「へそ」のほか、クリの剝き実も発掘されている。

(2)　石狩紅葉山四九号遺跡出土の［竪杵］

縄紋時代中期のこの遺跡から出土した［竪杵］は、報告書によると長さ二九センチ、太さが五・八センチという。特徴的なのはその両端で、摩滅して丸くなっているばかりでなく、使用によって生じたと思われる窪みが数ヵ所、認められるということである。報告者は、擦る、搗くなどに用いられたのではないかとしている。使われた木はコナラの仲間というから堅い木を選んだのだろう（図1-1）。なお、この遺跡からは「どんぐり」の「へそ」が出土している。

(3)　山王囲遺跡（宮城県）出土の［竪杵］

縄紋時代晩期のこの遺跡から出土した木製品は太さが五センチ強もある丸木を削り込んで、握る部分を作り出している。一迫町（現、栗原市）の埋蔵文化財センターで現物を見せてもらったところ、それは中ほどで折れ、半分は失われているものの、残った主要な部分の形がはっきり判る。よく使い込まれた先端は［擂り粉木］のように滑らかに摩滅していた。これは報告書が記載しているとおり［竪杵］に違いない。材はクヌギだというから堅い木を選んでいる。この遺跡からは「どんぐり」の剝き実が発掘されている。

(4) 八日市地方遺跡（石川県）出土の［竪杵］

弥生時代のこの遺跡から出土した木製品は報告書によると長さは約四〇チセンあり、そのうち約一八チセンは握るための柄として削られている（図1－2）。報告者によると横槌としての使用も竪杵としての使用も考えられるという。石川県埋蔵文化財センターで展示されていたのを見ると、その先端の摩滅がきわめて滑らかだ。報告書の掲載写真によると柄の端はやや太く削り残されていたことが解るから、その点は鳥浜貝塚例に通じている。この遺跡からは木の実は発見されなかったが、アワ、キビが検出されており、脱穀などにこの［竪杵］が使われた可能性がある。小松市教育委員会が発掘した同名遺跡の貯蔵穴からはクヌギ、アベマキが発見されているから、それらを搗いた竪杵の形状を推測させる資料でもある。

私はこれらの木製品を［竪杵］と判断することに自信はあったが、一応、その性能を確かめてみたいと思った。そこで鳥浜貝塚例と同様の製品を作り、使ってみることにした。クヌギの材を使って、長さ、太さ、先端を含む全体形状を報告書の掲載写真に似せて作り、しかも先端部は、できるだけ原資料に似せて円く滑らかに製作した。それを使って搗いてみるとクリも「どんぐり」も堅い皮が破れ、クリからは剝き実が取れ、「どんぐり」からは剝き実も「へそ」も分離した。だから鳥浜貝塚から発掘されたこの木製品を［竪杵］と判断することに少しのためらいもない。

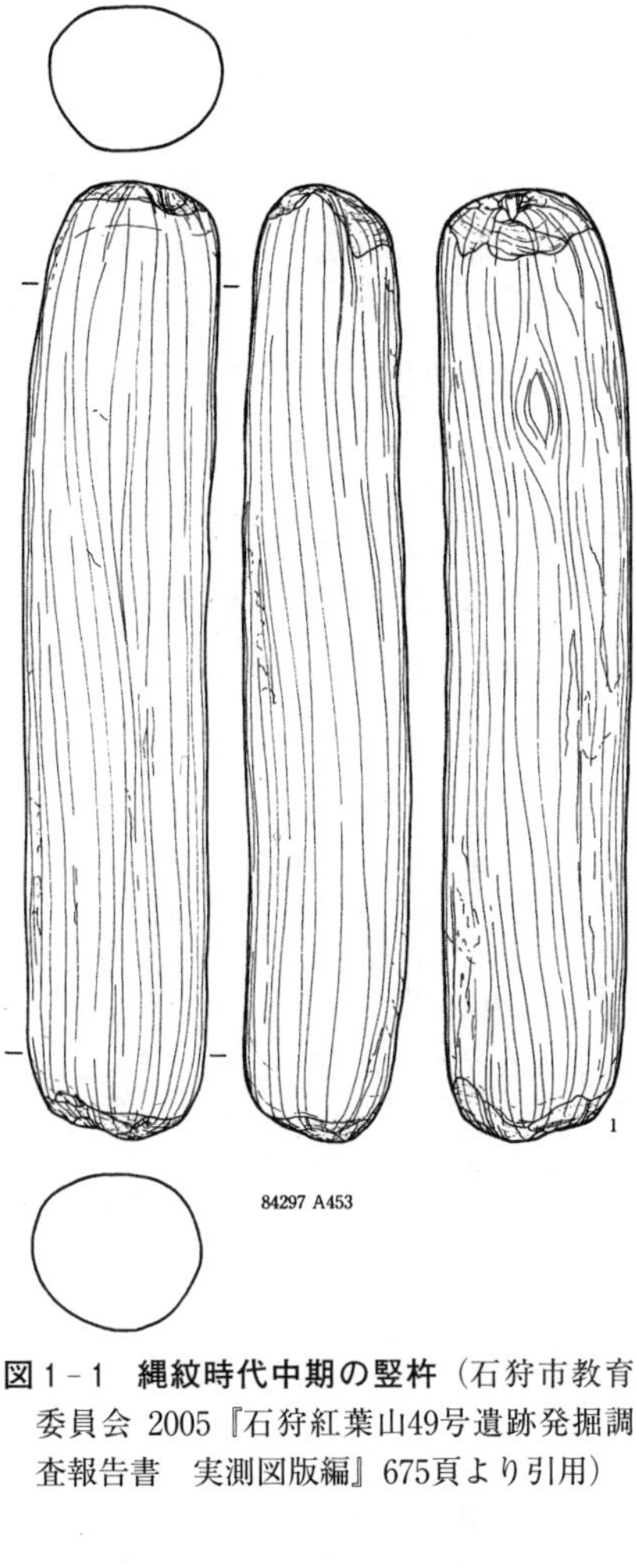

図1－1　縄紋時代中期の竪杵（石狩市教育委員会 2005『石狩紅葉山49号遺跡発掘調査報告書　実測図版編』675頁より引用）

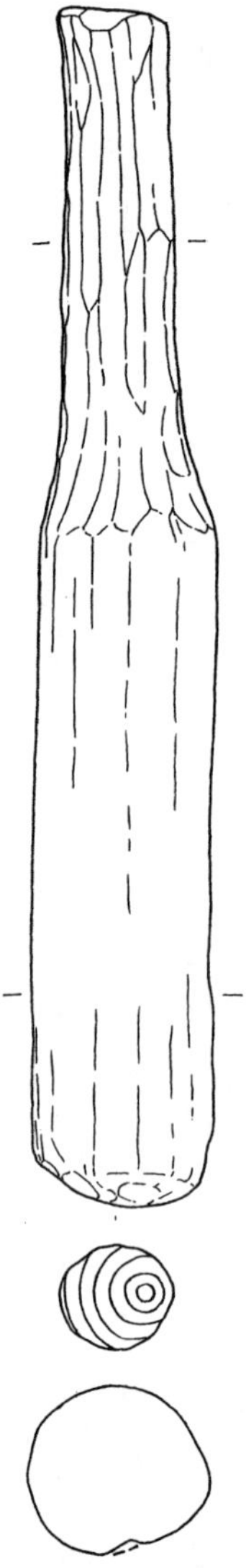

図1－2　弥生時代の竪杵（石川県埋文 2004『小松市八日市地方遺跡』93頁より引用）

その実験を通して感じたもう一つのことも書いておこう。鳥浜貝塚例に似せた手製の［竪杵］で搗くと、いま述べたように杵としての機能を確かめることはできたが、効率はあまり良くなかった。というのは先端がきわめて円く滑らかなために、クリも「どんぐり」も搗いた先から逃げるからだ。それで思ったのだが、鳥浜貝塚人は先端を最初からこのように滑らかに作ったのではなく、たぶんこの［竪杵］を作ったときの荒削りのままで使った。それが使い込まれているうちに摩耗して滑らかに変形したのだろう。私が実験したさい、円く滑らかな先端からクリや「どんぐり」があまりにも逃げるので、反射的にひらめいたのは、この先端に短い釘を何本か打ち込んではどうかというアイデアだった。その瞬間、この竪杵の先端に小さな石の破片が食い込んでいる理由に合点が行った。鳥浜貝塚人は、荒削りのままで使っていた竪杵の先端が度重なる使用に伴って摩耗し、クリや「どんぐり」がツルツルと逃げるようになったので、摩擦力を回復するため、この先端に小さな石片をいくつか打ち込んだのではないか。そのような類例はほかに発見されていないようだが、私は今もそう思っている。

ついでに臼についてもふれておこう。縄紋時代人が木を刳り抜いて器を作る技術をもっていたことは各地から発見されている遺物からみて確実だ。しかし縄紋時代の［臼］であると判断できる例は、これまでのところ発見されていないと思う。実際には存在したが土中で腐朽、消滅したのか、あるいは臼の役割を果たした用具が、われわれの推測を超える製作だったのか、現在のところ何とも言えない。

先の実験のさいに私が使ったのは、長径二五《チセン》ほどのやや薄い楕円形の自然石を置き、その周囲に幅広の樹皮を回して立て、重ね合わせた端どうしをクルミの若い樹皮で綴じたものだった。言ってみれば自然石を底に使った樹皮製の曲げ物だ。その中に乾燥させた皮付きのクリまたは「どんぐり」を入れ、先述の手製の［竪杵］で搗いたところ、剝き実を得ることができたことは述べたとおりだ。確かに効率はあまり良くなかったが、それは杵の方の問題で、［臼］には問題を感じなかった。そのように十分に搗くことができたからといって縄紋時代の臼がこのようなものだったと主張するつもりはない。臼についてはかならずしもわれわれが見慣れた形態だけを想定しなくてもよいのかもしれないという一例だ。

右に述べたとおり、各地の遺跡からは、クリや「どんぐり」の剝き実、「へそ」や［竪杵］が発掘されている。それらは、当時の人々が乾燥させて保存したクリや「どんぐり」の皮を搗いて剝いていたことを物語る明白な物証だったのである。

古代の文献資料には「どんぐり」がクリのようには出てこない。その中で『延喜式』巻三十一「諸国所進御贄」、巻三十三「諸国貢進菓子」などに出てくる「椎子」は数少ない古代の例ではないかと思う。椎はツブラジイ、スダジイなどの実のことと考えられており、「どんぐり」の仲間だ。その「椎子」が、いかにも菓子らしい甘葛煎とか干棗、搗栗子など、すぐにでも食べられそうな品々と並んで書き出されているから、まさか生の実ではないだろう。菓子としてすぐに食べられるようにするためにどのような加工や味付けが行われたか、具体的には読み取ることができないが、たぶん皮が除かれてから味付けが施されたと思う。「どんぐり」類の皮を除くには、乾燥させたのを搗くというのが縄紋時代から受け継がれた方法だったはずだ。

以上のように、縄紋時代から中世までの遺跡から発掘された「どんぐり」の剝き実、それを取り出すさいに搗いた［竪杵］、そのときに分離した「へそ」、そしてわずかではあるが古代の文献資料に現れた「椎子」、といったものを総合的に考えると、そこから導き出される結論は一つしかない。すなわち皮が付いたままの「どんぐり」を乾燥させて長期保存し、それを搗くことで皮を除いて食用に供するという利用方法は、縄紋時代草創期から現代まで、優に一万年を超えて一度も途切れることなく伝承されてきた技術だったのである（表1-1）。

これもまた、発掘例と文献資料および民俗例を総合的に考えることで初めて言えるようになった先人たちの営みだ。

三　クルミ

1　発掘されたクルミ――真半分に割られた殻

三内丸山遺跡から発掘され、重要文化財に指定されている有名な小籠の中に、真半分に割られたクルミの殻が入っていたことはよく知られている。すぐ食べられるようにあらかじめ割ったクルミを入れて、おやつのようにして楽しんだものかと想像が膨らむ。縄紋時代の遺跡からクルミが発見される例は多いが、その殻の外観を分析して殻の割り方まで考察した例はそれほど多くない。その中で注目されるのが鳥浜貝塚出土のクルミの殻を仔細に観察した畠山清隆さんの分析だ。その報告によると、整理することができた八七二〇個体に及ぶクルミの殻のうち、約八七%が真半分に割れた殻だったという。そのうち六五%が上部（尖端部）または上部から横にかけて何らかの欠損があったという。これら真半分に割れた殻について、畠山さんは人間が打ち割ったものだろうと判断し、その割れ方から、「大部分は上下方向に打撃を加えて割ったもの」と見抜いた。なかには焼痕が認められる殻があり、割る過程で火を利用した可能性があることにも言及している。

縄紋時代後期の下宅部遺跡の第一号クルミ塚および第二号クルミ塚で発掘され分析された、合わせて一万一〇〇〇点を超す殻のうち九六%以上のものに、人の手によって打撃を加えられた痕が確認できたという。報告書はその観察から、「ほとんどのクルミは底部を上にして加撃され、設置面にあたる頂部は衝撃で割れ」たと推定している。縄紋時代早期の東名遺跡（佐賀県）から出土したクルミの場合も頂部と底部に破損が目立ち、「頂部を下にして上から打撃して割ったと推定」されている。

これら鳥浜貝塚や下宅部遺跡例のように詳細な分析を加えた報告書は稀だが、中屋サワ遺跡例ほか、各地の遺跡から出土したクルミの殻や報告書掲載の写真を見ると、真半分に割れたものが多数を占めていることは確かだ。縄紋時代以降の人々がクルミを上下方向から打ち割って中身を取り出すことが多かった事実は動かない。

2　クルミを真半分に割る民俗例

北部北上山地を車で走っていると、川岸にオニグルミの木がまるで並木のように立ち並んでいる景色は珍しくない。落下した実が流れ下って留まった所が発芽や生育に向いていると生長し、付近の人がそれを利用できる年数がくるまで管理した結果だ。だから河川は国のものでも川岸に生えたクルミの木には権利を有する人がおり、その人が持ち主ということになる。そういう木からクルミを毎年採集して利用する人は、必ず外側の軟らかい皮を除き、中の堅い実の部分を十分に乾燥させてから保存し、食べるさいには必ず真半分に割れるような叩き方をする。

【事例一－10】　岩手郡葛巻町小田　橋場ハナさん（大正七年生まれ）談

クルミは二百十日過ぎに青い実を棹で叩いて落として拾う。［袋］に入れて家まで運んできたら、地面にあけて広げる。それを足で踏んで潰す。青い皮が離れるようになるから、それをバケツに汲んだ水で洗う。堅い実だけになったら、それを［とうか］に入れて日向で干す。十分に乾燥したら［袋］に入れて廊下にでも置いた。食べるときは「にわ」に石を置き、窪んだ所に尖った方を下にして［金槌］で叩いて割った。ヒメクルミは割りやすいがオニグルミは割り難い。中身を取り出した後の殻は炉にくべるとよく燃えた。

【事例一－11】　岩手県九戸郡山形村小国　内間木安蔵さん（大正十二年生まれ）談

二百十日のころになるとクルミの実を採る。落ちているのを拾うことはもちろんだが、まだ枝先に付いているのを落として採る。その実はまだ青く厚い皮に覆われているから［臼］［てっきぎ］（手杵）で搗いて取り除く。青いクルミの実を入れる［臼］には、［水ばった］で中央部が窪んでしまうほど使い込まれた［臼］を掘り起こし、家の傍まで持ってきて使った。一回に搗くクルミの量は［臼］一杯である。青い皮の部分が取れたら［せんごく］に入れ、川で洗ってから［とうか］に広げて、天日で一ヵ月間ほど乾燥させる。乾燥させたものを［かます］に入れ、その口を巻き込んで真ん中を［縄］で縛る。その後、炉の上の［火棚］に載せて保存した。毎年、［火棚］の上には［かます］に二つぐらいは載せて保存した。クルミを食べるときは、食べる分だけ取り出して殻を割る。割るには、炉に据えている［ずんざい］の上にクルミの尖った方を下にして手を添え、上から［金槌］で叩く。そのようにして割ると、殻が合わせ目からきれいに割れる。クルミを入れた［かます］を炉の上に置くと三〜四年もつが、棚から下ろしてしまうと翌年には辛くなって食べられなくなる。棚に上げたままでも、四年も経ったものは食べない。ヒメクルミは横から叩いても割れる。

【事例一―12】　岩手県宮古市川井箱石　川目キイさん（大正十四年生まれ）談

クルミは木の下に落ちているのを拾うだけでなく、木に残っているのも棒で落として拾う。家まで持ってきたら山盛りに盛り上げておく。青い皮が腐ってきたころ足で踏んで潰す。それを［ざる］のようなものに入れ、［たる］（桶）に汲んだ水で洗って軟らかい皮を流す。堅い実を日向で干す。食べるときは石の上で、尖った方を下にして［木割り］の頭か［金槌］で叩いて割る。中身を取り出した後の殻は炉やストーブに入れて燃やした。

【事例一―13】　岩手県宮古市川井江繋　中村フヂノさん（大正十五年生まれ）談

クルミは二百十日過ぎから、木から落としたり、落ちているのを拾ったりする。落とすときは長い棒の先に「まっか」（又）をつけたものを使う。家に持ってきてから二、三日経ってから［臼］［杵］で搗く。軟らかい皮を除いたら川で洗う。天日で干す。乾燥したら［ボール］か［みかん箱］、昔は［かます］に入れて、炉の上の「けだ」で保存した。食べるときは窪みのある石の上に、尖った方を下にして置いて［木割り］の頭か［金槌］で叩いて割った。中身は［畳針］のような尖ったもので取り出し、残った殻は炉やストーブにくべるとよく燃えた。ヒメクルミは割りやすいし、中身も取り出しやすいが、味は良くない。

毎年のようにクルミを採集して利用する人の話を聞くと、熟して落ちたクルミだけを拾う人もいるし、落ちる前に棒で叩き落として拾う人もいる。印象では落ちているのを拾うと同時に、まだ木に残っているのを叩き落として採るという人が多いようだ。木に残っているクルミを採るために長い棒の先に鉄製や木製の二又になった用具を付けて採った人もいる。そうして採り集めたクルミが、まだ青く厚い外側の皮が付いたものだったら、［臼］または一斗缶に入れて［手杵］で搗いたり、地面に広げ足で踏んで青い皮を潰したり、盛り上げておいて腐ったところを足で踏んだりする。または袋に入れたまま腐るのを待ってから踏むという人もいる。どんな方法を採るにせよ、その後は必ず洗って外側の皮をきれいに流し去ってから干す（写真1－10）。それは、湿ったままにしておくと中身がかびて腐るからだとされている。日向で十分に乾燥したと見たら、炉の上でさらに乾燥させながら保存した。食べるためにはまず殻を割るが、そのさい、これから割ろうとするクルミを炉の火のそばに盛り上げて熱が届くようにしたとか、ストーブの上に広げて暖めたという民俗例がある。その方が割りやすいからだという。割るときは窪んだ所がある石の台、または北上山地の人々が「どんころ」と呼ぶ太くて短い木の台の上で、クルミの尖った方を下にして、合わせ目の部分（縫合線）を指で挟んで、［木割り］の頭や［金槌］で叩いて割った。そのようにする理由を聞くと、尖った方を上にして叩くと割れ難いからという。しかし各地で聞いた中には、少数ではあるが尖った方を上にして叩いたという例もある。割った殻から中身を取り出すには竹串、釘、畳針などが使われた。学生たちに釘を使わせると「チョー取りや

写真１－10　乾燥中のオニグルミ（岩手郡葛巻町小田）

写真１－11　上下方向から叩いて割った現代のオニグルミ

すい」と言う。

3　途切れなかった、クルミの割り方

クルミを割るさいに炉の火の傍に置いて熱を与えながら割ると割りやすかったと伝える民俗例は、前記の鳥浜貝塚から出土したクルミの殻に焼痕が残っている例を思い出させる。もしかしたら、加熱した方が割りやすいという民俗的知識は縄紋時代から継承されたものかもしれない。縄紋時代例と現代民俗例で共通している、クルミの殻を上下方向から加撃して真半分に割る方法は、縫合面から真半分に割れやすいクルミの殻の特性を利用したものだ。クルミの殻は、たぶん発芽するときのためにそこから割れやすくできているのだ。

民俗例のように上下方向から打ってクルミの殻を割ってみると、たしかに縫合面から綺麗に割れやすいし、その場合には中身を最も無駄のない状態で取り出すことができる（写真1－11）。その割り方は、クルミを毎年利用する人々によって、縄紋時代から現代まで、幾百世代にもわたって途切れることなく受け継がれてきたというのが実相であろう。

コラム　クルミ味する！

クルミを食べる場合は［擂り鉢］とサンショウの［擂り粉木］で十分に擂るのが基本で、これに砂糖少々、醤油少々、様子を見ながらわずかの水を加えたものを作り、アワ餅を搗いたときにそれをつけて食べるととても美味しかったという。もちろん団子に塗るとか、さまざまな料理に使われた。そうして味付けしたクルミがとても美味し

いものだから、北上山地では、美味しいことを「クルミ味する」と表現する言い方が生まれた。現在でも、美味しいと感じたら、たとえクルミを使っていないものにでも「クルミ味する」と表現する人がいる。家でお父さんがそう言うからと、その言い方を知っている学生がいる。

第二章　トチ・「どんぐり」の「あく抜き」技術

一　発掘されたトチをめぐる研究の現状

1　トチの貯蔵形態

先史時代におけるトチ利用の痕跡は、主として東北地方から中国地方におよぶ縄紋時代草創期以降、中世、近世までの遺跡から発見される。貯蔵穴や住居跡、材木で区画された水場やごみ捨て場などから検出されるトチには、皮、皮付きの状態で固化した実、剝き実などがある。これらからは複数の貯蔵形態がうかがわれる。

まず押し潰されたトチの皮や、その中に辛うじて中身が残っているトチが発掘されることがある。なかには外観だけは丸のままでありながら空蟬のように軽く、少しの風にも転がるようなものもある。それは川岸の木から落下して澱みに溜まった実か、あるいは秋に拾われて土中に貯蔵された生トチが何らかの理由で放置されたため、中身が消滅して皮だけが残ったものだろう（生貯蔵）。一方、民俗例では、採集した生トチを水に浸けて殺虫した後、土中に埋めて貯蔵する場合があった（生貯蔵）。これは翌シーズンまでには食べてしまう比較的短期間の貯蔵方法だったようだ。また遺跡からは皮付きのまま固化したトチの実がしばしば発掘される。中身が腐朽していないのは何らかの処理が施されたことを示している。その処理方法については、すでに第一章でみたクリや「どんぐり」の剝き実を参照すると、乾燥された状態で保存されたものだった可能性が高い（皮付き保存）（写真2－1）。一方、民俗例にも、殺虫し

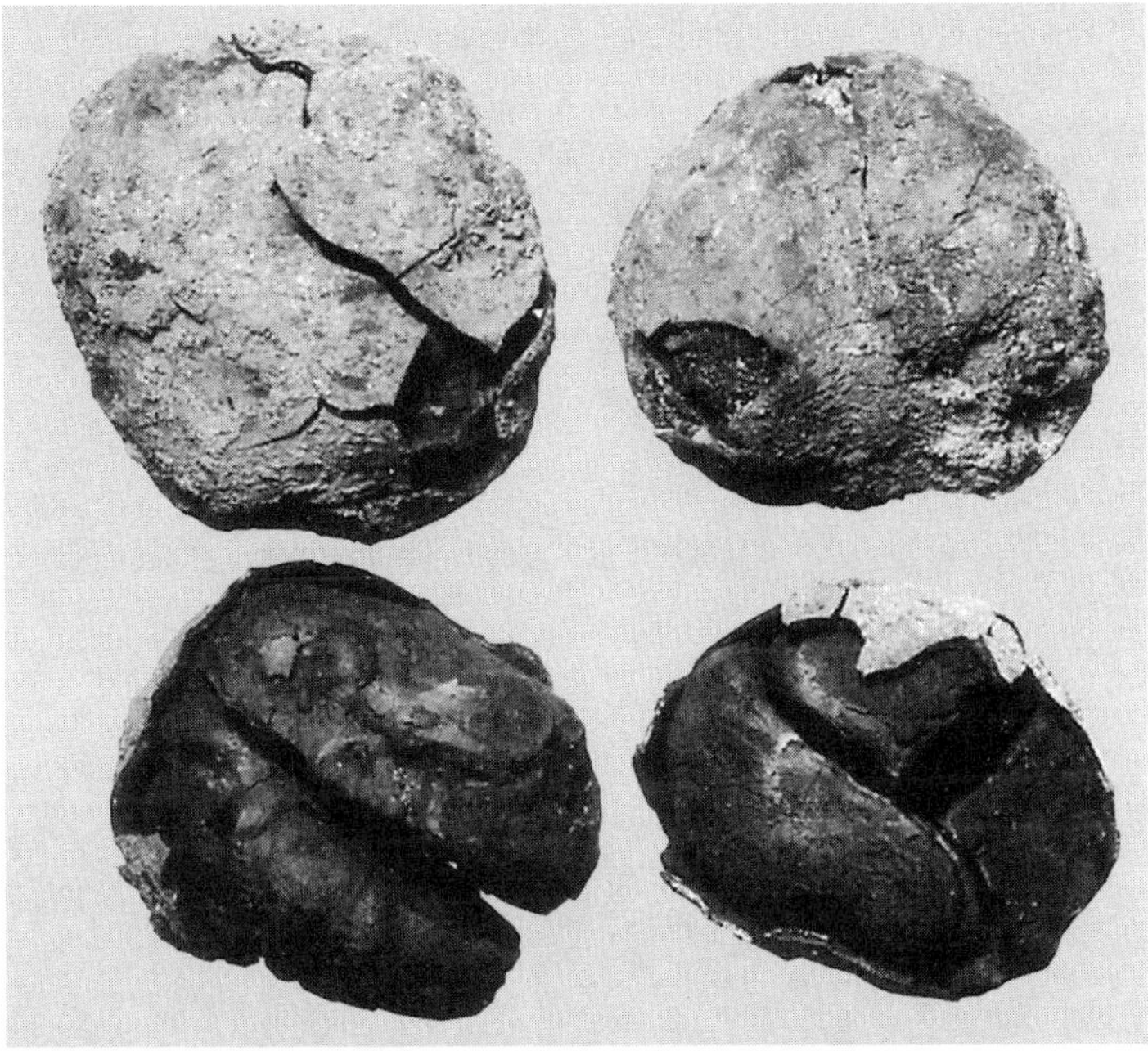

写真２－１　平安時代の皮付きトチ（大西遺跡）

写真２－２　古い家屋の屋根裏から発見された皮付きのトチ（岩手県西和賀町）

写真２－３　縄紋時代中期～後期のトチの剝き実（野場(5)遺跡）

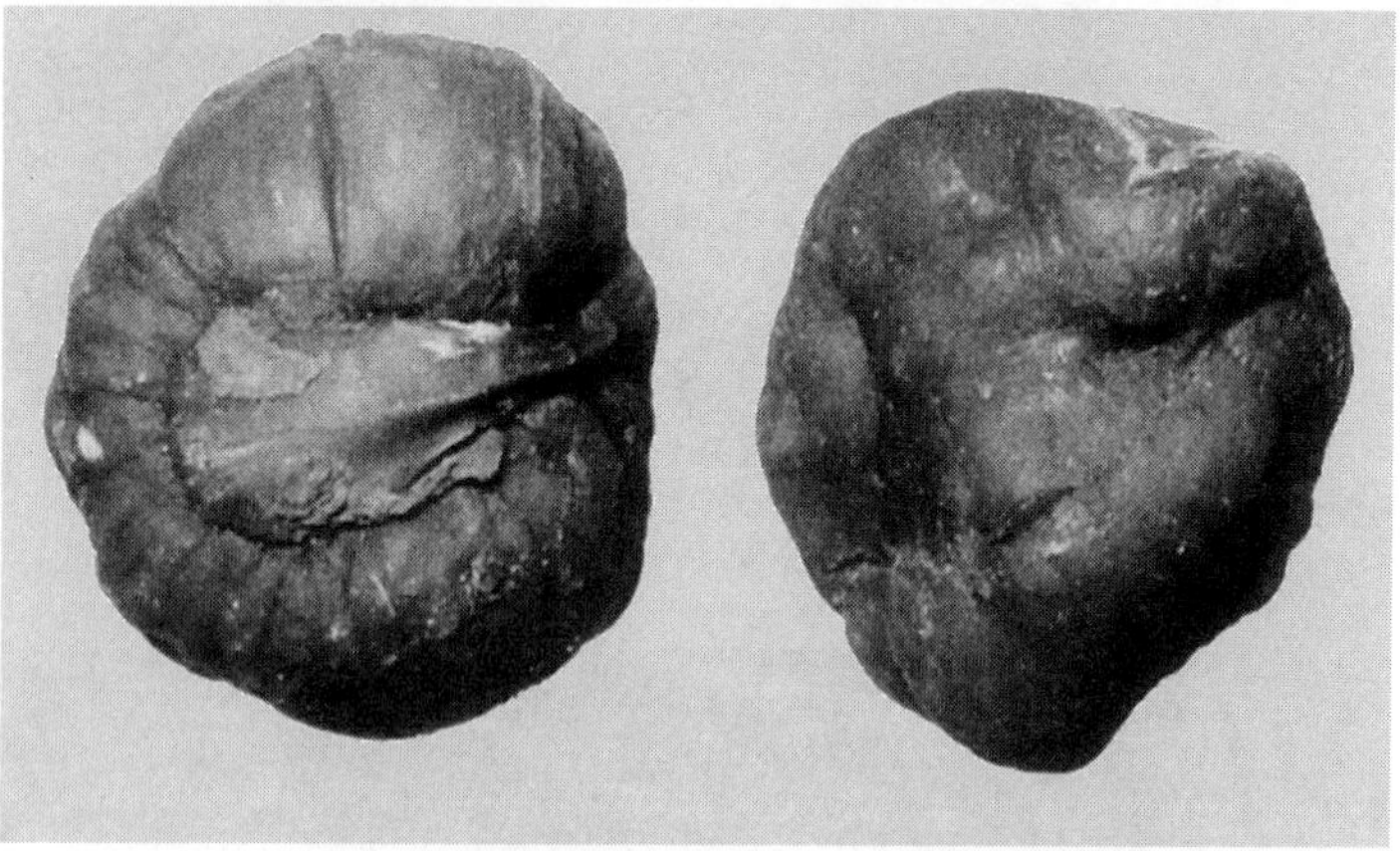
写真２－４　実験的に取り出したトチの剝き実

た後のトチを天日や火力で十分に乾燥させ、皮を付けたまま炉上空間で保存することがあった。それは年単位にわたる長期間の保存を意図した方法で、時には救荒用食料として俵詰めにされ、屋根裏に何十年も保存されることもあった（皮付き保存）。古くなった家屋を取り壊したさい、屋根裏から俵詰めにされたトチが出てきて、それがいつから保存されてきたのか、知っている人が誰もいないという話は珍しくなかった（写真２－２）。

　また、遺跡から、丸々とした形を保っているトチの剝き実が発掘されることがある。大きく割れた状態のものも含め、皮を除いた状態で乾燥させ、保存する場合があったのだろう（剝き実保存）（写真２－３）。皮を破り、剝き実の状態で乾燥させ、保存することは民俗例にも認められる（剝き実保存）（写真２－４）。

こうしてみると、縄紋時代以降の発掘例と現代民俗例とでは、トチの貯蔵形態が複数種類にわたって共通している。両者をもう少し詳しくみると、共通しているのは貯蔵形態だけではないことが判ってくる。

発掘されたトチと民俗例の関連性を物語る、もう一つの例としてここで注目したいのは遺跡から検出されるトチの皮の除き方だ。右に挙げたトチの丸々とした剝き実からは皮が完全に取り除かれているのだが、その表面には皮を剝くために使われたような工具——この場合は剝片で作った石器——による傷跡が少しも認められない。第一章で取り上げたクリや「どんぐり」の場合には乾燥させて保存したものを搗くことで皮を破り、剝き実を取り出したのだったが、トチの皮の場合はそれらと同じわけにはいかない。トチの皮はクリと物理的性質が異なっているので、乾燥させてから搗いても皮を取り外すことができないからだ。

遺跡から発掘された、丸々としたトチの剝き実をどれほど仔細に観察したとしても、縄紋時代人たちがどのようにしてトチの剝き実を取り出したか理解することはできないだろう。ところがそれは民俗例を参照すると容易に理解できるのである。後でふれるように、乾燥させて保存した、石のように固化したトチの実を水に浸け、ふやかしたうえで皮を破ると、丸のままの、あるいは割れたとしてもかなり大きめの剝き実を取り出すことができるのだ。そのことを知ったうえで、発掘例と民俗例の双方にトチの剝き実が存在していることを知ると、それぞれのトチの実を扱う技術が、歴史の深いところで繋がっていることを実感せざるを得ないのである。

2　トチの「あく抜き」をめぐる未解明の領域

トチ利用について積極的に調査している民俗学者の綿密な調査によると、トチの「あく抜き」方法には木灰を使う方法のほかに木灰を使わない何種類もの「あく抜き」方法が確認されている。一方の考古学界では、トチの「あく抜き」は木灰を用いない限り不可能と認識されており、それが定説となっている。発掘調査報告書はもちろんのこと、考古学の概説書や学生向けの教材、日本考古学を紹介する外国向けの本にも、トチの「あく抜き」は木灰を使わない限り不可能と明記されている。民俗学と考古学の調査対象がいくら異なっているにしても、「あく抜き」方法について双方の認識の隔たりはあまりにも大きい。それでいて考古学者と民俗学者の見解が交差することがない。

要するに先史時代のトチの「あく抜き」技術に関する研究基盤は十分に固まっていないというのが実際のところだ。そのことを知った私は、考古学界がその存在を全く想定していない、木灰を使わないで実施する民俗例の「あく抜き」方法を参照したなら、それこそ想定していない考古学的事実が明らかになるのではないかと、独自に追究してみることにした。

発掘調査によってトチ皮の大小の破片が出土した場合、調査報告書には大きな皮の破片の写真を掲載するのが普通だ。というのは、発掘されたのが紛れもなくトチの皮であることをアピールしようとすると、報告書を作成する担当者は少しでも多くの情報を備えている、球面が残っているような大破片の写真を掲載するのが当然だからだ。しかしそのとき、掲載から除外された細かく砕かれた皮に、実は「あく抜き」に関するこれまで知られていない情報が潜んでいるとなれば話は変わってくるはずだ。

かなり以前のことになるが、縄紋時代のトチの「あく抜き」方法と民俗例との関連性を追究していた私は、縄紋時代中期～後期のノミタニ遺跡（石川県）の発掘調査報告に掲載された一枚の写真にたいへん驚いた。それはファインダーの中に、発芽孔が見える細かな皮の破片ばかりを五〇片以上も収めた初めて見る写真だった。発芽孔は一つの実に一ヵ所しかないものだから、この撮影者は、たぶんこの遺跡の細かく砕かれた大量のトチ皮にただならぬものを感じ取り、その感覚を発芽孔の集合写真として表現したのだろう。その例に啓発されて、細かく砕かれたトチ皮の出土例を探してみると複数の遺跡から検出されていることに気付くことができた。下宅部遺跡、三内丸山遺跡の北の谷、二タ子沢A遺跡（新潟県）、高瀬山遺跡（山形県）（写真2－5）などから検出されたトチ皮には、撮影しようとして、かなり鋭く尖らせた箸で摘み上げようとしても困難なほど細かいものが少なくなかった。柏子所Ⅱ遺跡（秋田県）から出土している大型植物化石を同定した自然科学者の新山雅広さんによると、この遺跡から出土したトチ（報告ではトチノキ）の皮は大破片と小破片に分けられるという。大破片の方は重量から換算することで完形個数を算出できたが、小破片の方は、あまりにも微細で「採集・計数が困難」であるため、「全体の容量から、目分量で大まかな完形個数を推定」しなければならないほどだったという。この柏子所Ⅱ遺跡例は、微細なトチの皮の存在が自然科学者の手によってきちんと記載された稀有な報告として貴重である。

写真2－5　縄紋時代後期〜晩期の粉砕されたトチ皮（高瀬山遺跡）

私自身が実見した例の中では桜町遺跡（富山県）から取り上げられた、あたかも泥のように微細なトチ皮の細かさは衝撃的だった。聞くと発掘現場の澱みのような所から柄杓で汲み上げたものという。私は、発掘中にその重要性を直感し、見逃したとしても不思議がない泥のようなトチ皮の微細片を澱みの中から汲み上げた調査担当者の判断には感嘆した。

いま挙げたようなトチ皮の微細な破片が遺跡から多量に発掘されることがどんな事実を反映しているのか、考古学界では全く認識されていない。

しかし民俗例を参照すると、これまでただの「ごみ」にしか見えなかったそれらが違って見えてくることになる。その辺りを理解するために、民俗例におけるトチの「あく抜き」方法を概観しておくことにしよう。

二　民俗例のトチの「あく抜き」

1　民俗例の、トチの「あく」を抜く二大別、四種の方法

トチを食べるためにどうしても必要な「あく抜き」方法のことだが、民俗例を調査した研究者の記載を見ると、まさに千差万別だ。その多様さは、トチを食用にしようとする家庭ごとに「あく抜き」方法が違っているのではないかと思わせるほどだ。すなわちトチの皮剝き作業を工程上のどこで行うか、皮を取り除くにはどうするか、実を搗いて潰すか、それとも大きな状態の実を使うか、加熱するか否か、煮崩すか、木灰をそのまま入れるのか、灰汁水にして使うのか等々の要素が不規則に組み合わされている。その差異はあまりにも多様で、はたしてこれを整理することは可能なのだろうかと、たじろぐほどだ。もしも、そのように甚だ変化に富む民俗例の「あく抜き」方法を整理することが叶い、それを参照することができたなら、発掘されたトチから得られる情報が格段に多くなるのではないか。そう考えた私は、混沌としているようにさえ見えてしまう民俗例を凝視した結果、これを整理する鍵は、木灰による「あく抜き」にあるとみた。

まず、非常に多様な様相をみせる民俗例のトチの「あく抜き」方法を、木灰を利用するかどうかで大きく分けた。すると、複数種類の木灰を用いない「あく抜き」方法が姿を現してきた。それによって、木灰を利用しない限りトチの「あく抜き」はできないとする考古学界の定説の破綻が明らかになった。さらにその作業で気付いたのは、木灰を

利用しない「あく抜き」方法と非常によく共通していながらも木灰を使う例が存在することだった。そのような事例の木灰利用については、あくまでも「あく抜き」効果を促進するための補助的利用として理解できると判断した。つまり木灰利用は「あく抜き」方法の一つであることは確かだが、木灰は他の「あく抜き」方法を補助するためにも使われることがあったということだ。

そのようにして分類を進め、トチの実をどのように使うかという観点から整理すると、「あく抜き」方法は「粉砕タイプ」と「剝き実取り出しタイプ」の二種に大別できることが判った。ではそれぞれの民俗例を具体的に見てみよう。

(1) 粉砕タイプの「あく抜き」

A 「発酵系あく抜き」方法

【事例二―1】 岩手県宮古市川井 眞舘ヒテさん（大正十一年生まれ）談

トチを拾ってきたらまず洗う。石の窪みにトチを置き、［木槌］で叩いて潰し、それを専用の［莚］でくるむ。一方、屋内の土間の隅にムギの「から」（桿）や藁を一尺余も厚く置いておき、その上にトチをくるんだ［莚］を置き、その上にムギの「から」や藁を一尺余も厚く被せてから、重しに長い木を載せる。何日ぐらいそうしていたか忘れたが、そのうちに内部が熱をもってきたことが上からでも判るようになり、匂いもしてくる。被せていた藁などを除け、［莚］に触ってみると反射的に手を離すぐらいに熱くなっている。開けてみるとベタッとなっている。それを［はんぎり］（桶状の容器）の上に据えた［ざる］にあけ、上から水をかける。［ざる］にはトチの皮だけが残るからそれを捨てる。［はんぎり］に溜まったトチを［袋］に移して水気を切る。そのトチを別な［はんぎり］に移し、灰汁水を入れて晒す。灰汁水は石油缶のような缶の底を切り抜くときに周縁を残し、そこを支えに藁を置き、その上に灰を載せてから熱湯をかけ、十分ぐらいも経ってから滴が落ちてくるのを桶で受けたもので、トチの皮のような色をしている。その灰汁水に何日ぐらい晒したか忘れたが、次に水を替える。一日に五〜七回も古い水を捨て新しい水を入れては掻き回す。水替えを繰り返しているうちに水がきれいなままでいるようになる。そうなったら［袋］で水気を切り、強く握り固めたのをヒエの粥に入れて食べた。灰汁水が強ければ苦くはなかった。隣近所の家もこのようにしてトチを食べていた。二階に上げて乾燥させておいたトチを使うときは、水に戻してから［槌］で叩いて皮を破って除いた。

【事例二‐2】　大下勇助さんが紹介した岐阜県宮川村における「トチねさせ」

天日乾燥し、備蓄しておいたトチを水に浸け、皮を軟らかくしたものを石の台上に置き、［木槌］で細かく潰す↓天日でよく乾燥させる↓搗屋に入れて粉にする↓［篩］で皮を除く↓粉に水を加えて半練りにする↓厚く敷いた乾し草の上に［藁莚］を敷き、その上に半練りのトチの粉を広げる↓それを幾枚かの［藁莚］で覆って保温する↓四〜五日で発酵して苦味がなくなる。

この「発酵系あく抜き」に該当する記載例は、以下に記す他の方法よりも極端に少ない。そんな少数例から一般性を引き出せるものか疑問が残るが、他種との歴然とした差異があるから、これを独立させる必要がある。【事例二‐1】で灰汁水を使っているのは、それを使わない【事例二‐2】に照らすと、あくまでも促進剤としての利用である。この「発酵系あく抜き」では生トチを使うこともあれば乾燥状態で保存しておいたトチを水に浸けてふやかしてから叩いて使うこともあること、トチの実を皮ごと叩き潰し、粉々に砕いて用いる点に注目しておきたい。

B　「水晒し系あく抜き」方法

【事例二－3】　岩手県西和賀町　新田巴さん（大正十二年生まれ）談

十一、二歳ごろ親類の家のお爺さん、お婆さんはトチを拾ってくるとすぐ、日向に敷いた［ござ］に広げて二～三日干した→「はりのえ」と呼んだ天井に敷いてある板の上に広げる→シダミ（どんぐりのこと）やクルミを広げて干す場所が必要だったから、トチは［俵］に入れて保存する→食べるのは凶作のときで、家の前後に作っていた堰の脇に［槽］を五～六個も並べ、［手桶］で水を汲み入れ、その中にトチを入れる（ときどき水を替えたが何日ぐらいそうしていたか判らない）→［槽］から出したらちょっと干す→「おにがら」（堅い皮）を取るためにそれを［臼］［杵］で搗く（このとき、実が潰れない程度に加減した。皮は［箕］で吹いて除いたかも知れないが、はっきり覚えていない）→皮を取り除いた実を［槽］に入れ、沈むのを待って［手桶］で水を替える→［槽］から取り出す→干してから［臼］［杵］で搗く→［とおし］で粉にする（細かくしないと毒が出ないから）→トチの粉を［槽］に入れ、これに「灰汁水」（［桶］に炉の灰を入れ、熱湯をかけ、浮いたごみを［笊］で除いた上澄み）を入れる→そうして「あく抜き」したトチの粉は薄い灰色をしている。それを砕け米の粉やムギの粉と混ぜて薄い餅の形にこしらえ、炉の「おき」の上に置いたり、熱い灰の中に埋めたりして焼いて食べた。

【事例二－4】　石川県立歴史博物館（当時）の橘礼吉さんによる石川県白峰村での調査例

生のトチを煮てふやかす→［臼］［杵］で搗いて粉にする→［篩］で皮を除く→トチの粉を［麻袋］に入れ、［トチサンジキ］の上に浅く広げる→［麻袋］にさらに目の細かい［木綿布］を被せる→［樋］から落とした水を当てる→二～三日経過した後で取り出し、苦味がなくなっていたら食べる。

【事例二－5】　江馬三枝子さんによる白川村における調査例

サワシドチまたはコドチを作るには乾燥したトチの実を一晩熱湯に浸け、ふやかす→［くじり］か［押し切り］、または［石］の上に載せ、［木の槌］で叩いて皮を除く→中の実を［ばったり］で搗かせる→［篩］で粉を取る→粉を［栃棚］に入れる→上から落とした水で晒す。

【事例二‐6】　辻稜三さんによる岐阜県宮川村西忍における調査例

虫出し→乾燥させる→搗屋で搗いて粉にする→［篩］で皮を除く→布を敷いた［栃棚］の上に粉を移し、その上にさらに［布］を被せて一～二日間、水を落とす→水を切る→ソバ粉と混ぜて練る→蒸して食べる。辻さんはこのような非加熱タイプの事例をさらに複数、記載している。

【事例二‐7】　佐伯安一さんが紹介した富山県宇奈月町の民俗例

拾ったトチの実を一〇日間ほど水の流れに浸す→平らな［石］の上に載せ、［石］で叩いて皮を取る→天日に干して保存しておく→食べるときは［石臼］で粗く擂る→［桶］に入れて水を張り、何回も水を取り替える（流水に浸すこともある）→これで「あく」が抜ける。団子にこねて粥に入れて食べる。

【事例二‐8】　福井県立博物館学芸員（当時）の坂本育男さんによる福井県大野市下打波での調査例

拾ってきたトチを直ちにゆでる→［臼］で搗き潰す→［とおし］で皮を除く→粉を乾燥させる。それを備蓄することもあったらしい。食べるときは川に［棚］を作って一晩水に晒す→二晩灰汁水に合わせる→さらに二晩流れ水に当てる→こうして得た粉に味噌汁をかけるなどして食べた。

江戸時代後期の文政年間、越後の塩沢の人、鈴木牧之が信越の境にある秋山郷を旅行したさいに記録した『秋山記行』に、この類に相当すると思われるトチの「あく抜き」について、次のような意味のことが書かれている。「トチの実は八月に、落ちたのを拾ってクルミのような皮をむき、クリの皮のようなのも剝いて煮る。それを手で粉にし、粗い篩にかけ、渋を取る。タケの簀の上に布を敷いたら、その上に粉を載せ、平らに均す。その上に水を打って粉が散らないようにしっとりと湿してから、掛け水のジクジクと流れる所へ沈める。このようにしておよそ四日経ったら、揚げて木綿袋に入れて絞る。袋に残った粉は雪のように白い。それをそのまま椀に盛って食う」（小赤沢）。文政年間の民俗例を伝える例として貴重だが、伝聞のせいか、トチの皮をどのような方法で剝いたのか、あるいは「渋を取る」というのがどんなことかがはっきりしない。ここでは流水の作用だけによって「あく抜き」したことに注目しておきたい。

以上のように「水晒し系あく抜き」は主たる効果を水の作用に依拠し、その「あく抜き」効果を促進するため、ときに灰汁水を補助的に使って「あく」を抜く類である。この類に使われるトチには乾燥させたうえで保存されていたものもあるし生トチもある。皮の除き方には、［杵］や［槌］で、あるいは［石］で叩いて皮を除く類と、［臼］［杵］で搗き潰す類との二とおりがあるようだ。したがって皮には粉砕された小破片もあるし、それよりはやや大きな破片もあると思う。

C 「はな（澱粉）取り系あく抜き」方法

【事例二―9】 岩手県西和賀町　松山信枝氏（大正十二年生まれ）談

父や祖父がやっていたのは、拾ってきたトチの実を［臼］、［杵］で搗く↓［ねったりぶね］の上に据えた［ねったりこしぎ］にワラビの「ほだ」（生長が終わって立ち枯れたもの）を厚く重ねて敷く↓その上に［臼］で搗いたトチの粉を載せる。その量は「ほだ」が見えなくなるぐらいだった↓その上から［桶］で水を何杯もかける。そのとき「ほだ」をいくらか手で揉む。水は［ねったりぶね］の八分目ぐらいまで入れる↓炉の中から木灰が固まって赤くなっているのを［十能］で運んできて、熱いうちに［ねったりぶね］に入れる↓掻き混ぜて一晩そのままにするとトチは沈む→灰汁水を［桶］で汲み上げたり、［ねったりぶね］を傾けて捨てる→新しい水を入れて掻き混ぜる→夜のうちにトチが沈むから、朝に水を入れ替えるということを、灰の匂いがなくなるまで何回も繰り返す→匂いがなくなったころには苦味もなくなっているから［ねったりぶね］を傾けて水を捨てる。傾けても澱粉は流れない→［包丁］で切って起こし、米の「しいな」を擂った粉と混ぜて煮たり、澱粉の固まりを炉で焼いたりして食べた。

［ねったりぶね］というのはワラビの根から澱粉を取るさいに使った大きな刳り物だ。生トチを［臼］［杵］で搗いたとき、大きな皮なら手で拾えるだろうが、砕けた細かな皮では、それが難しかったのでワラビの「ほだ」で漉し取ったのだろう。

【事例二―10】　岩手県西和賀町湯田　竹澤正夫さん（大正元年生まれ）談

トチを拾ってきたら［臼］［杵］で潰す。栃の大木を切断し縦に挽き割って、鉞や手斧で仕上げた［ふね］に、潰したトチと水を一緒に入れる。潰せるものがまだあったら、手で集めて潰す。［ふね］に溜まっているのを、［ざる］に移して通す（皮を除く）。沈んだトチの上に［布］を敷いて、その上に「あぐ」（木灰）を載せると一昼夜で苦味が取れる。「あぐ」は三回ぐらい取り替える。そのたびにトチを掻き回す。その後、沈んでいるのを［袋］に入れて漉すと、綺麗な良いところが沈む。それを取り出して天日乾燥する。「あぐ」は田畑にも使うから、普段から大切にし、［箱］［かます］［米俵］などに溜めておく。「あく抜き」するには、炉の灰の中にできる固まりがよく効く。

トチの粉はソバ粉か何かの粉に混ぜて、練って団子にして焼いて食べた。ヨモギの若いところを採り、ゆでて水出ししたのを固く絞ったのを叩いて潰したものにトチの粉をからんで（まぶして）、おつゆに入れて食べた。あるいは、からんだものを蒸して、餅にした。

【事例二―11】　岩手県旧川井村（現、宮古市）の民俗例（川井村役場　一九六二『川井村郷土誌』による）

採集したトチを乾燥させる↓［臼］［杵］で搗く↓［桶］に水と一緒に入れる↓掻き回し、粗めの［布袋］で漉して皮を除く↓目の細かい［布袋］を通す↓灰汁水で晒す↓水を数回替えた後、［袋］で絞る↓それを団子にしたり、穀類を入れて粥にしたりして食べた。

【事例二―12】 栃木県立博物館（当時）の柏村祐司さんによる同県栗山村川俣での調査例

トチをゆでる↓［臼］［杵］で搗く↓［手桶］に入れて掻き混ぜる↓［めかい籠］に空けて皮を除く↓トチが溜まった［桶］に水を注ぎ、上澄みを捨てることを何度も繰り返す。

【事例二―13】 橘礼吉さんによる白峰村三谷での調査例

採集してきたトチを生のまま水に浸けてふやかす↓［小鍋］のぬるま湯をくぐらせる↓歯で皮を剥く↓［臼］［杵］で搗いて粉にする↓それを［桶］に入れ、水を注いでは掻き回し、きたない上澄み液を捨てることを繰り返す↓苦味がなくなり白色で美しい澱粉ができたら、［袋］に入れて水切りをする。

以上のように「はな（澱粉）取り系あく抜き」は粉々に砕いたトチを器底に沈殿させ、上澄みを捨ててから新たな水を加えては掻き回して沈殿を待つということを繰り返して「あく」を抜き、澱粉を得る類である。【事例二―9】【事例二―10】【事例二―11】では木灰もしくは灰汁水を使っているが、これを使わない【事例二―12】【事例二―13】に照らすと、それらは「あく抜き」効果を期待した促進剤として利用された例と判断される。この方法に使われるトチは生トチだったり乾燥させておいたトチだったりする。この方法で処理された場合の皮のことだが、【事例二―13】だけは皮を歯で剝くので、皮はやや大きめの破片が混じるかもしれないと想像する。他の例は皮付きのトチの実を［臼］［杵］で搗いて粉にするので、皮は微細な破片になるのではなかろうか。

(2)　剝き実取り出しタイプの「あく抜き」

「灰汁合わせ系あく抜き」方法

【事例二－14】　岩手県川宮古市川井　田野風ミネさん（大正十五年生まれ）談

トチを拾ってきたら日向に［莚］を広げて乾燥する。使う分は［栃剝き］で皮を剝くが、使わない分は「けだ」に敷いてある［簀］の上に広げておく。水戻ししてから皮を剝いたトチは何日も水に浸す。その後、木灰と麦桿の灰を混ぜて作った「灰汁水」に何日も浸ける。それを土間の「にや」に据え付けてある大きな［釜］に移し、「灰汁水」で炊く。そのとき釜の中央に［どう］を立て、中の「灰汁水」を汲み出しては水を入れて苦味が取れるまで炊いた。苦味が取れたら潰して［袋］に入れ、搾って水気を取る。それを強く握って固めたのをヒエの粥に入れて煮て食べた。あるいは炊きあがったのを潰さずに黄な粉を掛けて食べた。この方法は十八歳で嫁に来てから舅ばあさんに教わった。

【事例二－15】　江馬三枝子さんによる岐阜県白川村における調査例

貯えておいたトチの実を一晩熱湯に浸ける→翌日、皮を取る→実を［石］の上で叩いて二つか三つぐらいに割る→灰汁を混ぜて熱湯に浸ける→小さな［かます］に入れ、［槽］または川に入れて一週間近くおく→灰汁を使った「あげあく」の中に入れ、餅に搗くまで入れておく。

【事例二－16】　国立民族学博物館（当時）の松山利夫さんによる岐阜県旧徳山村門入における調査例

トチを天日乾燥する→［麻袋］に入れ［火棚］に載せて備蓄する→食べるときは湯に浸しふやかす→皮を剝く（昔は歯で）→［袋］に入れて川に浸ける→［鍋］で煮た灰汁とトチの実を［桶］に入れる→「あく」が抜けたら洗う→糯米と一緒に蒸し、搗いて餅にする。

右に挙げた木灰あるいは灰汁水の効力を利用してトチの「あく」を抜く「灰汁合わせ系あく抜き」例で注目したいのは必ず剝き実を使っていることだ。橘礼吉さんや和田稜三さんら精力的に調査を推進した民俗学者によると、それは木灰を加熱した状態で使う場合が多いことと関係がある。すなわち皮を剝いて得たトチの実が細かいと、「灰汁水」と混合融和させて加熱したり、時には沸騰させてトチと合わせたりするさいに溶けてしまうからだった。例えるとカレーに入れるジャガイモを想像すれば解りやすい。溶けてしまうのを避けるために皮を剝くさいにトチの中身をできるだけ大きな状態で取り出そうとしたのであり、この点が先に挙げた三種類の「あく抜き」方法と明らかに異なっている。この、トチの中身を大きな状態で得る方法についてみておこう。

皮に包まれたままの状態で「あく抜き」することはあり得ないから、「あく抜き」するためにはどうしても皮を取り除かなければならない。しかし生のトチ皮を破って剝き実を丸ごと取り出すことは不可能だから、乾燥させ、保存していた皮付きの実を使うことになる。ところがトチの皮の性質はクリや「どんぐり」と大きく異なっており、乾燥させたトチの皮は中身に密着した状態で皮も一緒に収縮している。このとき、中身と皮との間に隙間が生まれていないから、クリや「どんぐり」のように搗いて皮を破るということは物理的に不可能だ。だからトチの皮を剝くにはクリや「どんぐり」と全く違った方法を採ることになる（【事例二―14】【事例二―15】【事例二―16】）。

2　民俗例が残すトチ皮の大小破片から遺物を読む

前項では民俗例のトチの「あく抜き」方法が、「粉砕タイプ」と「剝き実取り出しタイプ」の二種に大別できることを述べたが、以下で注目したいのはそれぞれの処理方法が残すトチ皮の形状の違いだ。

(1)　トチ皮の小破片

「粉砕タイプ」の「あく抜き」作業は皮が付いた実を搗き砕くところから開始されるから、そのさいに残された皮には砕かれてできた細片が必ず混じる。その因果関係はきわめて明瞭だから、結果から原因を推察することが可能になる。すると、捨て場に残された細かく砕かれたトチの皮は、「発酵系」「水晒し系」「はな（澱粉）取り系」など「粉砕タイプ」の「あく抜き」の副産物とみるのが妥当ということになる。そのように発掘現場から検出されるトチ皮の細片は単なる「ごみ」ではなく、考古学界がこれまで全く想定してこなかった、木灰を用いない「あく抜き」方法が行われていたことを明示する物証である可能性が高い。

(2)　トチ皮の大破片

では、もう一方のトチ皮の大破片からはどんなことが読み取れるのだろうか。これもまた民俗例を参照すると、トチの保存方法や皮の除き方についての営みが見えてくる。

粉砕タイプの「あく抜き」方法には皮付きの実を叩き潰す類もあるが、皮を剝いてから「臼」「杵」で搗く（【事例二‐3】）とか「石臼」で擂る（【事例二‐7】）場合があった。前者では実が潰れない程度に加減したというし、後者では剝き実の状態で保存しているところから、剝かれたトチ皮の破片はある程度の大きさを保っているのではないかと想像する。一方、「剝き実取り出しタイプ」の「あく抜き」では、剝き実をなるべく大きな状態で取り出そうとする意図が明らかだ。民俗学者による調査事例では剝かれた皮の状態までは記載されないのが普通だから実地に試してみるしかない。写真2‐6は私が剝き実を大きな状態で取り出したさいの皮だ。つまり、なるべく大きな状態で剝き実を取り出そうとすると、剝かれた皮は大きな破片となる。実験したから推測できるのだが、遺跡からしばしば発掘

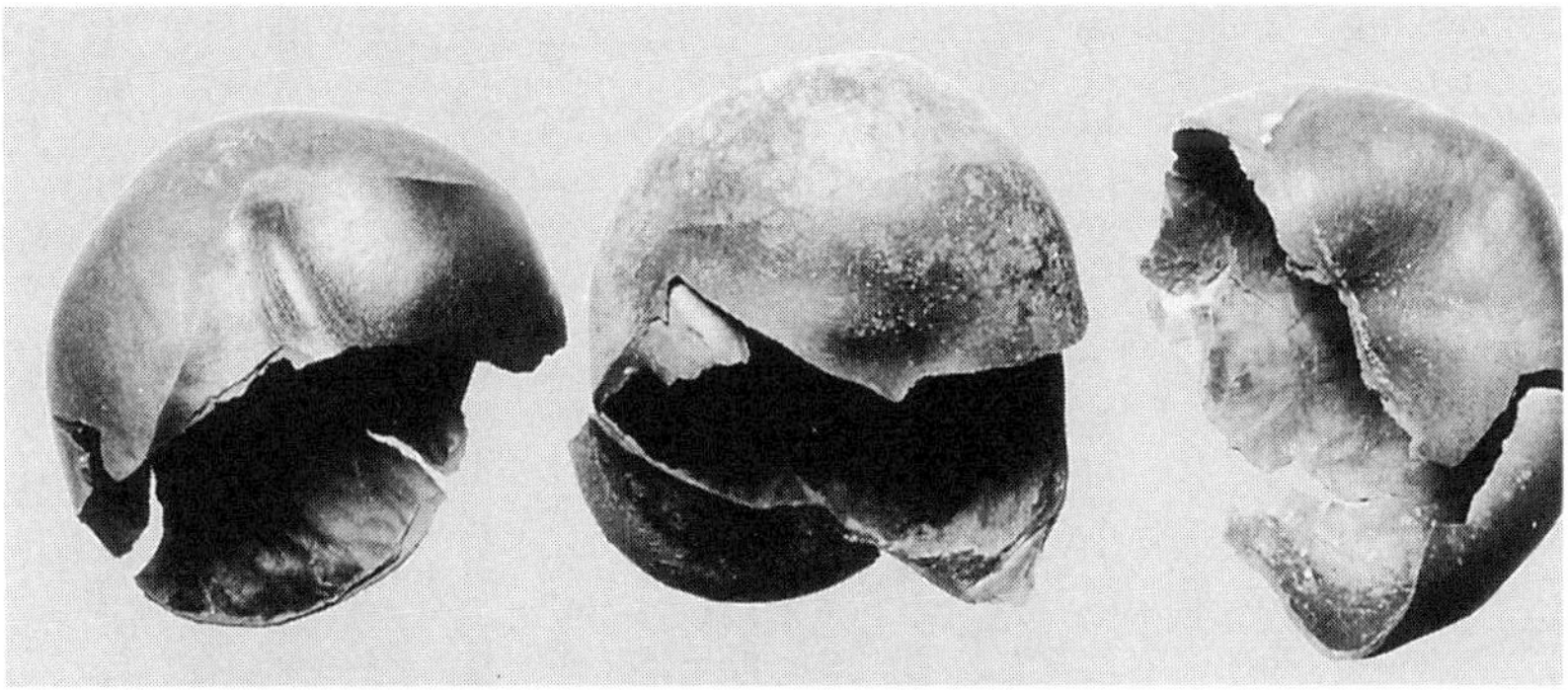

写真2－6　実験的に剝き実を大きく取り出した場合のトチ皮大破片

される丸のままの剝き実は、乾燥状態で保存した実を水に浸け、ふやかしてから皮を剝いたものだ。つまりトチの食料化には水の利用が大きく関連するので、縄紋時代の遺跡からしばしば検出される「水場遺構」と呼ばれる木組みの仕掛けについてふれておこう。

この遺構は材木を四角く組んだ中に沢水を引き入れているから水晒し場と理

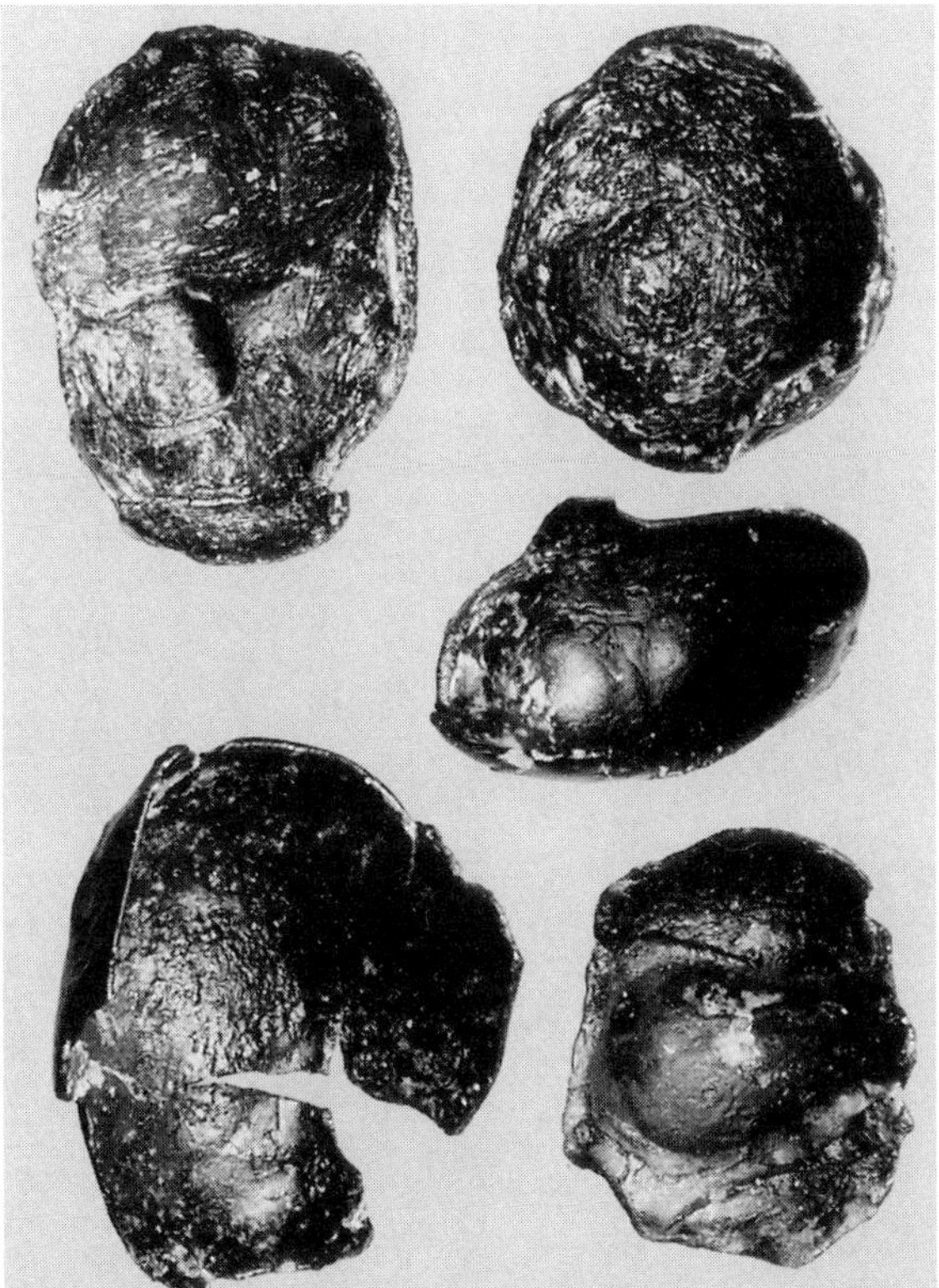

写真2－7　古代のトチ皮大破片（多摩ニュータウンNo.243）

解されている。「あく抜き」するためにトチを晒したと考える人もいるし、ふやかすための仕掛けだという人もいて、使用目的についてでは今でも決着がついていないようだ。しかし流水を利用する仕掛けであることには違いないから、トチに限らず水浸けする、あるいは水晒しを必要とする用向きに対応した施設だったのは間違いないだろう。トチ利用に関して言うと、まず、拾ってきた皮付きのトチを直ぐ水に浸けることがあった（【事例二‐7】）。「発酵系あく抜き」の一例では天日乾燥した堅いトチの実を水に浸けて軟らかくしてから潰している（【事例二‐2】）。「水晒し系あく抜き」の一例ではやはり乾燥させて保存していたトチを［槽］に溜めた水に浸けて軟化させ、［臼］［杵］で搗いた（【事例二‐3】）。「灰汁合わせ系あく抜き」の一例でも乾燥状態で保存しておいたのを「水戻し」してから皮を剝いた（【事例二‐14】）。以上のように乾燥され硬くなった状態のままでは次の作業に入ることができない場合に、水に浸けて軟らかくした。しかし水に浸けるのは乾燥した皮付きのトチばかりではなかった。皮を剝いた後の剝き実を水に浸けることもあった（【事例二‐3】【事例二‐14】【事例二‐15】【事例二‐16】）。

このような民俗例を参照すると、縄紋時代の遺跡から発見される木組みの仕掛けはトチを食料とするための工程で使われた可能性がある。ただし、水浸けを要する作業はトチを袋に入れて沢や川に浸けてもできるわけだから、特別の仕掛けがなくても可能だったとみて差し支えない。

すでに述べたように、発掘されているトチの丸のままの剝き実は、秋に拾った実を乾燥させ、保存していたものを水に浸け、ふやかしてから皮を破って取り出したものである可能性が非常に高い。生のトチを静かに叩いて皮を剝き、実を少しでも大きく取り出そうとした場合とともにトチ皮の大破片を残している可能性が高い。つまり遺跡からトチ皮の大破片が発掘されたなら、それは「剝き実取り出しタイプ」の痕跡である可能性が高い（写真2‐7）。「剝き実取り出しタイプ」は民俗例の場合なら直ちに「灰汁合わせ系あく抜き」を連想させるのだが、出土例の場合は簡単には決められない。なぜなら、そうして取り出した剝き実をそのまま保存して（剝き実保存）、醱酵させたものか、落とし水を掛けたものか、それとも流水や水晒し用の仕掛けに浸けたものか、あるいは容器中で「はな（澱粉）」を取ったものか、皮の破片からは判別できないからだ。

右のようにトチ皮の大小破片から知られることには限界があるが判ることもある。うっかりすればただの「ごみ」にしか見えないトチ皮だが、トチ皮の大破片は「剝き実取り出しタイプ」の、小破片は「粉砕タイプ」の「あく抜き」の痕跡であることは確かだ。出土遺物でありながら、これまで分析的観察の対象から外されていたトチ皮に人為的痕跡が見出されるということになると、これまでの考古学では全く見逃されていた次のような「営み」が見えてくる。

三　併行利用された二種の「あく抜き」――「粉砕タイプ」と「剝き実取り出しタイプ」

トチ皮の大破片を出土しているのと同じ遺跡からトチ皮の微細な破片も検出されている事実は重要と思われる。例えば桜町遺跡の澱みのような所から柄杓で汲み上げたという微細なトチ皮についてふれたが、同遺跡の遺物整理室では、ちょっとしたトマトほどの大きさであったかと推測されるトチ皮を含む大破片の数々も実見した。そのことに関連して私が注視したいのは、表２－１にまとめた遺跡のうち、縄紋時代前期の池内遺跡、中期の桜町遺跡、近野遺跡、後期の柏子所Ⅱ、上谷地（秋田県）、下宅部の各遺跡、晩期の是川中居遺跡、弥生時代の大長根Ａ遺跡（石川県）などでは、トチ皮の大破片とともに細片も検出されているという事実だ。いま挙げたのは、たまたま私が気付いた出土例だが、その遺跡数から類推すると、トチ皮の大破片を出土している遺跡の多くが、たぶん細片も出土しているのでは

表2-1　人為的痕跡が残るトチを出土した遺跡名

	皮付きトチ・剝き実	トチ皮の大破片	トチ皮の細片
昭和〜 明治時代	(民俗例)	(民俗例)	(民俗例)
江戸〜 安土桃山時代	(+)	水橋金広・中馬場	(+)
室町〜 鎌倉時代	(+)	水橋金広・中馬場	(+)
平安時代	隠川(4)　発茶沢 李平下安原　堰根　野木 大西　外馬屋前田	(+)	(+)
奈良時代	多摩ニュータウン No. 107	(+) 多摩ニュータウン No. 243	(+)
古墳時代	(+)	(+)	(+)
弥生時代	多摩ニュータウン No. 939	大長根A　高田B 中在家南　小西北	大長根A
晩期	三宮寺	是川中居　渡戸 赤坂田I　青田 浜黒崎野田	是川中居　高瀬山
後期	アチヤ平　風張(1) 塔寺松原　赤坂田I 多摩ニュータウン No. 194	柏子所II　上谷地 下宅部　根立	柏子所II　上谷地 下宅部　ノミタニ
中期	地蔵沢　下野　市野々向原 野場(5)　富ノ沢(2)	桜町　近野	桜町　近野 上藤城7
前期	古沢 多摩ニュータウン No. 200	池内　岩渡小谷 三内丸山　小竹 富繁渡り上り	池内
早期	(+)	(+)	(+)
縄文時代 草創期	(+)	鳥浜貝塚	(+)

ないかと推測される。同じ遺跡でトチ皮の大破片と微細な破片とが出土するのはどのように理解されるか。この点については発掘された大小のトチ皮をどれほど仔細に観察したとしても知り得ないだろう。しかし民俗例を参照すると次のような「営み」の痕跡であることが理解される。

たぶん、剝き実を大きな状態で取り出して「あく抜き」する方法と、粉砕してから「あく抜き」する方法が、同じ集落で、季節を違えて並び行われていた。すなわち、縄紋時代以降、トチを利用した人々は秋になってトチの実を拾ったら、生トチを使って直ちに「あく抜き」に取りかかって食べることができる「発酵系」「水晒し系」「はな（澱粉）取り系」など「粉砕タイプ」の「あく抜き」方法を駆使して食べた。彼らはそれと併行して長期保存を意図した乾燥処理を行い、蓄えた。だから生トチを食い尽くした後には、昨シーズンのうちに乾燥し、保存しておいた実を水に浸し、ふやかしてから皮を剝いて食べることができた、というかたちで二本立ての利用をしたと思われる。

奈良時代や平安時代以降の文献資料にトチの利用を裏付ける証拠を見つけることはできていない。しかし発掘された遺物としてはわずかだが中世、近世（水橋金広・中馬場遺跡〈富山県〉）に例がある。中・近世以降、現代までの間に、「あく抜き」してトチを食べる習慣や技術が途切れ、その後に復活したとは考え難い。以上のことがらを総合的に考えると、トチの実を毎年利用してきた人々は、縄紋時代人が獲得した「あく抜き」技術を、現代まで一万年を超えて受け継いできたのではないかというのが私の考えだ。しかも受け継がれてきたのは「あく抜き」技術ばかりではなかった。第一章でみたクリがそうであったように、秋に拾った生の実を食べ終わった後には、乾燥させて保存しておいた実を食べるという二本立てで利用する方法もまた、一万年を超えて受け継がれてきたのであろう。

四　「どんぐり」の「あく抜き」

トチの「あく抜き」と同様の方法は「どんぐり」を対象としても行われた。

1　「どんぐり」の「水晒し系あく抜き」方法

大分県立宇佐風土記の丘歴史民俗資料館主任研究員（当時）の栗田勝弘さんが同館の研究紀要（一九九三年）に発表した「九州地方における野性堅果類、根茎類利用の考古・民俗学的研究」に記載した次の例が該当する。私には解らない九州方言があるので原文のまま引用する。

【事例二―17】　話者　千本なつの（大正八年生まれ）　宮崎県東臼杵郡南郷村鬼神字橋場

千本さんは数キロ離れた神門の生まれであり、当地に嫁いでから姑に教わった。家の裏山にはアラカシ、アカガシ、イチチガシ等の大木がある。霜が降る頃落ちたカシ類の実を、ナバカゴで拾いにいった。実が汚れている場合は水で洗い、天日で一日莚干しした。実は唐臼で搗き、皮と身をミイでサブッた。これを何度も繰り返し、最後は小米通しの篩にかけた。粉は布袋に入れて、水で一晩晒す。晒す方法は、家の裏山の湧き水から、樋で水をチョロチョロと布袋に注いだ。この場合、布袋の下に二本の木を通して、底を空かすようにすると良い。晒し終えた布袋は、水桶の中で布漉しして、土色をしたカネを出す。これをカネスメと言う。カネスメした桶は動かさないようにするのがこつであり、一晩置く。翌朝水桶の上水をはえ、底に溜まったカネを鍋に取り、水を加えて煮沸する。練りながら、シャモジにポトポト付く様になったら、カンテン流しにハエる。冷えたら切りとって、酢味噌やゴマ味噌で食べた。主食にもした記憶がある。

この事例はトチの「水晒し系あくぬき」方法と同様の方法が「どんぐり」を対象としても行われたことをうかがわせるきわめて稀な例として重要である。私はこの事例が、「どんぐり」を搗き砕き、[箕]と[ふるい]で皮を除いたことに注目する。つまりこの場合、「どんぐり」の皮は粉砕されている。また、この方法で得た食品（カシの実ゴンニャク）を主食にもしたことに注目しておきたい。

2 「どんぐり」の「はな（澱粉）取り系あく抜き」方法

同じ栗田さんの論文には複数の「はな（澱粉）取り系あく抜き」例が記載されている。その中から一例だけ引用する。

【事例二－18】 話者 秋吉スエ（大正七年生まれ） 大分県宇佐市大字上矢部拝野

屋敷内にはカタギの木が数本あり、毎年実がなる。稲刈りが終わったころ、カタギの実を二～三升拾った。バラで日に干すと皮がハチ割れる。これを木臼と横杵で搗き、粉にする。最初の頃は、皮を手箕で除いていたが、一緒でも構わない。粉はメリケン袋に入れ、水を入れたバケツの中で絞り出す。醬油のような色の汁が出た。袋の中の滓は捨てる。絞った汁は一昼夜置き、上水をはえて、水をかえる。この行為を二～三日繰り返してアクを抜く。底に溜まったデンプンは鍋に入れて、火に掛けながら水で練る。水加減が大事である。一回たぎれば良い。砂糖を入れたり、酢味噌で食べた。ツルツルして口触りが良い。出来上がりはコンニャク色をしたヨウカンみたいである。

私はこの「あく抜き」方法も干した「どんぐり」を搗き砕いていることに注目する。皮が粉砕されるからだ。また、この九州における「どんぐり」の「はな（澱粉）取り系あく抜き」例が、次に述べる岩手県の例とよく似ていることにも注意したい。もしかしたら、北と南で採集された両例は、古い時代にこの列島内に広く分布していたことを伝える残照かもしれないと思うからだ。

【事例二―19】　岩手県久慈市宇部町　崎山春松さん（大正四年生まれ）談

生の「こんなら」（コナラ）を［臼］［杵］で搗く。［箕］で殻を飛ばす。残ったのを再度搗く。それを目の細かい「わっぱ」の［粉おろし］でおろす。また搗いておろす。それを布の［袋］に入れて［はんぎり］のような器に水を入れ、その中で何回も繰り返して絞る。すると薄茶色の水の中で「はな」（澱粉）が沈む。この作業を今日やったら明日の朝まで構わない。明日の朝になったら水を静かにこぼす。それを四回ぐらいやれば渋味がだいぶ取れる。

そうして取った「はな」（澱粉）を［鍋］に入れて、いい塩梅に水を加え、とろ火にかけて掻き混ぜて固める。固まったら黄な粉と砂糖をかけて食べる。それを主食のように食べたことがある。三升の「こんなら（コナラ）」を搗けば、四、五人の家族で一回食べて少し余る。「はな」（澱粉）を乾かして保存しておけば冬でも食べられる。このやり方は（昭和六十二年当時）四十歳代の人なら、わからない。

【事例二―20】　岩手郡葛巻町江刈　上山石太郎さん（昭和七年生まれ）談

「かすらぎ（カシワ）」を拾ってきたら［せんごく］に入れて洗い、ごみを除く。その後、殻に「ひび」が入るまで二、三日間乾かす。乾いたら「水車」で搗く。すると殻は剝けて実は潰れるから、箱の中に［粉おろし］でおろす。［粉おろし］に残ったのは、また［臼］に戻す。そうして殻も実も全部、粉々にしたら、またおろす。漬物用の［たる］（桶）の上に［ざる］を置き、その上に、粉々にしたものをあけたら、手で揉みながら水をかける。そうして［ざる］に残ったものは捨てる。［ざる］から通ったものを［柄杓］でさらしの［袋］に移し、何回も揉む。さらに綺麗な水をかけて［袋］を揉み洗いする。

二四時間ぐらい経ったら茶色の水をちょっと捨てて新しい水を入れる。その後の二〜三日は一日に一回、水を捨てて新しい水に替える。その後は朝夕の二回、水を替えると、始めてから二週間ぐらいで「はな」（澱粉）は白くなり、水は全部あけてもよくなる。

こうして得た、乾燥させていない「はな」（澱粉）を鍋に入れ、水加減を確かめたら、とろ火にかける。火にかけながら掻き回していると、やがて固まってくる。昔はそれを、ソバ用の［打ち板］に広げて固めたが、今はバットにあけて、さます。練り羊羹のようになったのを切り、黄な粉をかけて食べる。主食としてではなく、おやつのように食べた。主食のようにして食べたのはシダミだ。昔は「かすらぎ」（カシワ）を［かます］で三〇〜四〇キロも拾った。粉を保存しておいて餅にすることもあった。日数、手間がかかるわりに目減りが大きいので旦那様でなければやれなかった。

【事例二―21】岩手郡葛巻町小田　川端キクさん（大正十二年生まれ）談

拾ってきたシダミを［手杵］か［唐臼］で搗き、［ヒエころし］よりも目の粗い［粉おろし］でおろす（搗いた後で［箕］で皮を飛ばすこともあった）。搗いた粉を［袋］に入れ、［はんぎり］の水の中で丁寧に揉み出すと濁った薄茶色の水が出る。それが出なくなったら［はんぎり］に水をいっぱい入れて掻き回し、沈殿を待つ。沈殿したら「うわ水」を捨て、また水を加えては掻き回して沈殿させる、ということを「あく」が抜けるまで三、四日ぐらい繰り返す。そうして得た「はな」（澱粉）を適度な濃さに溶き、大きな［鍋］に入れてとろ火で練ると半透明になるので［皿］に取ってみて確かめる。これでよいとなったら、［さいばん］の上に移して、固まったら切って黄な粉をかけて食べる。

そうして得た「はな」（澱粉）を乾燥させて保存することもできた。また、シダミを搗いてから［粉おろし］でおろした「あく抜き」前の粉も、乾燥させて保存することもできた。

【事例二－22】　岩手県宮古市川井小国　前川久太さん（明治三十八年生まれ）談

シダミを拾ってきたら［かるす（唐臼）］で搗いて潰す。それを［袋］に入れ、［はんぎり］の中で水を掛けて漉す。ナラの灰の灰汁水を加えて、掻き回して「あく抜き」をする。何時間も経ってから水を捨て、新しい水を入れては掻き回す、ということを五、六回繰り返す。すると澱粉が残る。

3　「どんぐり」の剝き実の「あく」を抜く「灰汁合わせ系あく抜き」方法

第一章の【事例一－7】【事例一－8】【事例一－9】が、「どんぐり」に適用された「灰汁合わせ系あく抜き」方法である。

このように、「どんぐり」の「あく抜き」方法は、トチの「水晒し系」「はな（澱粉）取り系」「灰汁合わせ系」などの「あく抜き」と重複している。ただしそれは民俗例の場合であって、いま挙げた「どんぐり」の粉砕タイプの「あく抜き」が縄紋時代まで遡るかどうか、現在のところ、それをうかがわせる遺物が発見されていない。第二章では「どんぐり」の「へそ」や皮が出土していることを述べたが、それらは「どんぐり」の剝き実を取り出した痕跡だった。ここで述べた「どんぐり」の「水晒し系」や「はな（澱粉）取り系」といった粉砕タイプの利用方法が先史時代に存在したかどうかは「どんぐり」の微細な皮が遺跡から検出されるかどうかにかかっているが、これまでに刊行された発掘調査報告書にそのような皮の検出について記載した例はないようだ。

コラム　江戸時代の人の言葉

昭和六十一年に、岩手県和賀郡湯田町（現、西和賀町湯田）にお住まいの竹澤正夫さん（大正元年生まれ）の奥さんから聞いたことだ。とうの昔に亡くなった江戸時代生まれのおばあさんは、「どんぐり」やトチの粉について、こう言っていたという。

「スダミはころどみずえぶども、トヂはころどみずあべね」

岩手県内で話される古老の言葉を聞き取るのに何の不自由もない私だが、江戸時代生まれのおばあさんの言葉なるものにはお手上げだった。それは「どんぐりの粉は、それだけでも団子などにして食べられるが、トチの粉はそれだけでは団子などにできない」、だからムギなど別なものを混ぜてからでないと食べられない――こういう意味なのだという。

城下盛岡から遠く離れた山間に住み、木の実やワラビの「はな（澱粉）」をしばしば食べていた江戸時代の百姓の肉声を聞いたような心地がして、私はそれをノートに書き留めたのだった。

第三章　炉上空間の利用

一　民俗例の乾燥食料保存空間

(1)　炉上空間の利用

特別に保存、保護されている建造物を除くと、現在ではほとんど姿を消そうとしている茅葺屋根の伝統的一般家屋では、台所の床に作られた炉とその周りが、調理や照明、暖房、濡れたものを干すなどのために重要な存在だった。ここで目を転じてみたいのは炉の上部空間だ。

北部北上山地の民俗例では多くの場合、台所の炉の上部に［火棚］を設け、干したいものを載せた。［火棚］のさらに上方には樹皮を剝いだだけの丸木を何本も置き並べ、細いタケやカヤを編んで作った［簀の子］を敷いた。そこは梯子を取り付けて昇り降りしながら、クリ、「どんぐり」（シダミ）、クルミ、トチといった堅果類のほか、キノコ、味噌玉、焼き豆腐の田楽、照明用として使うマツの根、雑魚、肉の燻製といった「干したいもの、干したもの」を置くための重要な空間だった。

このように、炉上の［火棚］やその上部空間が乾燥の促進や維持のために必要不可欠な空間だったという民俗例は北日本ばかりでなく国内に広く認められると思うが、ここでは第二章にも登場した『秋山記行』に描かれた住まいを見てみよう（写真3－1）。一行が宿を借りた小赤沢の市右衛門の住まいで目につくのが「土間住居」の中に切られて

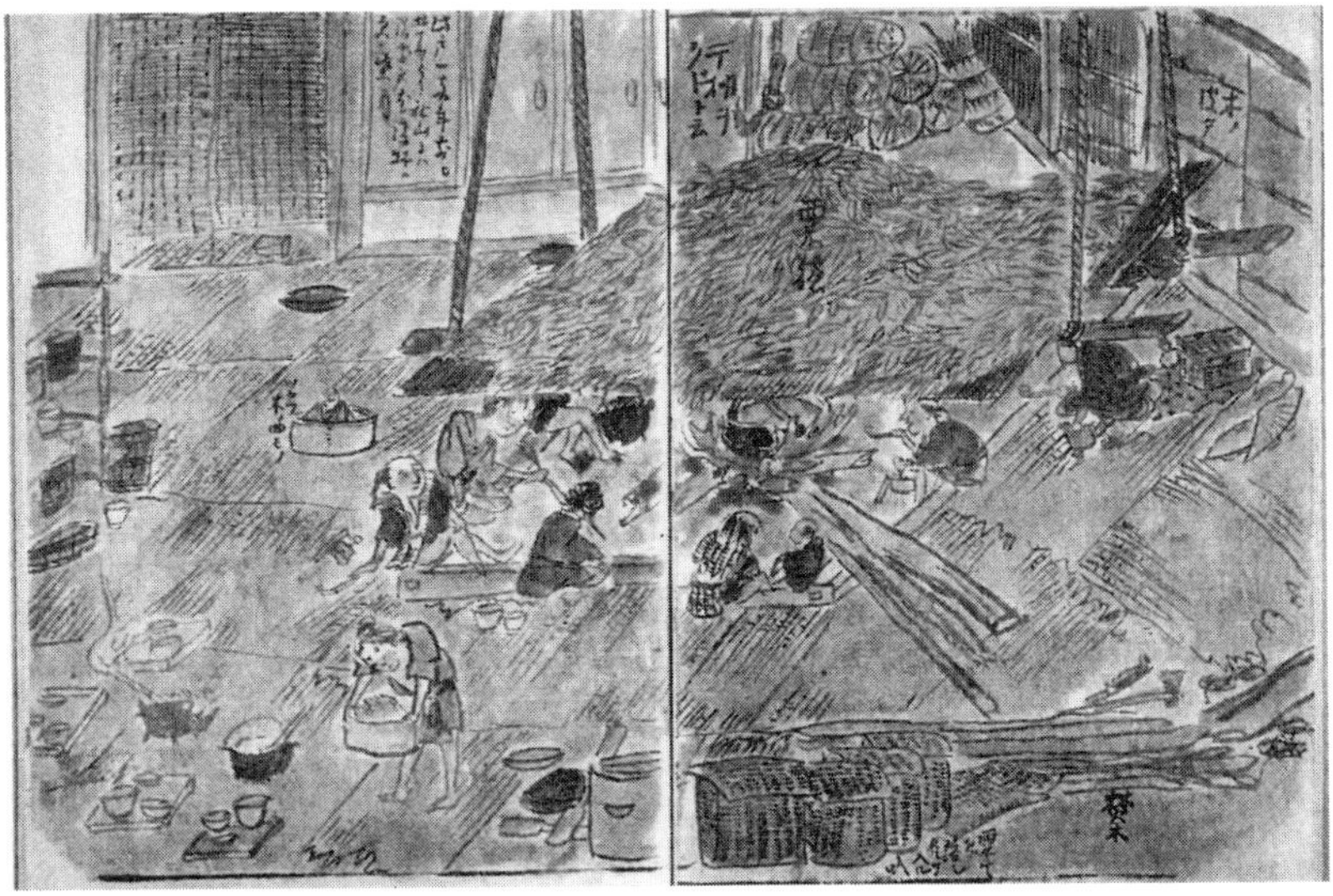

写真3－1　江戸時代に描かれた炉上空間利用（『秋山記行』より引用）

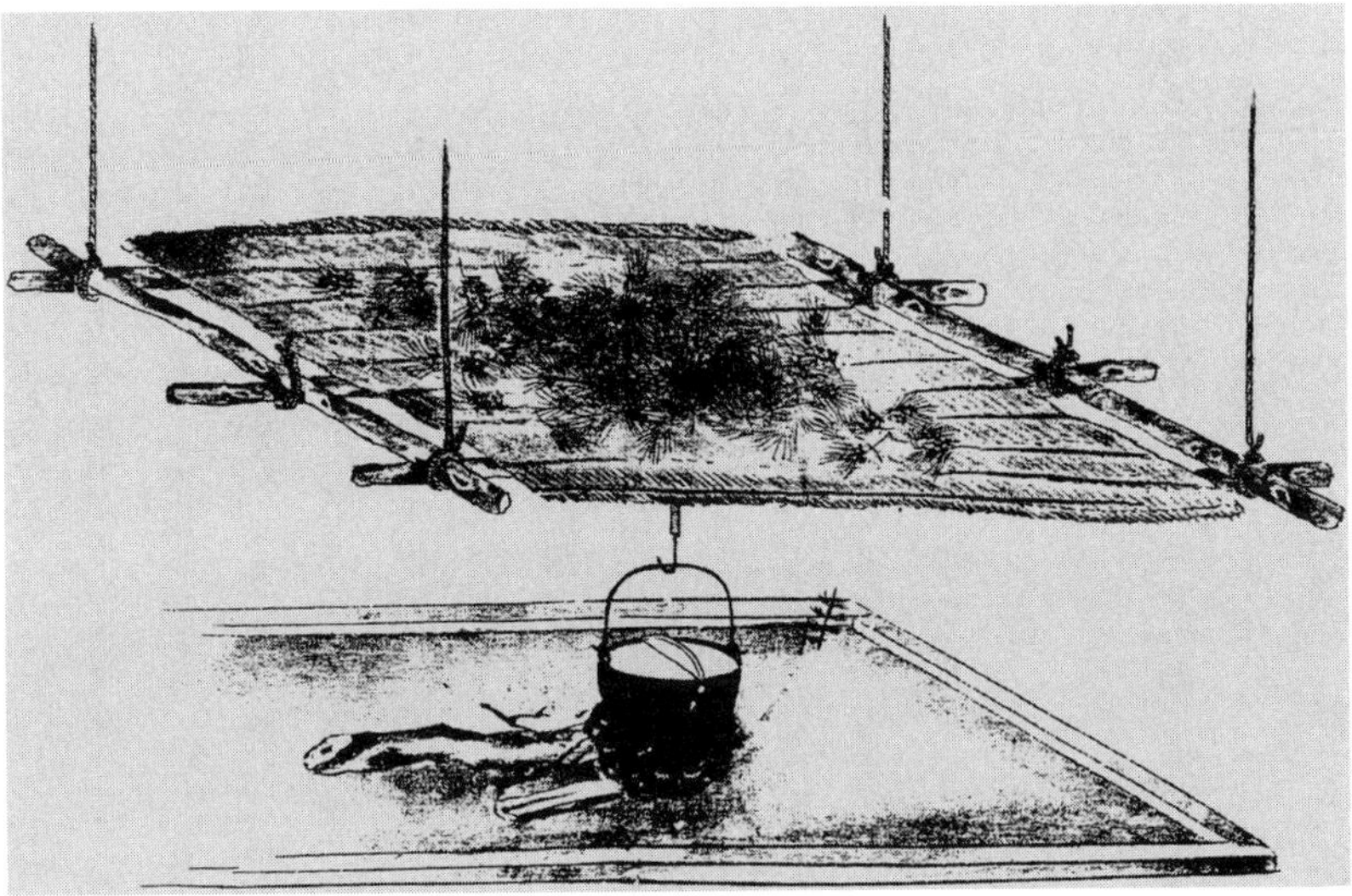

写真3－2　江戸時代に描かれたアイヌ民族の炉上空間利用（『蝦夷生計図説』より引用）

いる「五尺四方位」の地炉だ。脱いだ［わらじ］が見える所が外と内の境界だろう。そこには［鳶鉈］［鉞］ととも　に「八、九尺」もあるかと思われる焚き木が描かれている。そんな長さの焚き木がそのままくべられた炉の中央には大きな炎が上がり、真上には［大鍋］が掛けられている。炉の上には大きな［火棚］があり、「八、九尺の二本の木を大なる縄にて釣下げ、其上に茅簀を敷、粟穂を山の如く積み上げ」、干していた。筆者の鈴木牧之はそのようにして粟穂を干す様子を村々でしばしば目にしたと書いている。多くの民俗例から知られることだが、穂刈りしたアワを乾燥させるのは脱穀の作業をしやすくするためだ。すなわちこの文政年間の図は、天候に関わらず干したいものを干す空間として炉上が重要な役割を果たしていることを物語っている。

このように多くの民俗例は屋内の炉上空間が乾燥食料の保存空間として大きな役割を担ってきたことを教えるのだが、そのような「干したいもの、干したもの」を置く定位置が何故に台所の上部空間だったか。それは床に炉が作られていたことと深い関連性がある。炉で木を焚くことで室温が上昇する分、その上部空間は低湿度となり、「干したいもの、干したもの」を置くのに好適な空間になった。立ち上る煙に曝されることで防虫の効果も大きかったのだろう。いずれ自然の摂理を利用した炉上空間の利用は近世や中世に開始されたことではないだろう。江戸時代のアイヌ民族も、穂刈りした穀物を、炉上に造った棚に載せて乾燥させた（写真3－2）。

(2)　古代の乾燥処理

奈良時代、平安時代の文献資料には、官庁や寺院に収められたたくさんの、乾燥させた動物性、植物性食料が出てくる。なお食料ではないが各種の植物を薬種として使うために乾燥させた例も少なくない。ショウガ？（干薑）・アイ（干藍）・ジオウ（干地黄）・ギシギシ（干羊蹄）・コウキン（蒸干黄芩）などがその例だ。盛り皿、容器の蓋、飯を包む材として、乾燥させたカシワの葉（干柏・干槲）も多用された。それらがどのような所で、どのようにして製造されたのか判明していないと思うが、私にはそれらが一般の人々にとって、見たことも聞いたこともない乾燥食料だったり薬種だったりしたとは考え難い。これら古代の文献資料に現れた多くの乾燥食料や薬種などは、一般の人々がそれぞれの土地の環境を利用しながら、必要に促されて製造したり入手したりしてきた品々の延長線上にあったものではないだろうか。すなわち奈良時代、平安時代の一般の人々はそれぞれの住居の周りや屋内で、動物性、植物性の乾燥食料その他を作っていたのではないかと思う。それが徴税の仕組みを通じて都へと運ばれたのだろう。食料や薬種などの乾物を作ることは、広範囲に、しかも古くから行われてきた一般的な営みだったのではないかと思う。

(3) 古代の、乾燥用の「いれもの」

奈良時代、平安時代の人々にとって諸種の乾物を作ったり、それを保存、利用したりすることがごく普通の営みだったと考えると、そのための「いれもの」が工夫されていた可能性を考える必要がある。例えば『延喜式』巻三十三の大膳下に「乾索餅籠」というものが出てくる。この籠の深さについては書かれていないが、長さが三尺、広さが二尺というから相当大きな籠だ。索餅というのは小麦、粉米に塩を加えて作るものらしいので、もしかしたら現代の「うどん」のようなものだろうか。その索餅を干すための籠を必要としたところをみると、乾麺のようなものを作ったのかもしれない。この籠がどのような製作だったかは記載がないが、奈良時代には「六つ目」（正倉院宝物）や「八つ目」（『古事記』中巻）に組んだ籠があるから、この「乾索餅籠」もその系統に属す、通気性を考慮した隙間を作り出す製作だったと推察できる。

古代の一般の人々が、生活に必要な各種の乾物を作るにあたって、「乾索餅籠」のような干すための「いれもの」

を工夫したとすれば、干したり保存したりする場所についても工夫したと推測するのが当然だろう。多くの乾物の製造場所は屋外の日向だったかもしれないが、天候に左右されることが考えられるから、屋内で最も乾燥する空間、すなわち炉の上部を中心とする火気のある屋内で保存したのではないかと思う。

そう考えると、「干したいもの、干したもの」を置く格好の場所として炉上空間を利用してきた現代民俗例は、古代に行われていた方法が代々受け継がれてきた残照と見るのが適切ではないだろうか。しかし低湿度となる炉上の特別な環境を考えると、炉上空間は古代どころか、食料その他を乾燥させることが長期保存に有効であることを知った当初から重要な存在であり続けてきたのではないかと思う。

二　縄紋時代以降の乾燥処理、保存

1　出土堅果類が保存された元の位置の推測

木を焚く炉の上部空間が最も低湿度になることは時空を超えて共通する原理に違いない。本書の第一章、第二章で扱ったクリや「どんぐり」、クルミやトチなどの木の実を採集した縄紋時代人たちが、それを乾燥しながら保存したのは炉の上部空間だったろう。そういう目で、クリや「どんぐり」、クルミやトチなどが発掘された諸遺跡の出土状態を見直すと、木の実は多くの遺跡で竪穴住居跡の床面上あるいはそれに近い土層から検出されている。次に挙げるのはその一例と思われる。

〔縄紋時代早期〕　高木Ⅰ遺跡〔北海道〕の二号住居跡床面、五号住居跡床面からミズナラの果肉が検出されている。

〔縄文時代前期〕　上北田遺跡（山梨県）では一七号と一八号住居跡床面直上層からコナラ属の子葉が出土した。吹浦遺跡（山形県）の一一五〇a号住居跡の床面や周溝から炭化したクリが出土した。峠山牧場I遺跡（岩手県）の住居跡から「どんぐり」類が出土した。鍋屋町遺跡（新潟県）では「炉と思われる所から木炭と栗の炭化したものが多量に出た」。

〔縄文時代中期〕　藤内遺跡の第九号住居跡は焼失家屋で、ほぼ中央にある石囲炉の北側から格子目状に組まれた炭化材が発見され、その上から約二〇リットルの炭化したクリが採集されたという。薩摩林潔さんらはこのクリは火棚の上で貯蔵されたものであると考察している。沖ノ原遺跡（新潟県）二〇一号長方形大竪穴の床面上一〇センチ前後上部の堆土中に散乱した状態でクリが発見された。報告書はこのクリについて「恐らく炭化した搗栗にして保存していたと思われる皮を剝いた小粒の栗、クッキー状炭化物も、屋根裏に袋などに入れてつるして保存していたものが、屋根の焼け落ちた折に竪穴内に散乱埋没したものと考えられる」と記載している。中道遺跡（新潟県）の第五一号住居跡の床面から、カヤのような素材が束状になった上から約五〇〇粒のトチが山盛り状態で発見された。このトチの保存方法について報告書は、トチは「棚の上に篭の中に入って保存されていたが、火災に遭って板壁に沿って飛び散らずに燃え落ちたものと思われる」と推察している。明戸遺跡（青森県）では一四号住居跡の焼けた床面状のほぼ全面から各種の炭化種子が四〜八センチの層をなして発見された。栃倉遺跡（新潟県）では第一〇号住居跡の「炉内中央よりやや東寄り部分で焼土上の炭化物を含む黒土中から夥しい栗の炭化物が発掘された」。中期〜後期の塔寺松原遺跡（福島県）の住居跡内複式炉付近から約五リットルのトチ、クリが出土した。

〔縄文時代後期〕　牛ケ沢遺跡（青森県）の第三号住居跡床面上からはクリが検出された。京安林遺跡（福島県）の第三号住居跡の炉跡付近からミズナラの実の炭化物が発見された。

〔弥生時代（続縄紋時代）〕　八幡遺跡の住居跡床面土壌中から、各種栽培植物の種子などとともに、表面に皺のあるクリが検出されている。

〔古墳時代～平安時代〕　天引向原遺跡（群馬県）のC区三一号住居覆土から古墳時代前期のコナラ属子葉が出土した。白倉下倉遺跡（群馬県）の白倉A区八五号住居覆土から六世紀前半のコナラ属子葉が検出された。田面木平遺跡（青森県）の第三九号住居跡焼失家屋床面から出土した「どんぐり」、砂子遺跡（青森県）の第二〇号竪穴住居跡から検出されたコナラ属、碇ヶ関古館遺跡（青森県）の第四七建物跡から検出された「炭化したミズナラ種子」などは、各報告書掲載写真によれば皮が除かれた子葉である。発茶沢遺跡（青森県）第二五号住居跡かまど付近の覆土からトチが大量に出土した。大西遺跡（岩手県）の焼失家屋跡床面近くから、炭化したトチが集中的に出土した。野木遺跡（青森県）の住居跡内の炭化物集中から、イネ、オオムギ、コムギなどとともにトチが発掘されている。外馬屋前田遺跡（青森県）の住居床面付近から、雑穀、イネとともにトチ多数が出土した。李平下安原遺跡（青森県）の十世紀前半の焼失家屋床面近くからアサ、トチが集中的に出土した。

これら住居内から検出されたクリや「どんぐり」、トチなどは、剝き実もしくは皮が付着した実だから生の実ではなかった。すなわち乾燥処理を施されていたことがうかがわれるから乾燥食品と言ってよい。そこに、これらを残した人々の乾燥や保存に対する並々ならぬ関心を読み取ると、それらはたぶん住居内の炉上空間もしくは炉の熱気が行き渡る屋根裏で保存されていたものと推察される。縄紋時代においても、竪穴住居の床面に切った炉は調理や照明、暖房といった役割を果たしたばかりでなく、炉上空間は乾燥食料を保存する上で重要な役割を果たしてきたというのが実際の姿ではないだろうか。

先史時代の遺跡から堅果類以外の乾燥食料は発見されていないと思う。しかし古代の文献に出てくる乾燥食料は先史時代のそれを推察するうえで示唆的だ。

2　堅果類以外の乾燥食料

(1)　奈良時代、平安時代の乾燥食料

奈良時代の正倉院文書や平安時代の『延喜式』には多くの乾燥食品が登場する。最も目につくのは海産物の乾燥食品で、魚類ではアジ（干鰺）・イワシ（乾鰯、小鰯腊）・タイ（干鯛、鯛楚割、鯛腊）・サケ（干鮭、楚割鮭）・サメ（鮫楚割）などのほか、川魚のアユ（火乾年魚、乾鮎）でも乾燥食品を作った。魚類以外ではアワビ（鰒）・タコ（乾蛸、鮹腊）・ナマコ（熬海鼠）・ツブ？（乾螺）・カキ（蠣腊）のほか、多くの海藻類も乾燥させて使った。哺乳動物ではイノシシ（猪腊）やシカ（鹿腊）、鳥類ではキジ（雉腊）の干し肉を作った。

植物性食料ではクリ（干栗、搗栗）のほか、カキ（干柿）・エゴマ（干荏）・ノビル（干蘭）などが記載されている。

このような海の幸、山の幸の乾燥食料は先史時代の遺跡からは、欠けらも発見されないが、だからといってそれらがもともと存在しなかったということではないと思う。というのは今日の乾物、干物をみても理解できるように、乾燥することは生の状態よりもよほど長持ちさせることができる処理法だから、堅果類を乾燥させて保存した人々が、乾燥処理の効果に気付かないはずがないと思うからだ。ではどうしてそれらが発見されないかというと、土中で腐朽、消滅してしまったからだ。堅果類なら一万年も残る場合があっても、魚介類や獣肉などが、たとえ干したものでも残らないのは自然科学的特性の違いによるものであろう。だから先史時代の人々は右のような動物性、植物性の乾燥食

料を作り、保存したと考えておいた方が現実に即していると思う。今のところ、その想像を補強すると考えているのが、ある種のキノコ（菌類）だ。

(2) 発掘された、乾燥キノコ

江戸時代後期の文化四（一八〇七）年秋、菅江真澄は紅葉見物のため十和田湖方面へ旅し、休屋で、煙をたなびかせている一軒の建物を訪ねて宿をとった。そこに居合わせた土地の人々は、冬はクマ、サル、カモシカなどを狩るマタギだったが、そのときはキノコを採りにきていた。彼らは晩飯を食った後、夜もすがら、香茸をシナノキの皮の繊維で貫いて火の上に掛けて干していた。菅江真澄は彼らがそのキノコを何のために干していたのか書いていないが、麓の村に下りて生活の足しにするためであり、そのためには干した方が日持ちすることを知っていたに違いない。

キノコの乾燥保存ということで私が気にしている出土遺物がサルノコシカケ科のキノコだ。手元の発掘調査報告書を見ると、サルノコシカケ科は縄紋時代草創期の鳥浜貝塚、卯ノ木南遺跡（新潟県）、早期の東名遺跡、前期の押出遺跡、鳥浜貝塚、中期の石狩紅葉山四九号遺跡、同五二号遺跡、下田遺跡（群馬県）、北江古田遺跡（東京都）、石之坪遺跡（山梨県）、後期では先述の下宅部遺跡（写真3－3）のほか、忍路土場遺跡、正福寺遺跡（福岡県）、正楽寺遺跡（滋賀県）、晩期の中屋サワ遺跡（石川県）、弥生時代の徳前C遺跡（石川県）、中在家南遺跡（宮城県）、高田B遺跡（宮城県）、上清水遺跡（福岡県）、伊場遺跡（静岡県）、古墳時代の押口遺跡（宮城県）、平安時代の下谷地B遺跡（岩手県）、砂子遺跡、江戸時代の美々八遺跡（北海道）などの諸遺跡から発見されている。発掘された数量の点で特筆されるのが下宅部遺跡の場合で、実に六〇点を数えるし、石狩紅葉山四九号遺跡からは四五点が発掘されている。これらの数の多さは、たまたま遺跡の近くにあった木から脱落したものだろうといった安易な評論を撥ね付けるだけの力をもっている。

サルノコシカケ科は、北海道から九州までの、縄紋時代草創期から江戸時代までの遺跡から発掘されているというその出方からみて、非常に長期にわたって広く意図的に採集され、乾燥、保存されて使われ続けてきたと見る必要がある。だからたとえ一点しか発掘されていない遺跡の場合でも、何らかの文化的意味をもっている遺物と見た方がよい。その用途とはいったい何だったのだろうか。これを食用にする民俗例は見当たらないので、縄紋時代以降の人々がこれを採集した目的は別なところにあったのだろう。

栃木県立博物館の学芸課長（当時）の柏村祐司さんから聞いたことだが、同県には、「ゆぶしキノコ」（サルノコシカケ科）を十分に乾燥させたものに火を点けると煙が出て長時間もつので、それを棒の先を割った部分に挟んで蚊除けにした、という民俗例がある（写真3－4）。また、奥羽山脈の西和賀町細内の小田島康広さんによると、よく乾燥させた「ふぐじ」と呼ぶキノコ（サルノコシカケ科）は火持ちが良いので、抹香を焚くときの火種にしたという。私が北上山地の久慈市山形町や宮古市江繋で見聞した民俗例によると、よく乾燥させた「蚊いぶしキノコ」（サルノコシカケ科）に火を点けると煙が出て蚊除けに効果があった。このキノコは奥山に行かないとないものだから、見つけたら採ってきて大事に使うという。

これらの民俗例に共通しているのは、着火すると火持ちが良いという性質を利用していることだ。一方、これらと違うのが、岐阜県、愛知県を中心として長年にわたって民俗調査を実施してきた脇田雅彦さん、節子さんから聞いた用法だ。岐阜県には、よく乾燥させた「シロカイメンタケ」（サルノコシカケ科）を燃やし、燃え尽きる寸前で消したものを小さな板で圧迫したものに火花を落として火口にした、という民俗例があるという。アイヌ民族もこの種のキノコを火口として使ったらしい。

写真３－３　縄紋時代後期のコフキサルノコシカケ
（東村山市遺跡調査会 2001『下宅部遺跡2000年度調査概報』17頁より引用）

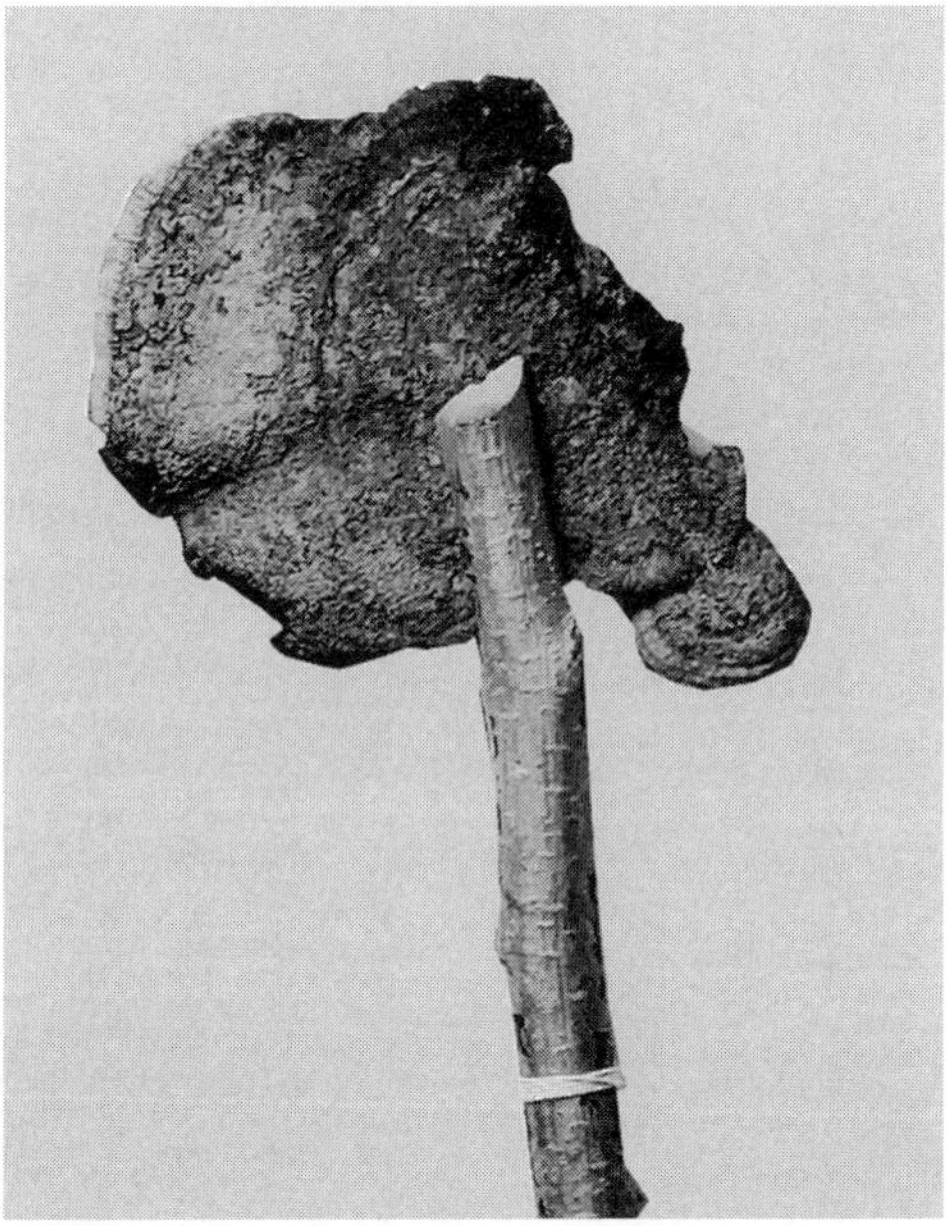

写真３－４　民俗例のサルノコシカケ科利用例「ゆぶしキノコ」（所蔵ならびに写真提供：栃木県立博物館）

縄紋時代草創期以降江戸時代までの諸遺跡から発掘されるこのキノコを、それぞれの時代の人々がどのように使ってきたのか、今のところ私には何とも言えないが、これらの民俗例が着火するところから使い始めることは注目に値する。火種として火持ちの良さを利用するにしろ、消し炭のようにして火口として利用するにしろ、着火するためには乾燥していなければならなかったろう。草創期以来、サルノコシカケ科を利用する人々は、それを住居の中で最も乾燥に適した場所、すなわち炉上空間で保存したのではないかと思う。

以上で見てきた縄紋時代早期例（高木Ⅰ遺跡）を最古とする、住居跡内から検出された木の実の出土例、および草創期（鳥浜貝塚、卯ノ木南遺跡）から江戸時代までの遺跡から発掘されるサルノコシカケ科、さらには各種の食料を保存した現代民俗例を総合すると、乾燥空間を利用してきた非常に長い歴史が知られる。「干したいもの、干したもの」を保存するため、炉の上部空間を利用することは縄紋時代の早い段階から幾百世代にもわたって途切れることなく受け継がれ、現代に至っていると見てよいのではないか。

コラム　弥生時代の火棚？

縄紋時代以降の遺跡から、火災で焼け落ちた焼失家屋がしばしば発掘される。私は炉の上部空間には「火棚」があったと予想するのだが、発見例はほとんどない。わずかにそれを伝えているのが八ヶ岳南麓に広がっていた縄紋時代中期の大遺跡群に属す藤内遺跡の例だ。ここの第九号住居跡からは「径一・五〜二・〇センチの棒材によって組まれた火棚があって、同上には多量の栗が乾燥させられていたことが知られていた。上屋が倒壊する時、この火棚は北床に落ちてそのまま炭化していた」と、報告書に記載されている。「組まれた」と描写されたのは炉の熱気を取り入れるため、格子状または簀の子状をしていたためであろうか。

そんな目で見ると、弥生時代の遺跡から発掘されている「窓枠状木製品」とか「格子窓」とされているのは、もしかしたら「火棚」の一部ではないのか、一考の余地がありそうだ。

第四章　木割り技術

一　先史時代の木割り技術を示唆する現代民俗例

1　先史時代人が大木を割った痕跡

北陸地方を中心とする縄紋時代晩期の諸遺跡から、甚だ太いクリの木を半分に割った材を円形に立て並べた遺構が検出されている。と言っても発見されたのは土中に残っていた部分だけで、当時の地表に出ていた部分は完全に朽ち果て、消滅している。この遺構の正体については諸説があってはっきりしないが、私がこの遺構に注目したのは、時に直径が一メートルもある大木を半分に割った方法について考えてみたいと思ったからだ。このような大木を割ったのは北陸地方の縄紋時代晩期の人々だけではなかった。以下にその一例を挙げてみる。

〔縄紋時代早期〕　東名遺跡から出土したクスノキの「板状材」は長さが一三四センチ、幅が四九センチ、厚さ一・五センチあるという。板目と記載されたこの材はおそらく直径六〇センチを超える木を分割しているのではないか。大木を割って板材を取り出したことが解る最古の例だ。

〔縄紋時代前期〕　鳥浜貝塚から発掘された第一号丸木舟はスギ材で作られており、現在長は六〇八センチ、最大幅は六三センチである。直径七〇センチを超える太い木を割ったとみられる。

〔縄紋時代中期〕　近野遺跡（青森県）の「トチの水さらし場遺構」を構成する第一号木組遺構に使われた全長一五

一チセンのクリの板材は厚さが九チセン、最大幅は三三・七チセンある。報告者はその材が直径六〇チセン前後の木から取り出されたと推定している。

石狩紅葉山四九号遺跡からは長さ二メートル強、幅四五チセン、厚さ二チセンのハリギリの板目板が発掘されている。おそらく太さが六〇チセン以上の大木を割って得たのではなかろうか。

〔縄紋時代後期〕　下宅部遺跡の「流路1」の第三号水場遺構から、クリの分割材を用いた、かなり大型の容器の未成品もしくはその残欠が発掘されている。実測図から推測すると直径は六〇チセンを超える丸太から取り出された可能性がある。

〔縄紋時代晩期〕　真脇遺跡（石川県）のA環と名付けられた遺構からは直径が九〇チセンや一メートルを超える大木を半分に割った材が立て並べられていた痕跡が発見された。

青田遺跡から発掘された丸木舟の最大幅は約七五チセンで、推測される全長は六メートル五〇チセンだという。どんなに少なめにみても直径八〇チセンを超える大木を割っているのではないか。

桜町遺跡の舟岡地区から発掘された「構築材」の中には直径が六五チセン以上もある太いクリの丸太を半分に割ったものがある。

〔弥生時代〕　青谷上寺地遺跡（鳥取県）の護岸に用いられていたスギの板材は長さが二六七チセン余、厚さが二チセン弱、幅が七一チセンある（写真4－1）。直径七〇チセンを大きく超える大木を割っている。

〔弥生時代～古墳時代〕　勝川遺跡（愛知県）の大型土坑から五枚一組で発掘されたコウヤマキ材の木棺材は、長さ一八〇チセン、幅五〇チセン、厚さ六チセン前後ある。直径が六〇チセンを超える丸太を割って得たのではないか。

以上は縄紋時代人や弥生時代人が割った木の太さが推測される一部に過ぎないが、こうしてみると縄紋時代人やそ

写真4－1　大木を割って得た弥生時代の板（青谷上寺地遺跡出土，所蔵ならびに写真提供：鳥取県埋蔵文化財センター）

れ以降の人々にとって相当太い木を伐採し、枝を払い、切断し、割ることは、おそらく日常的に必要な普通の生活技術だった。しかも単に丸太を割ったばかりでなく、きわめて幅の広い板材を取る技術も縄紋時代早期からあることは注意される。

ところで右に挙げた諸例のように遺跡から大型の分割材が発掘されると、それぞれの発掘調査報告書にはその遺物の寸法や樹種、時には実測図が緻密に記載されるが、それがどんな方法で割られたのかというところまでは踏み込まない。しかし、昔、その辺りに関係してくる、木を割る道具について重要な指摘をした考古学者がいた。昭和三十四年に刊行された縄紋時代中期〜晩期の遺物を中心とする『顕聖寺遺跡』（新潟県）の発掘調査報告書に、当時立教大学の嘱託をしていた岡本勇さんが「石斧の機能」と題する短文を寄せた。岡本さんは磨製石斧の中には上半部が何度も強く叩かれて欠けているものが存在することに注意を促し、それについて「たがね、ないしはくさびのような機能が考えられる」と指摘したのだ。それは縄紋時代人の木を割る技術に最接近した指摘だったが、その視点を継承して発展させる人は現れずじまいだった。岡本さんの指摘後、折れた磨製石斧の折損部に残された打撃痕に着目し、楔として再利用されたものであろうことに言及、明記する発掘調査報告書は珍しくなった。しかしそれが何のために、どのように使われたのか、誰も追究しないまま半世紀が経ってしまった。
右のような大木の木割り方法については民俗例を参照するのが効果的だ。

2　現代民俗例の木割り方法

北国の山間に住む人々は農作業が一段落し紅葉の季節も過ぎて朝夕の空気が冷たくなると、薪を割って冬支度を始める。まず鋸やチェーンソーでストーブに入る長さに切断し、太過ぎる木なら鉞で割ってから積み上げる。薪の長さや太さは今でこそ薪ストーブの寸法に制約されるが、ストーブが出回る以前は台所の床や土間に切った大きな炉で木を焚いたからストーブ用よりもよほど長く太い木をくべた。そんな時代にもそれ以後も、自家用の薪を割る人、都市部の燃料店に薪を売る人、木炭を焼く人たちが商売道具として鋸と鉞のほかに必ず備えていたのがハンマーと［金矢］だった。［金矢］というのは鉞では割ることが難しい太い木や、石窯で焼くような四尺以上もある木を割るために木口に打ち込んだ楔だ。

平成二十一（二〇〇九）年十月、岩手県宮古市川内の佐々木富治さん（大正十二年生まれ）が見せてくださった、［金矢］を使う伝統的な木割り方法は次のようなものだった。佐々木さんは若いときから亡父と共に炭を焼いたり薪を移出したりしたし、現在でも自分の山から切り出した木で自家用の薪を準備している。佐々木さんが割ったのはこの年の台風による強風で倒れたホオノキの丸太で、私の見学希望に対応するため両端をチェーンソーで伐っていた。寸法は太さが約三六〜三〇センチ、長さが約二七七センチ。使った用具は重量五キロのハンマー、［金矢］二丁と木の柄を挿入するタイプの［金矢］二丁、［鉞］一丁だった。

この伝統的な木割り方法を整理すると次のようになる。

写真4－2　民俗例の木割り方法①（木口に［金矢］を打つ）（岩手県宮古市川内，佐々木冨治氏）

写真4－3　民俗例の木割り方法②（側面に［金矢］を打つ）（同上）

①まず、「うら」（梢）側の木口の中心線上、芯を外した所に［金矢］を垂直に打ち込む。その深さはほどほど。次に芯を挟んだ対称的な位置に、もう一本の［金矢］を打ち込む（写真4－2）。

②その二本の［金矢］の頭を交互に打つと木口に「ひび」が入った。その「ひび」の幅は約三ミリ。そのとき「ひび」を生じさせた［金矢］が木に食い込んでいる部分の厚みは一〇ミリ強だった。「ひび」の中に入った［金矢］の厚みよりも「ひび」の幅が狭いのは、［金矢］が木を押し広げているからで、そのとき［金矢］の周りには水分がにじんでいた。この木口に生じた「ひび」は丸太の側面にも達しており、その長さは端から約三〇センチ。

③木口に打った二本の［金矢］の頭を交互に打つ。すると側面に達していた「ひび」の幅はいっそう広がるから、その「ひび」の中に第三の［金矢］を打ち込む。

④木口に打った二本の［金矢］の頭をさらに交互に打つと、木口と側面の「ひび」の幅が広がり長さも伸びる。それにつれて第三の「金矢」が自重で下がっていく。

⑤木口に打った二本の［金矢］を頭まで打ち込み終えたら、側面に立っている第三の［金矢］をいっそう深くまで打ち込む。それが下がるにしたがって「ひび」を押し広げるから、最初、木口に打ち込んだ［金矢］の一方が自然に脱落する。

⑥脱落した［金矢］を側面の「ひび」の、第三の［金矢］よりも前方に挿入し深く打ち込む。すると木口に残っていた［金矢］が脱落する。それを、また側面の「ひび」の前方に挿入して深く打ち込む（写真4－3）。

⑦その手順を繰り返すと「ひび」はついに木の末端まで到達する。それでも分離しない場合は、「ひび」の中で繋がっている部分に［鉞］を振り下ろして分割する。

右の民俗例のように、木口に［金矢］を打ち込んで生じさせた「ひび」を手掛かりとして木を割る方法は、国内に広く分布していたようだ。

3　木材を木口から割り始める理由

前項で見た民俗例の伝統的な木割り作業が木口に「ひび」を生じさせることから開始されるのには理由がある。すなわち木には根から梢や枝先まで水分や養分を吸い上げる維管束が長軸に平行して連なっており、その細胞構造が「木は縦方向に割りやすい」という物理的特性を生み出した。その特性を利用するために木口から割り始めるのだが、その自然科学的特性は不変のはずだから、この列島に住んだ人々は遠古の昔から木口に何らかの楔を打ち込むことで木を割り続けてきたとみるのが妥当だ。そもそも「木口」とは木の割れ口が開く部分を指した呼称だろう。

写真4－4　中世の木割り方法（『当麻曼荼羅縁起』〈部分〉）

今述べた「木は縦方向に割りやすい」という物理的特性を読み取ることができる中世の絵画資料がある。鎌倉時代中期に描かれたとされる「当麻曼荼羅縁起」の一部分だ。工人が角材の横に座り、材の上面に走る「ひび」の中に三本目の楔を打ち込もうとしている（写真4－4）。その割り方は楔を打つ→「ひび」の幅が広がりその先端が先に伸びる→伸びた「ひび」の中に次の楔を打ち込む、という繰り返しによって木材を割り進める方法だったことが読み取れる。この工人が作業中の「ひび」は彼の左側の端に近いほど幅が広く、左端の楔が最も深く打ち込まれている。そのことは「ひび」が工人の左の端から始まって右方向に伸張したこと、それに応じて左端の楔が最初に打ち込まれたことを意味している。すなわちこの絵では死角になっているから描かれていないが、最初、彼の左側の木口に楔が打ち込まれて「ひび」が生じ、それが直近の側面にいち早く及んだことをうかがわせている。

この鎌倉時代の絵画資料が物語るのは木を割る作業が現代民俗例と同様に木口から開始されたことだ。すなわち鎌倉時代の木割り方法と現代民俗例のそれは繋がっている。そのことは先史時代の木割り方法を考察するにさいしても、木口から割り始める方法を基軸として考えるべきことを教えている。

4 先史時代の木割り手順と磨製石斧の利用

縄紋時代人や弥生時代人たちが、先に列挙した各地の出土例のような直径数十チセン以上もある太い木を割ろうとして木口に打ち込んだ楔は何であったか。あるいは先述の東名遺跡、石狩紅葉山四九号遺跡、弥生時代の青谷上寺地遺跡、弥生時代～古墳時代の勝川遺跡から発掘された例のように、幅広い板を取り出すために使われた楔はどのようなものだったか。

私は鉄器が登場する以前の木割り用楔は磨製石斧だったと考える。というのは鉄製の刃物がまだなかった縄紋時代に木に打ち込むことができる道具は磨製石斧以外に存在しなかったからだ。とくに注目したいのは折れた磨製石斧の刃部側だ。なぜならその磨製石斧は現役の伐採用や加工用の道具として実際に木に打ち込まれ、切れ味を発揮していた場面で折れたものに違いないと思うからだ。

例えば図4－1は折れた磨製石斧が接合された例だが、それぞれの刃部側の折損部は刃部方向に向けて打たれた複数回の打撃によってその身が痩せるほど破壊されている。ここに挙げた例は多くないが、折れた磨製石斧の折損部を打って使う用法が存在したことをうかがい知るには十分だろう。

このように磨製石斧はその使途によってよほど強烈な力が加わることがあったとみえてしばしば折れた。しかしそ

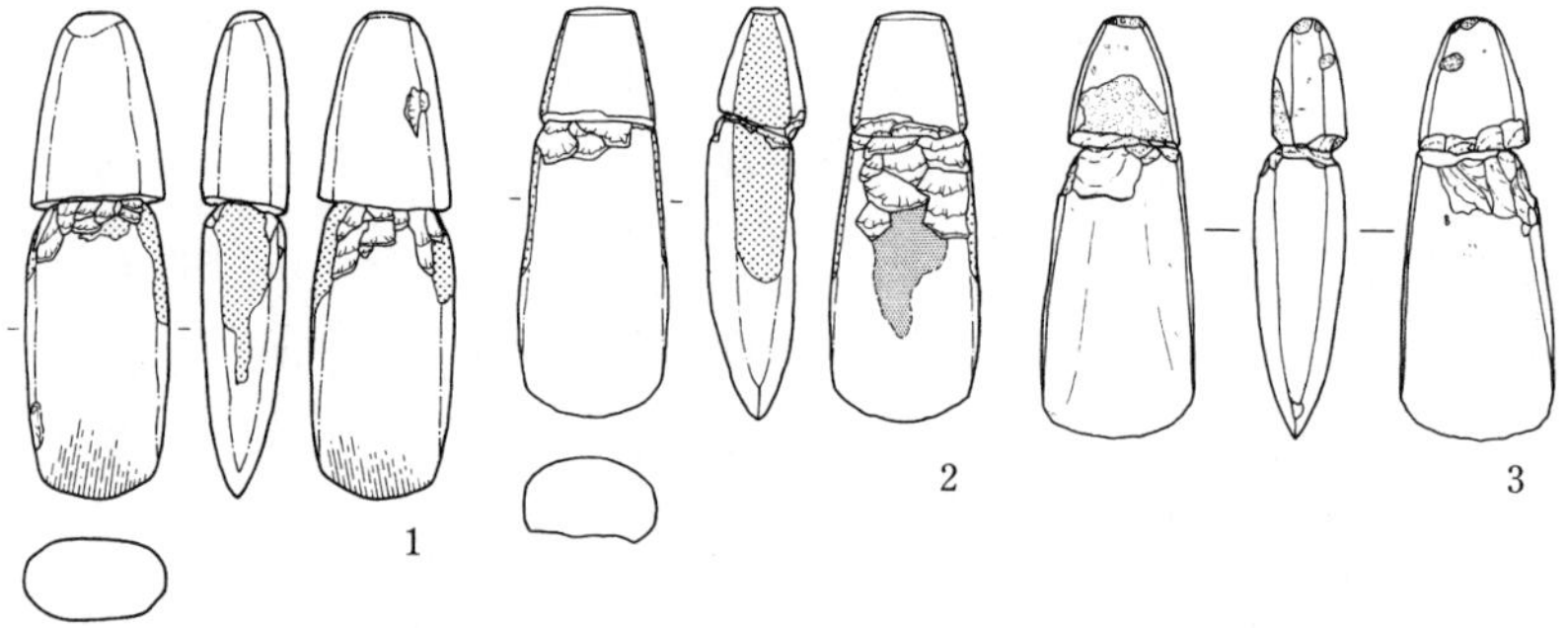

図4－1　折れた磨製石斧を利用した縄紋時代の木割り楔①（1・2上尾駮(2)遺跡，3立石遺跡）

の使用者たちはそれを必ずしも廃棄しなかった。それは刃先が備えている切れ味を木割り用の楔として使うためだった、というのが民俗例からの推察だ。

(1)　磨製石斧の折損部転用品と完形品——木口に「ひび」を生じさせた楔

限界を超える衝撃を受けて壊れ、再利用された磨製石斧の刃部側の長さは寸詰まりなものから長めのものまでまちまちだった。その折損部に加えられた加工の有無やその程度には次のように差があった。

①折損部上端に加えられた打撃により、表裏や横が粗く破壊された例（図4－2）。

②その折損部周縁や折損部の全体に、細かな剝離を加えた例。

③その細かな剝離に重複させるようにして、敲打や潰しを入念に加え、凹凸を均し、折損部全体を滑らかに仕上げた例（図4－3）。

これらは次のような営みによって生み出されたものだろう。まず、折れた磨製石斧の刃部側をそのまま楔として対象物に叩き込む場合があった。折損部上端が複数回にわたって粗く破壊されている諸例は大きめの重い石で叩き込まれたものだろう。一方ではそんな新たな破損を予想し、その対策として折損部の周囲や上面に細かな剝離を加えたり、さらに丁寧に敲打や潰しを加えたりした。すなわち折損部に施された種々の加工は楔として叩き込む用法から予想される破損を最小限にとどめようとする調整だったと理解される。

さて次が肝心なところだが、これらの楔は木材のどの部分に対して用いられたのだろうか。ここで想起したいのが「木は縦方向に割りやすい」という不変の物理的特性だ。そこから発想するのだが、縄紋時代人や弥生（続縄紋）時代人はまず木口に楔を打ち込んで「ひび」を生じさせ、側面に及んだその「ひび」に別な楔を打ち込むという二段構えで木を割ったのではないかと思う。すなわち民俗例にみられるような手順で木を割るために不可欠な最初の「ひび」を入れる石器は、例えば折損した磨製石斧の転用品の中でも長めの個体であったかもしれないが、それに勝る長さや厚さを備えているのが完形品の磨製石斧だった。そう考えると初めから楔として使うために製作された磨製石斧があったのではないかという疑問が湧いてくる。実はそういう磨

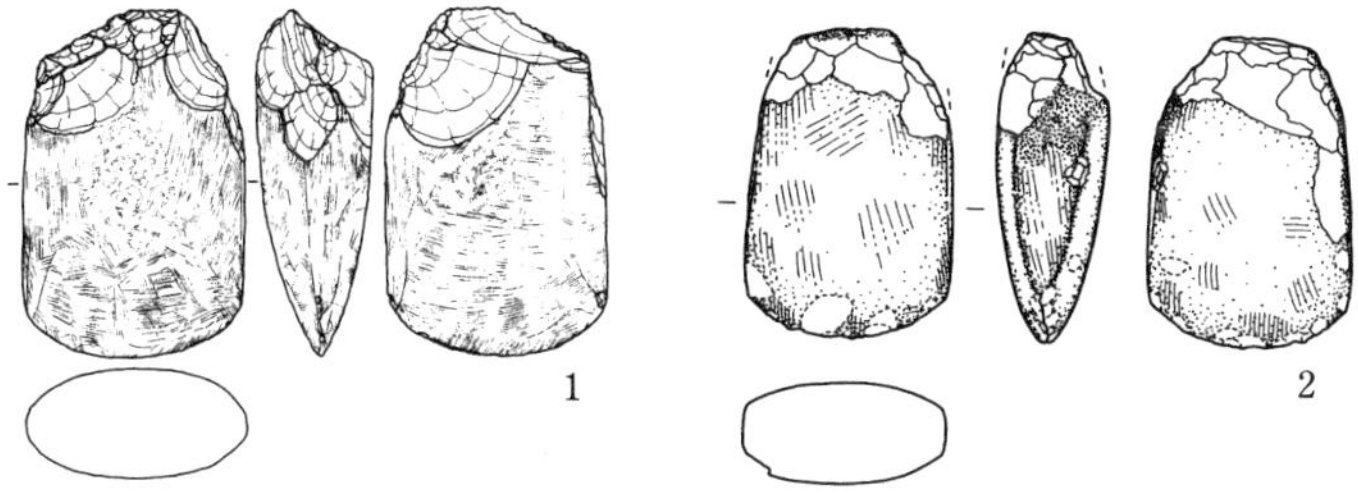

図4－2　折れた磨製石斧を利用した縄紋時代の木割り楔②（1市ノ原遺跡，2下宅部遺跡）

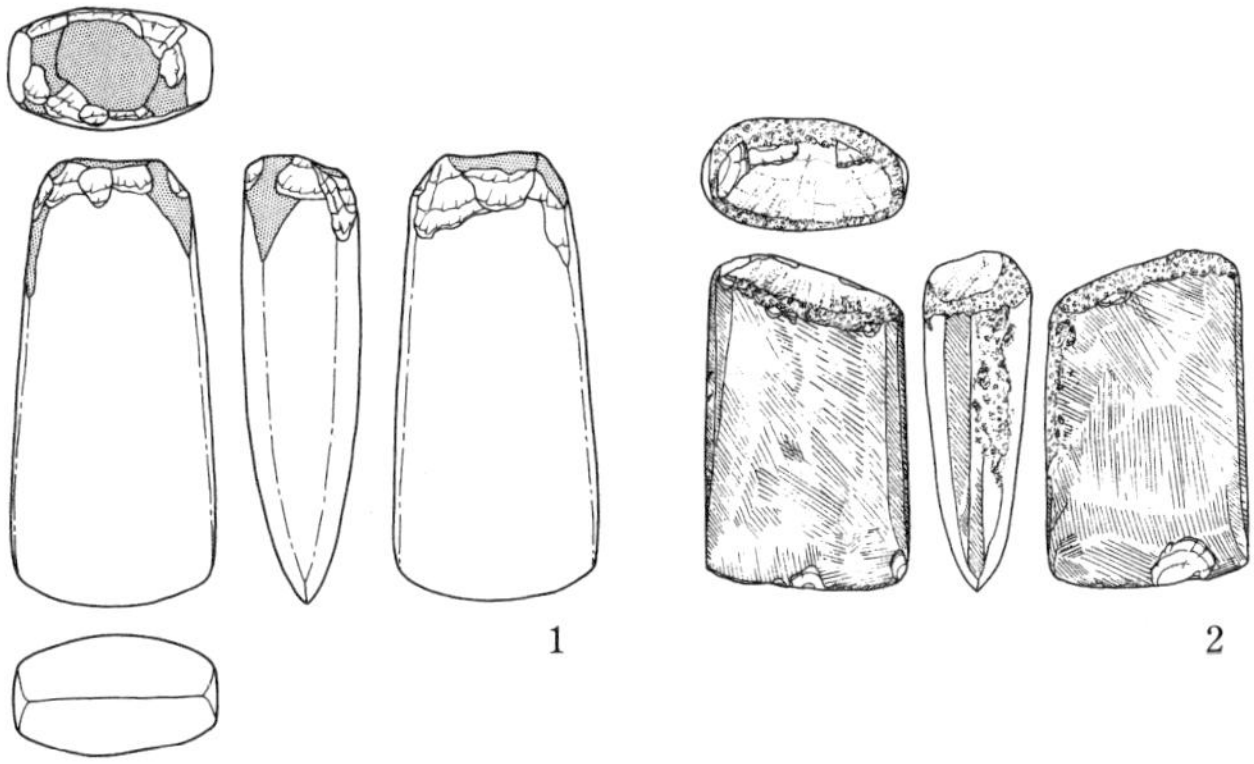

図4－3　折損部を調整した縄紋時代の木割り楔（1上尾駮(2)遺跡，2忍路土場遺跡）

製石斧の存在を推測させる石器が実在する。

(2)「木を割った磨製石斧」――「ひび」の幅を押し広げ、深く進入した楔

縄紋時代早期の夏島貝塚（神奈川県）から発掘された石斧（図4－4）で最も注目されるのは、一面の上端部に残る剝離痕下限部から刃部上縁中央部にかけて認められる自然面の緩い尾根状の盛り上がりである。その上端から下端までの表皮が薄くなるまで摩耗し、内部の黒色が見え始めているのは、この部分の全体が対象物と強く擦れた証拠だ。しかも尾根状の摩耗痕が少しも途切れていないのは、この部分を覆い隠す物体（柄）が付けられていなかったことを表している。基部の表裏に残っている刃部方向に向けた打撃の痕は叩かれた痕跡であり、その頂部が潰れているのは調整痕とみられる。以上の所見から、この石器は木材に叩き込まれ、「ひび」を押し広げながら深く進入した楔である。同じ夏島貝塚からは楔として製作、使用されたと見られる石斧がもう一点出土している。このような例から、完形品の磨製石斧の中には「楔」として製作され、使われたものがあったことは確かだ。

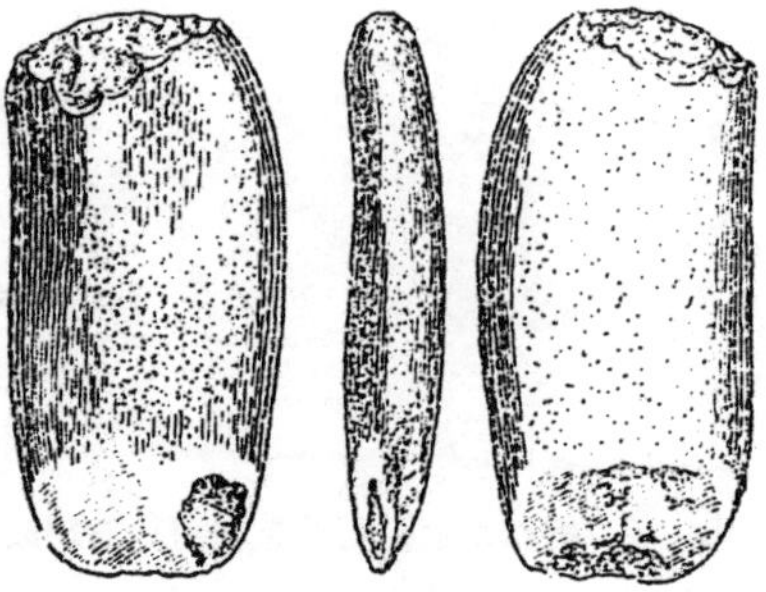
図4－4　木割り楔として作られた縄紋時代早期の磨製石斧（夏島貝塚）

楔として製作された磨製石斧の使用方法を想像してみると、諸例の基部に刃部側に向けた複数回にわたる加撃の痕跡が残されている意味が理解できる（前出図4－1・2）。このような基部の局部的破壊は、楔として木に刃先を当て、基部を強烈に打った痕跡であろう。割ろうとする木材が長大であればあるほど「ひび」を深部まで到達させなければならない。そのためには相応の肉厚の楔を打ち込まなければならなかったから、その抵抗は相当なものだったろう。よほど強力に叩き込まなければ「ひび」を押し広げることができない場合があったから、そのときの衝撃によって刃

こぼれしたり、基部が欠けたり途中で折れたりしたのだと思う。

以上をまとめると、折れた磨製石斧の刃部側転用品は主に木口に打ち込んで「ひび」を発生させるために用いられた。その「ひび」の幅によっては次に木矢を打ち込むこともあっただろうが、その幅が未だ不足の場合には楔として製作された完形品の磨製石斧を叩き込んでその幅を広げたのではないか。その結果、十分な幅の「ひび」が側面に及んだなら、そこに完形品の磨製石斧を打ち込んだ可能性が高い。もしもそれが完形品の磨製石斧も利かないほど太く長い木なら、さらに大きな楔が必要である。その場合には楔として使えそうな大型の自然礫に手を加えたものや木矢が使われたのではなかろうか。

このように磨製石斧とされている石器の中には初めから木割り用の「楔」として作られ、柄を付けずに使われたものが存在したであろうというのが、民俗例に基づいた私の推察だ。

(3) 「木を割った磨製石斧」から鉄製楔へ

諸々の用材を入手するために伐採や加工の作業を必要とする状況は弥生時代、古墳時代になっても変わらなかったであろう。しかし道具は変わった。折しも新渡来の最先端技術で製作された鉄製品を使い始めた、あるいは普及し始めた時期である。古墳時代には社会が大きく変動して、武器、武具、馬具、農具その他、多くの道具が鉄で造られるようになった。刃を備えた木工具もその例外でなく、磨製石斧その他の石器が担ってきたそれぞれの機能が、鉄斧をはじめ、手斧、鑿、錐、槍鉋など各種の鉄製木工具に受け継がれた。私はその転換期に「木を割った磨製石斧」も鉄製の後継器種に置き換わったと推察するのだが、これまでの考古学界では「木を割った磨製石斧」の存在自体が認知されていないので、当然、その後継器種の存在についても意識すらされていない。しかし古墳時代の人々も大木を割っていたから、そのための道具と技術が存在したとみる必要がある。例えば古墳時代の初期から現れる舟形や割竹形の木棺は長大な丸太を割り、中を刳り貫いて作られたと考えられている。少なからぬ副葬品を伴うであろう有力豪族の遺骸を収める木棺には、おそらく大木と呼ぶのが相応しい丸太の分割材が使われただろう。また飛鳥時代以降の寺院建築や貴顕の殿舎にも大型の分割材は使われただろう。そんな太い材を割るために使われたのはどんな道具や技術だったのだろうか。ここでも参照したいのは民俗例だ。

二　現代民俗例の木割り用具――［金矢］

民俗例の［金矢］は木割り用の必需品であり、頭部に袋部を設けず、鉄製の楔の頭部を直接叩くタイプ（「無袋金矢」）（後出図4－5）と、基部に柄を挿入する袋部を設けたタイプ（「有袋金矢」）（後出図4－6）の二種がある。ここで注目したいのは後者の構造と特長だ。

1　［有袋金矢］の構造

民俗例の「有袋金矢」の構造を整理すると次のとおりだ。

・基部に、木の柄を受け入れるための袋部が設けられている。
・上端に鉄の輪が装着された柄は真っ直ぐで、袋部には長軸方向から挿入される。
・袋部の平面形は隅丸方形で、その側面は完全に一周して閉じている。
・袋部の底は平らである。

・側面は整った楔形をしており、刃部と基部の間に突起部分を作らない。
・正面における、刃先から袋部上端までの造形は直線的である。
・鍛造品である。

右のうち、とくに注目したいのは袋部の突合せが閉じていることと底が平らなことだ。「有袋金矢」を打ち込むさい、柄と袋部が木の外側に残っている状態で柄の端を強烈に打つことは普通にあるだろうし、そのとき、作業者の加撃が［金矢］の真芯を逸らさないとは限らない。思うに、もし突合せが開いていたとしたら、柄に加えられた強烈な加撃の方向が真芯から逸れた場合、柄が突合せ部分をいっそう押し広げ、力が脇に逃げるおそれがある。だから突合せ部分を閉じた。つまり作業者が打った力を脇に逃さず真下に向けるために突合せ部分を閉じたし、打った力をそのまま刃先に伝えるために袋部の底を平らにしたというのが、右の構造を必要とした理由だろう。その構造は「有袋金矢」に次のような特長を与えた。

2 ［有袋金矢］の特長

a 低下しない機能

「無袋金矢」の頭部は強烈な打撃を受けて潰れ、頂部から押し出された鉄が刃部方向にめくれて原形をとどめないほど変形しているのが普通だ。鉄のハンマーで打つ限りそのような変形は避けられないから木材深部への進入可能寸法はしだいに減退し、ついには廃棄される。それに対して「有袋金矢」の方で消耗するのは木で作った柄の上端付近だけであり、打撃を重ねて潰れ、長さが減退したとしても柄を作り替えるだけでよいし、それなら鍛冶屋に頼まずに自分で作ることができる。「無袋金矢」のように進入可能寸法が減じる短所がないことは「有袋金矢」の構造的長所だ。

b　勝る分割能力

対象の木に「無袋金矢」を限界まで打ち込んだとしても、潰れた頭部が脇にはみ出しているから、その最厚部が木材の内部まで進入することはあり得ない。これに対して「有袋金矢」の場合は、もしもその必要があるなら柄の上端までも打ち込むことができる。例え

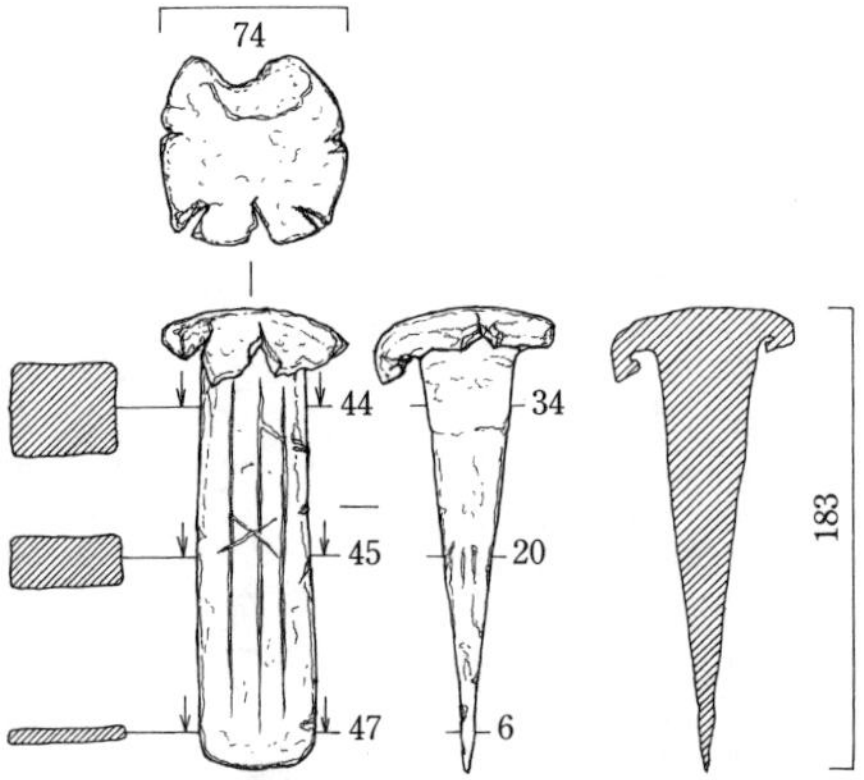

図4－5　民俗例の木割り用［無袋金矢］（岩手県久慈市山形町，長内三蔵氏所蔵，名久井芳枝作図：単位 mm）

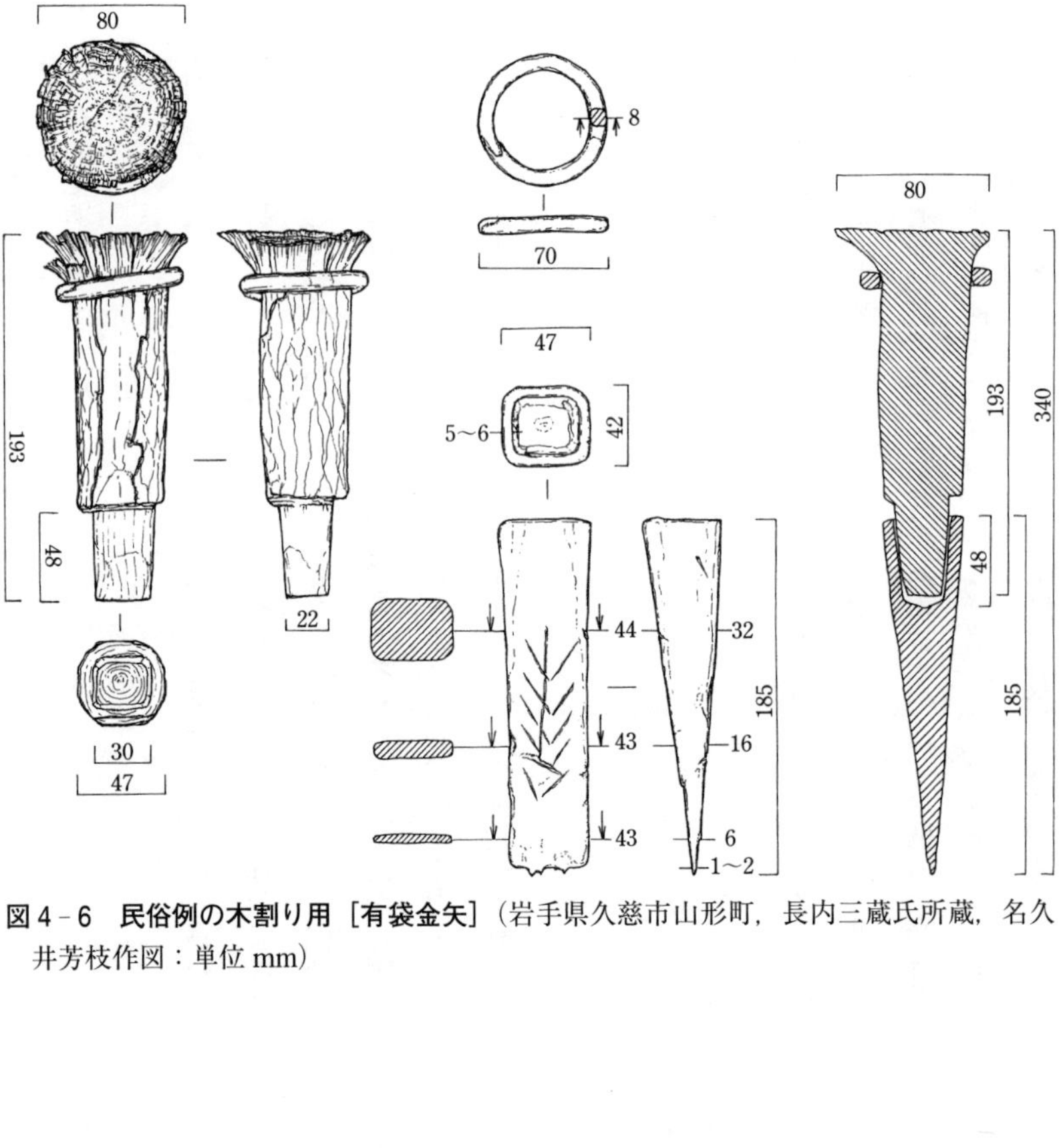

図4－6　民俗例の木割り用［有袋金矢］（岩手県久慈市山形町，長内三蔵氏所蔵，名久井芳枝作図：単位 mm）

ば図4-6の「有袋金矢」は全長三四《センチ》ほどだから、当然、「金矢」の最厚部は木材の内部深くまで達し、そこに生じる「ひび」の幅もそれに見合ったものになるだろう。要するに「有袋金矢」の分割能力は、「無袋金矢」よりもはるかに勝っている。

c 経済的な消費鉄量

分割能力の差異とそれぞれを製作した鉄の量との関わりについて実際の例を見てみる。図4-5の「無袋金矢」の最厚部は約三・七《センチ》で、これに使われた鉄は約一・五《キロ》である。これに対して図4-6の「有袋金矢」の最厚部は四・三《センチ》で、これに使われた鉄は九五〇《グラム》である。袋部を作り出す手間を要するものの、「無袋金矢」の六割強の鉄量で製作されている「有袋金矢」の方がより良く深部へ進入し得ることは前項で見たとおりだ。

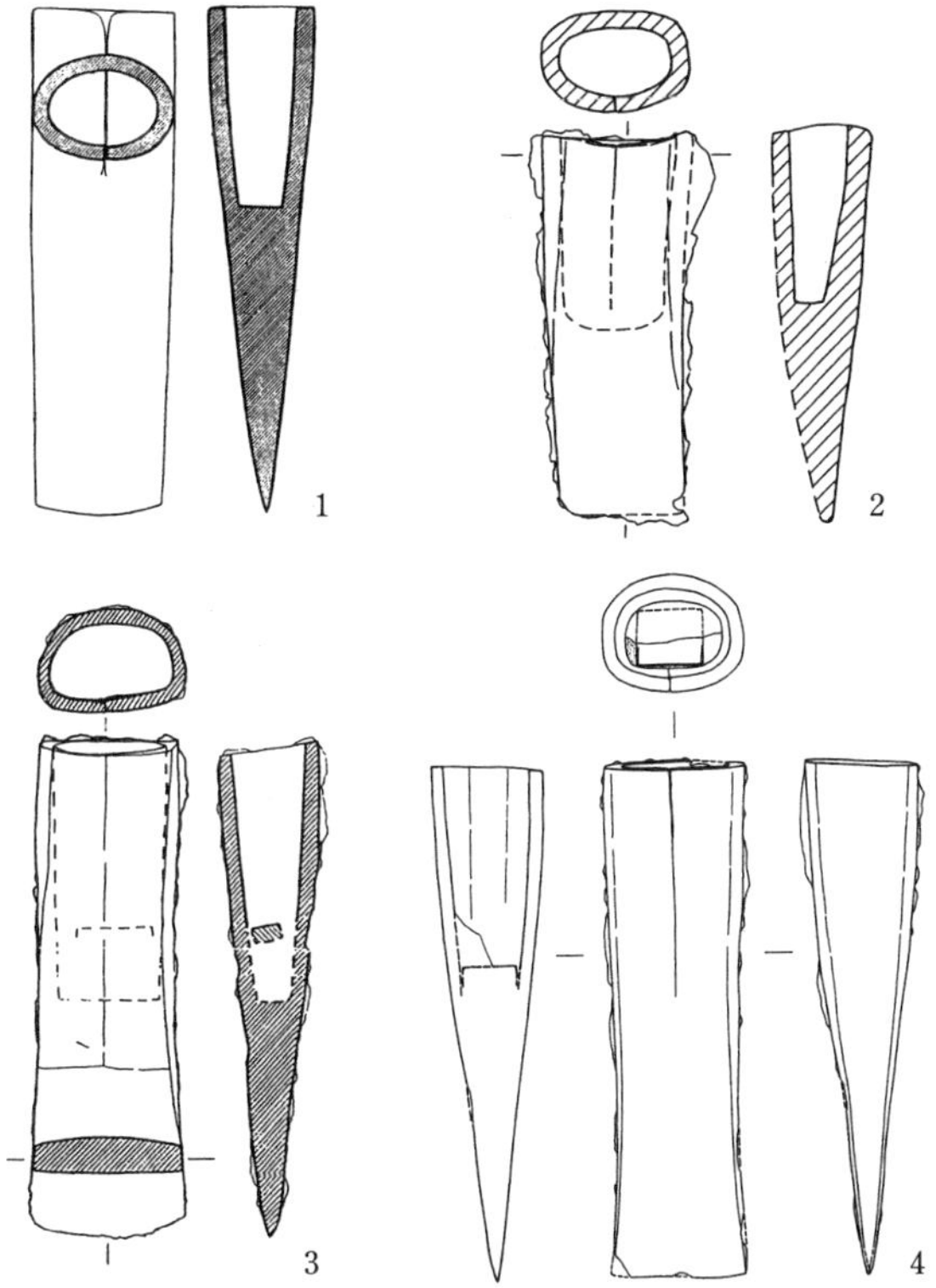

図4-7　古墳時代の木割り用有袋楔（1和泉黄金塚古墳, 2老司古墳, 3西の浦古墳, 4宮司井手ノ上古墳）

三　縄紋時代から継承された現代民俗例の木割り技術

1　初期鉄製楔探索にあたっての視座

このような諸特長を内包する民俗例の「有袋金矢」の構造は、「木を割った磨製石斧」の後継器種、すなわち初期鉄製楔の形態を推察するうえで示唆的だ。初期鉄製楔を探索するにあたり、注目したいのが初期の鉄製［のみ］（鑿）の構造だ。磨製石斧として分類されている小型で細身の石器が、後継器種である鉄製鑿に置き換わったさい、朝鮮半島からの影響であろうが基部に袋部を設けて柄を挿入する構造に変化した。その理由はその構造が機能的に優れていたからにほかならない。小型で細身の磨製石鑿が鉄製の［袋鑿］に交代したことで鑿としての機能が格段に向上したと想像されるが、ここで留意したいのが鑿と木割り用の楔の使用方法が類似していることだ。すなわち双方とも対象箇所に刃先を当てて叩き込む。鑿の機能性を向上させるために袋部を作り出す叡智を備えた人々が木割り用の楔には無策のままだったとは考え難いから、［鑿］に袋部を設けたように、初期の鉄製楔にも袋部を設け、長軸方向から真っ直ぐな柄を挿入したのではないかと考える。

そんな初期の鉄製楔は次のような諸特徴を備えていたのではないだろうか。

a　刃先は鉄斧と同程度に鋭いこと

鉄製楔には木口に打ち込まれて「ひび」を発生させる能力がなければならなかった。木に食い込むことで本領を発揮するという意味で楔と共通するのは鉄斧である。実用的な鉄製品の場合、形態を決定しているのは機能であるとみると、機能に共通するところがある楔と鉄斧には形態上の特徴が共通している可能性がある。

b　袋部の突合せが閉じており、底が平らであること

民俗例の「有袋金矢」の袋部が閉じており、その底が平らであることには意味があった。初期の鉄製楔に設けられた袋部の突合せも民俗例の「有袋金矢」のように閉じており、袋部の底は平らだったのではないか。

c　側面形が楔形をしていること

民俗例の［金矢］は、その機能を発揮するため基部を最厚部とする真正の楔形に造形され、刃先と基部の間に突起部を設けない。初期の鉄製楔も［金矢］のように楔形に造られたのではないか。

d　正面形の両側が直線的であること

民俗例の［金矢］の正面は、基部と刃先を連絡する左右の縁が直線的に作られている。刃先を撥状に広げたり刃部付近に肩部を設けたりする必要がないからである。そこに、［金矢］としての過不足ない形態をみると、初期の鉄製楔も正面形の両側は［金矢］のように直線的だったのではないか。

e　鍛造品であること

では、そんな諸要素を併せ持った鍛造品がないか探索してみる。

2　古墳時代の「有袋鉄斧」の中に埋没している鉄製楔

弥生時代や古墳時代における鍛造鉄斧の形態はまちまちだ。そのうち「有袋鉄斧」とされる類は柄を挿入するための袋部が設けられていることからの命名だが、その袋部の形状は大きく二種に分けられる。私が注視するのは図4－7に掲げた諸例で、どれも袋部が完全に閉じており、しかも底が平らに形成されている。柄はすでに消滅しているから、どのような柄が挿入されていたか判らないが、鉄でできた部分の形状は柄の挿入口から尖端までが直線的で、文

字どおりの楔形に作られている。そのような特徴を共有している一群は発掘調査報告書では「有袋鉄斧」として紹介されている。一方、同じく「有袋鉄斧」とされているのにこれらと全く異なった袋部を持っている類がある。それらの袋部は突合せがスコップの柄を受ける部分のように開いており、底が形成されていない（図4－8）。数えたことはないが報告書を見た印象で圧倒的に多いのは後者だ。

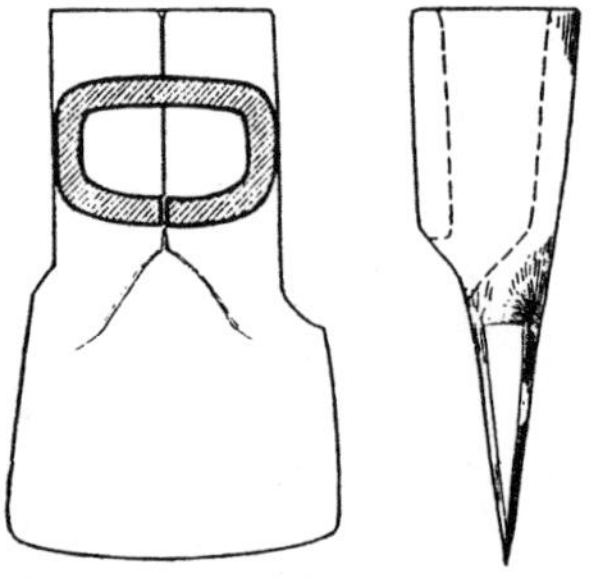

図4－8　古墳時代の袋部に底が無い有袋鉄斧（『和泉黄金塚古墳』77頁より引用）

右のように一目瞭然の違いがある両者だが、現行の報告書のように果たしてこれらを「有袋鉄斧」として一くくりに呼んでよいものだろうか。それぞれの構造の違いは機能の違いを物語っているとみて民俗例を参照すると、古墳時代例の前出図4－7の一群と民俗例の「有袋金矢」（前出図4－6）の構造上の共通性を見逃すわけにいかない。両者の形態が非常によく共通しているのは機能が同じであることを示唆しているとみるのが適切だ。すなわち、この古墳時代の一群は立木に向かって振り下ろす伐採用の斧ではなく、伐採後の木を割るために木口にあてがって打ち込んだり、側面に及んだ「ひび」に打ち込んだりするための楔ではないか、というのが私の考えだ。近年、薪を割る電動の機械を見かけるようになったが、それもまた木口に楔形の刃を押し込んで割っている。つまり木割り用の楔は、縄紋時代草創期から現代まで、「木を割った磨製石斧」→「有袋鉄斧」と称されている鉄器の一部→民俗例の「有袋金矢」→電動の機械へと、変遷してきた。道具はそのように変遷したが、「木は縦方向に割りやすい」という物理的特性と「楔形」という最も機能的な形態を保持した工具を利用して木口から木を割り始める技術は、一万年を超えて途切れることなく現代まで受け継がれてきているのである。

これまで一度も唱えられることがなかった右のような考察は、民俗例を参照して出土遺物を理解しようとする方法によって初めて可能になったものだ。

コラム　**手製の磨製石斧で木を割る**

縄紋時代人が太い木を割るために使った楔は磨製石斧だったと考えた私は、何とかしてその考えに自信をもちたかった。河原から手ごろな大きさの石を拾ってきてグラインダーで磨製石斧風に作り、試行錯誤の末にそれでクリの丸太を割ることができた。だから磨製石斧で木が割れるかと聞かれたら割れると答えることができる。しかし問題がある。丸太の端から端へ「ひび」を通すさい、割れ目がよじれることを制御できないのだ。薪にするならそれでもよかろうが、丸木舟の材料や幅広い板を取り出す場合、よじれた材では使えない。縦挽き鋸が出現する以前の人々にとって、性の良い木を見極める目が何よりも大事だったことを悟った。

第五章　樹皮の採取、利用技術

一　樹皮採取方法――民俗例と出土遺物

岩手県立博物館は平成三年度に『北国の樹皮文化』と題する企画展を開催した。その担当だった私は、東北地方北部で用いられてきた各種の樹皮製民俗資料に加えて、各地の博物館から拝借した内外のさまざまな少数民族の樹皮製品も展示した。多数を一室に集めることで初めて見えてくるものがあって、理解が深まったり疑問が膨らんだりした。例えばサハリンやロシア極東、中国東北部の少数民族が使った樹皮製品にはシラカバ樹皮製の筒形容器が目立ち、日本の樹皮製品とはかなり趣が違っていた。その一方で、カナダ北西海岸の少数民族が残した樹皮製容器と北海道の縄紋時代後期の遺跡から発掘された樹皮製容器の製作がよく似ていることには強い印象を受けた。一方がベーリング海峡を越え、一方がサハリンを経由する以前、もしかしたら両者はモンゴロイドとして共通の文化集団に属していたのではないかなどと、寒冷な北方の大地で展開された人間集団のダイナミックな動きが想像された。アイヌ民族が使ったヤマザクラの樹皮製容器には東北地方の用例と通じるものを感じたが、樹皮の表裏の使い分け方が違っているように見えた。その反対に、アイヌ民族が使った幅狭く整えたサクラの表皮のテープを密に巻いた弓が本州各地の縄紋時代の遺跡から発掘される弓によく似ていることは印象的だった。

私はその企画展が終わった後も各地の樹皮製民俗資料や発掘された樹皮製遺物に注意し続けたが、数千年の時を隔ているそれらを見続けているうちに、いつしか心の中に大きく膨らんできたのは、これらはどこかで繋がっているのではないかという感覚だった。縄紋時代の樹皮利用文化と近現代民俗例のそれとが関連性が有るのか無いのか、有るとすればどんな関連性か。そんな想いは空回りするばかりで、どこをどう攻めれば真実に肉薄することが叶い、論理的に説明できるのか、目の前の樹皮製品をいくら凝視しても判らなかった。ましてや極東諸民族の樹皮利用に関わる文化が日本列島のそれとどのような関連性が有るのか無いのか、皆目見当がつかなかった。当時は、縄紋時代例と近現代民俗例を対比したり、日本と大陸側とを比較したりする手立てが何一つ存在しなかったのだ。

異なった国や民族間の、あるいは一国内でも異なった時代の文化要素を比較して異同や親疎の程度を判別するためには何らかの指標が必要だ。押さえるべき要所を見出すことができない樹皮製品の数々を目の前にしながら、それでもしだいに固まってきたのは、樹皮採取方法や利用方法が指標として使えるのではないかという着想だった。そして、もしも指標を作ることが叶ったなら、現代民俗例と最初に比較するのは自国の縄紋時代例にしようと当面の目標を定めた。

指標を構築するための基礎になるのは「生きた」諸情報だ。幸い北上山地で暮らしてきた古老たちからは実際に樹皮を剝いだ経験や知識について話をうかがうことができるだろう。教えてもらったその方法を追体験してみたなら、それぞれの方法で採取された樹皮の外見的特徴について眼を養うことができるに違いない。その眼をもって樹皮製遺物を分析的に観察したなら、遺物を構成している樹皮素材の採取方法を判別できるのではないか。そんな見通しをもった私は、現代民俗例はもちろんのこと、遺跡から発掘された樹皮製品についても、その素材がどのような方法で入手されたのかという一点に注意し続けた。

私が樹皮採取方法や利用方法に注目し始めた昭和時代の末は、考古学界にも民俗学界にも、樹皮採取方法や利用技術について研究している人はいなかった。だから学術的蓄積もなければ参考文献も存在しなかった。そんな状況だから遺跡から樹皮製遺物が発掘されたとしても、調査報告書はその構造や寸法を記載するだけで、その素材が樹幹や枝からどのようにして、どんな季節に得られたものかといった点を追究したり、民俗例との関連性に言及したりする発掘調査報告書は一冊も存在しなかった。私はそんな誰も手を付けていない分野を目のあたりにして、行く手の道のりが決して容易ではないと察しがついたが、千里の道も一歩からと、未開拓の原野に歩み入ることにした。

北上山地で暮らしてきた古老たちによると、多くの樹種の樹皮採取が可能な季節はかなり限られている。だいたいは梅雨時を含んだ初夏までのことで、それを過ぎたら樹皮は木質部に密着してしまい剝ぐことができなくなる。樹皮で何かを作ろうとする場合は、朽木の樹皮や倒れてから何ヵ月も経った風倒木などから刃物で無理に削り取ったような樹皮は使わない。私は何人もの古老たちから話を聞くことができたばかりでなく実際に樹皮を剝ぎ取る様子を見せてもらう機会が何度もあって、昔から受け継がれてきた樹皮の入手方法を理解することができるようになった。古老たちから教わった、生きた樹皮を樹幹や枝から採取する方法を整理すると、「剝離法」と「抜き取り法」の二種に大別される。「剝離法」というのは樹皮の外面に刃物で切り込み、そこを手掛かりとして樹皮を引き剝がす類で、引き剝がす方向の違いにより、「縦剝ぎ型剝離法」「横剝ぎ型剝離法」「螺旋剝ぎ型剝離法」の三種類に細別される。「抜き取り法」というのは主として枝から樹皮を抜き取る採取方法だ。

1　縦剝ぎ型剝離法

(1)　民俗例の縦剝ぎ型剝離法

【事例五－1】　岩手県久慈市山根町端神　岩泉市太郎さん（明治三十七年生まれ）による方法

北日本の落葉広葉樹林が最も鮮やかな彩りを見せるのは紅葉の季節だ。秋が深まり、霜が降りるようになると木々はその名のとおり葉を落とし、来春のために冬芽を準備して雪の中で長い眠りに就く。そして早春、陽の光が徐々に力を取り戻すにつれて木々は根元の雪を解かし始める。それから間もなく芽吹きの季節を迎えると、樹種ごとに少しずつ色合いを異にする新緑が日毎に濃くなり、やがて全山がしたたる緑に包まれる。どうかするとサクラの葉先から滴が落ち、切られたヤマブドウの蔓が盛んに樹液を出すのもこの季節だ。梅雨どきから七月にかかるこのころ、樹木の活動は最も活発となって水分の吸い上げが著しい。樹皮を採取して生活用品を作ろうとする人々が山に入ったのはちょうどこの時期で、私に話してくれた岩泉市太郎さんは、その目安を「マダの芽が鷹の爪みたいになったころ」と言う。

昭和六十三（一九八八）年の初夏、岩泉さんにシナノキの若い幹から樹皮を縦に剝ぐ方法を実見させていただいた。直径数㌢のシナノキを鉈で根元から切断する。太い枝は鉈で切り落とすが細い枝は根元側へ手で裂くようにして付け根からもぎ取る。このときもぎ取った枝にはまだ幹に繋がっている樹皮が残っているので、それをそのまま根元の方へと剝いでいく。樹皮はあくまでも剝ぎやすく、ぬるぬるした真っ白な木質部を見せながらきれいに剝げる。そのようにしてすべての枝に伴う樹皮を剝いでもまだ幹には樹皮が残っているので、その幹を手で、あるいは膝を当てて折る。すると木質部は折れても樹皮は繋がっているから、そこへ親指を入れて根元の方へと剝いでいく。このようにして得られた樹皮はせいぜい幅数㌢で、長さもさまざまである。岩泉さんが使うのはその総てではなく、内皮の方だ。内、外皮を分離させるには内皮側を内側にして樹皮を折る。すると外皮は折れるが内皮は折れ曲がるだけだから、外皮の折れ口に親指を入れて剝いでいく。以上はシナノキの内皮で荷縄を製作する場合の樹皮採取方法だ。

【事例五-2】　名久井が体験したクルミの樹皮の縦剝ぎ

平成四（一九九二）年当時、私が住んでいた岩手県宮古市から太平洋にそそぐ閉伊川の河川敷には大小のオニグルミの木が何本も生えており、河川管理のためか、たびたび伐られている様子の株がいくつもあった。それらの切り株からは「ひこばえ」がたくさん生えていたので頂戴することにし、以前岩泉さんから教わった方法を試してみた。梅雨が明ける前、その生え際を鉈で切る。切り口の皮を爪先でつまんで剝ぐと簡単に剝がれる。若い「ひこばえ」の皮は薄めだし、それより年数が経った皮は厚めだ。そうしてかなりの量を手に入れることができたのだが、驚いたのは、いつの間にか指先が真っ黒になっていたことだ。クルミの木の「あく」が強いことは知っていたが、一時間以上も生の樹皮に素手で触っていると指先が黒くなるとは知らなかった。石鹸で洗っても落ちなかった「あく」も、一週間ぐらい経ったら落ちて元どおりの指になった。そうして手に入れたクルミの皮は日に当ててよく乾燥させなければならない。風通しの悪い所に置くと黴が生えるからだ。面白いのは、そうしてよく乾燥させた皮は即席ラーメンのように簡単に折れるのに、水に浸すとたちまち柔軟性が回復して甚だ強靱になることだ。私は後年、樹皮製の鍋を作って調理実験を行ったおり、鍋にする樹皮の要所を綴るのに、このときのクルミの皮が格好の素材となった。

【事例五－3】　岩手郡雫石町　小田栄二さん（大正三年生まれ）による方法

平成四（一九九二）年七月、雫石町の山中で、ヤマブドウの蔓皮を剝ぐ様子をつぶさに観察することができた。ヤマブドウの蔓は樹木に絡み付いているような曲がりくねったものは対象外であり、喬木の数メートルもあるような高い所の枝に真っ直ぐ伸びた、しかもなるべく太いものを選ぶ。そのような蔓を見つけたらまず鋸で根元から切断する。次いで両手を伸ばして無理なく伐ることができる所から切断する。そうして得た幹の表面には難なく取れるような外皮が付いているからそれを取って捨てると、そこには一様にきれいな皮で覆われた肌が現れる。その樹皮を端から剝いでいくが、もしもそれで縄を製作するのであれば端から一気に引いて剝いでもかまわない。しかしそれで背負い籠様の

「いれもの」でも作ろうとするときは、せいぜい一《チセン》前後の幅で数《チセン》の長さを剥ぎ、次いでその隣の数《チセン》を剥ぐといった具合に幹を廻しながら少しずつ剥いでいく（写真５－１）。その方が、仮に剥いでいく途中で幅が狂ってもその隣を剥ぐさいに調整することができるからだ。籠類や鉈鞘製作に使う素材は長いばかりでなく、なるべく同じ幅である方がよいので、このような採り方をする。

写真５－１　縦剥ぎ型剥離法（ヤマブドウの蔓皮を剥ぐ民俗例）（岩手郡雫石町，小田栄二氏）

〔江戸時代の縦剥ぎ型剥離方法〕　宝暦元（一七五一）年、盛岡藩で、藩主の命により、江戸日本橋から盛岡（現在の岩手県庁所在地）までの道中を詳しく描いた『増補行程記』が刊行された。城下盛岡に入る部分を見ると北上川を渡るための舟橋が描かれており、一〇艘を超える舟が舳先を川上に向けて並べられ、その上には人馬が通る板が敷かれている。その舟を繋いでいるのが太い鎖と「ふとう縄」だ。これは民俗例を参照するとヤマブドウの蔓を縦に剥いで得た皮で作られた綱だ。

天明八（一七八八）年、松前（北海道）へ渡ろうとした菅江真澄が現在の青森県十和田市を通ったときに見た光景を、「以地川といふに木の皮の綱ひきはえて、くり舟の渡りしたり」と記している。両岸に引き渡した木の皮の綱を頼りとして舟を渡したのであろう。何の木の皮か書いていないが、縄にする素材なら縦剝ぎ型剝離法で長く採らなければならなかったはずだ。その後、松前へ渡った彼は江差に近いアシサブの川岸で、太い綱が橋を支えている様子を見て、それがヒノキの皮を綱によったものであることを書き留めている。長さが必要な綱を作る素材なら縦に剝いで得たはずだ。

江戸詰めの津軽藩士、比良野貞彦が天明八（一七八八）年ごろに書いたとされている『奥民図彙』には、津軽地方のどこかで見た渡し舟について「多クハ川ノ両岸へ縄ヲ張テ、其縄ヲタクルナリ。舟渡ヲハ川ヲ両岸ヨリ綱ヲ張渡ス。其綱ハマダト云木ノ皮ニテツクリタルモノニテ甚フトシ」と書かれている。シナノキの樹皮を縦に剝いだ素材を使っているのだろう。

文政十一（一八二八）年、秋山郷を訪れた鈴木牧之が『秋山記行』に書き留めた、小赤沢の人々が里の人々と交易する品々の中に「しな縄」がある。シナノキの樹皮を縦に剝いで作った縄である。

江戸時代のアイヌ民族の風俗絵画に、木の幹から男性が樹皮を縦に剝ぐ様子を描いた例がある。

〔奈良、平安時代の文献に現れた樹皮の縦剝ぎ型剝離方法〕『万葉集』に「大君の　塩焼く海人の　藤衣　なれはすれども　いやめづらしも」（巻十二、二九七一）と詠まれた藤衣は藤蔓の皮から取った糸で織った布で作ったものだ。これらは民俗例の藤布の製法を参照すると、いずれも縦剝ぎ型剝離法で得た樹皮を材料としていると見るのが妥当だ。

古代の『延喜式』に見える、経典を写すさいに用いられた「穀紙」は「穀皮」すなわちカジノキの樹皮で製した紙である。同じく「葛布」は葛蔓の皮から取った糸を織った布であるし、檜皮葺にする檜皮とともに縦剝ぎ型剝離法で得たものであろう。

右の事例のように、樹幹や枝、あるいは「ひこばえ」から、樹皮をできるだけ長く採取したい場合に［鉈］のような刃物で樹皮に横に切り込みを入れ、そこを手掛かりとして下から上に剝ぐのが「縦剝ぎ型剝離法」だ。ただし木が細い場合には鉈で切り倒してから中程から折り、そこを手掛かりとして剝ぐことがあるので、必ずしも下から上に剝ぐとは限らない。要は天地方向に剝ぐということだ。

蔓や「ひこばえ」の場合は切断した切り口を手掛かりとして樹皮や蔓皮を縦方向に引き剝がす。この方法は樹皮や蔓皮を繊維として、もしくはテープ状に整えて使おうとする場合に行われる採取方法で、シナノキ、ウリハダカエデなどの幹や、ヤマブドウ、フジのような蔓から皮を長く取り出したい場合に採用される剝離方法だ。民俗例ではこの方法で得た樹皮や蔓皮で、さまざまな用途に応じた太さ、長さの縄を作ったし、細くなった縄を材料として［腰籠］［小物入れ］［網袋］などの編み籠類のほか、牛の口に被せる［口籠］［たも］の網などを作った。［蓑］や［はばき］を作ったほか、繊維を取り出して糸を撚り、布に織って着る物や［袋］を作った。アイヌ民族が樹皮衣用の布を織るオヒョウなどの繊維を得たのもこの剝離方法によった。縦に剝ぎ取ったシナノキやヘラの木の樹皮で作った縄は東北地方ばかりでなく中部地方や北陸地方のほか九州でも見たことがある。縦に剝いだヒバの内皮をテープ状に整え、組んで［鉈鞘］を作る例は、少なくとも東日本には広く分布している。また葛布は静岡県掛川方面ばかりでなく鹿児島県でも作った。沖縄県では蔓の皮を縦に剝いだ素材を巻き材として使っているから、樹皮や蔓皮を縦に剝ぐ「縦剝ぎ型剝離法」は全国に分布した採取方法だ。

(2) 出土遺物に見る縦剝ぎ型剝離法

「縦剝ぎ型剝離法」で得た樹皮や蔓皮素材が縦方向に長いものになるのは今も昔も変わらないだろう。つまり民俗例を参照すると、樹皮製遺物の中に細長い樹皮素材が見出されたら、それは「縦剝ぎ型剝離法」によって剝ぎ取られたと判断してよい。

A　縄紋時代早期の縦剝ぎ型剝離法

おおよそ七五〇〇年ぐらい前の東名遺跡から樹皮縄が発掘されている（佐賀市教育委員会　二〇〇九『東名遺跡群Ⅱ第5分冊』四二〇頁）。縄をなうような長い素材を樹皮から得ようとしたなら、幹や蔓から縦に剝ぐしかなかったはずだ。

B　縄紋時代前期の縦剝ぎ型剝離法

a　三内丸山遺跡から発掘された小籠

縄紋時代前期の樹皮製出土遺物にみる縦剝ぎ型剝離法の実例ということになると、どうしても避けて通れないのが三内丸山遺跡から発掘された有名な小籠だ（写真5－2）。約五五〇〇年前の縄紋時代前期の人が作ったこの籠は口縁部が壊れた状態で発見されたが、本体の大部分が残っていた稀有な例で、縄紋時代の籠作りの手順や素材の構成が判る非常に貴重な資料として重要文化財に指定されている。

この籠の底面は縦横が約九センチ四方の平底で、概ね直立する側面はだいたい円筒形だったと推察できる。全体の高さは一三センチほどである。底部と器壁の経材を構成しているのは幅五ミリ前後のテープ状に整えた、長さ四三センチ前後の植物性素材で、経一三～一四本、緯一四～一五本。側面の緯材となる素材も、経材と同種、同様形状のものを使って二三段ほど組み上げている。その製作方法は、まず底になるべき部分を交差させて組み、次いで四方に伸びる素材を上に起こして経材としている。あらかじめ用意しておいた緯材を、側面下端から左方向へ経材の間を規則的に浮沈するように進行しながら螺旋状に組み上げている。緯材の一素材を使い果たした所ではその末端に新たな素材の端を重複させて組み続けている。組み方は底面も器壁も概ね二本飛びの網代組みだが、その規則性は厳密でなく、乱れている部分がある。口縁部では経材を折って横方向に倒しているから、最終的には別な素材で巻いていたのかもしれない。

この小籠はテープ状に整えられた素材で縦横に組んで製作されている。経材は口縁部処理にあたって極度に折り曲げられているから、それに耐え得る強度の素材だったことが判る。厚さが一ミリ超の植物性素材で、口縁部末端の一部分に見えているように「ばらけ」る性質がある。側面の素材表面には外光を反射する独特な性質が認められる。木材の割り裂き材よりも軟質である。私はこの小籠を初めて見たとき、右のような観察から、この素材をヒバまたはスギの内皮だろうと見た。

写真5－2　縦剝ぎ法で採取したヒバ樹皮で製作した小籠（三内丸山遺跡，縄紋時代前期，所蔵ならびに写真提供：青森県教育庁）

ところが発表されたこの素材は実に意外なものだった。「単子葉草本類の茎」で、イグサ科と考えられるというのだ。イグサ科の茎ならストローのように中空に近い組織なはずだが、この小籠の素材にそのような所見は全く認められず、使われているのはあくまでもテープ状に整えられている素材だ。ストローのような植物の茎をテープ状にするには縦方向に切開しなければならないはずだが、そのような素材の整え方、それで作った籠類を見たことがある人はいないだろう。何よりもこの小籠の素材のように厚さが一ミリを超えるような巨大なイグサ科が縄紋時代前期の本州北部に生育していたとはとても思えない。理化学的分析に長けた専門家が高性能の機器を駆使して判断した同定に対して、当方は少々度が合わなくなった老眼、乱視用の眼鏡を通しての判断だから初めから競争にならないとは思いながら、私は発表されたその同定にどうしても納得がいかなかった。

この素材をヒバまたはスギの内皮と見た私は、その後も針葉樹の樹皮や樹皮製品を念入りに観察し続けた。その経験を通して、内皮表面にしばしば認められる、外光を反射する性質がスギよりもヒバの方に強く現れることに気付くことができた。その目をもって三内丸山遺跡の小籠や、一緒に発掘された類品の破片の観察を繰り返した結果、これらはすべてヒバの樹皮だろうと確信するに至った。だから私はその後も機会あるごとに、この素材はヒバの樹皮であろうと言い続けたし、著書（平成二十三年復刊『樹皮の文化史』吉川弘文館）の解説にも書いた。それが目に留まったのか、平成二十三年にこの素材が再同定される運びになり、その結果、ヒバを含む「ヒノキ科の樹皮」であることが判明したと、青森県教育庁から公式に発表された。それまでの一七年間はイグサ科とされてきたから、あるいは現在でもそのように信じている人がいるかもしれない。

さて、この小籠を作ったヒバの樹皮素材の採取方法だが、繊維が長軸方向に走っているから、幹から樹皮を「縦剝ぎ型剝離法」で剝いだものである可能性が高い。ただし横方向から丸剝ぎに剝いだものを切ってテープ状に整えた可能性も捨て切れない。

b　鳥浜貝塚から発掘された縄

この遺跡の縄紋時代前期層から発掘された縄は、現存の長さが二二センチ、太さが二・五センチを超える。その素材につい

写真５－３　縦剥ぎ法で採取した樹皮で製作した縄（前出『鳥浜貝塚４』研究の成果２頁より引用，縄紋時代前期）

写真５－４　縦剥ぎ法で得た樹皮で作った縄（現代民俗例）

て報告書は「蔓状の原体」と記載しているだけだから理化学的分析に基づく同定は行われていないのだろう。写真を見るとその素材は幅が狭く、薄くて長い。報告書の「蔓状の原体」というのは蔓皮かもしれないし、もしかしたら木本から得た樹皮であるかもしれない。そのいずれであるにせよ「縦剥ぎ型剥離法」で得た樹皮素材である可能性が高い（写真５－３）。

この縄で興味深いのは、三条の素材を撚り合わせていることだ。しかもそれぞれの条の表面に、あたかも樹皮テープが螺旋状に巻かれたかのような外観になっている。この作り方は、縦剥ぎ型剥離法で得た樹皮で丁寧に製作した民俗例の［荷縄］の外観と全くと言ってよいほど同じだ（写真５－４）。民俗例と同様の作り方をした可能性がある。

C　縄紋時代晩期、弥生時代の縦剥ぎ型剥離法

縄紋時代晩期の是川中居遺跡から発見されている「樹皮製撚糸」や「樹皮製編み物」に使われている樹皮素材は細長い。チカモリ遺跡（石川県）から出土した、いかにも巻き取った状態のテープ状の樹皮、弥生時代の八日市地方遺

跡から出土した磨製石剣の柄を巻く樹皮、同遺跡の籠の底から体部を組み上げた樹皮、組紐を作った樹皮は、いずれも「縦剝ぎ型剝離法」によって得られたものである。

以上に挙げたのはほんの一例に過ぎないが、民俗例を参照すると、縄紋時代以降、各時代の遺跡から発掘された樹皮素材もしくはその可能性がある植物性素材の中には、樹木や蔓から「縦剝ぎ型剝離法」によって得られたものが存在していることは疑いようのない事実である。

要するに樹皮の「縦剝ぎ型剝離法」は縄紋時代早期以降の諸遺跡から発掘された樹皮製遺物をはじめとして、奈良時代の『万葉集』、平安時代の『延喜式』などの文献資料、現代民俗例にも認められる。その樹皮採取方法に加えて、樹皮の使用方法にも共通点が認められる。例えば縄紋時代以降の諸遺跡から発掘された樹皮製の組み籠や編み籠、その口縁部を巻く手法、あるいは樹皮製の縄その他、「縦剝ぎ型剝離法」で入手した樹皮の用法には現代民俗例と共通しているものが存在している。

2　横剝ぎ型剝離法

(1)　民俗例にみる横剝ぎ型剝離法

【事例五-4】　岩手郡雫石町　小田栄二さん（大正三年生まれ）による方法

平成四（一九九二）年七月、雫石町の山中でヤマブドウの蔓皮を剝いでいただいた（【事例五-3】）同じ日、シナノキの樹幹から幅広く剝ぐ様子も見せていただいた。

斜面の雑木林で真っ直ぐに伸びた直径約二〇チセンの、枝のないシナノキの幹を選び、根元に鋸を入れて切り倒す。四

写真5－5　横剝ぎ型剝離法①（シナノキの樹皮を剝ぐ民俗例）（岩手郡雫石町，小田栄二氏）

メートルぐらいもある幹を確保して第一枝の付け根から先を切り落とす。横倒しになっている幹の最上面に鉈を振るい、木質部が数センチ幅で見える程度に樹皮を削り取っていく。木質部が見える状態が端から端まで通じたら、そのすべての部分で樹皮と木質部との間に鉈の先を少しこじ入れて樹皮を少しずつ剝離させながら移動していく（写真5－5）。そのようにして端から端まで剝離させたなら、今度は剝離した樹皮を静かに支えて鉈の先を一層深く差し入れることを繰り返す。前後左右すべての部分でそのようにしていくと、ついには樹皮と木質部とが完全に分離する。そこがやや傾斜地であれば樹皮の筒の中から少しだけ木質部が滑って抜け出るのでそれが判る。そのとき小田さんが傾斜の上の方にある端に手をかけ、これを勢いよく頭上に差し上げた。と思った瞬間、木質部は樹皮だけを残してあっと言う間に坂の下へ滑り落ちて姿を消した。そこがもし平地で、そういう方法がとれない場合は樹を廻して最初に鉈を当てた最上部を下にする。一端で樹皮を持ち上げたら木質部との間に細い木をかませる。そのうえでもう一方の端でも同様にし、かませた双方の細い木を少しずつ中央部にスライドさせていく。そのようにして樹皮のみを得ることができるが、この場合も先の斜面を利用した場合も樹皮は一側面が開口した筒状を呈しているから、この開口部を利用して適度な長さに折り曲げ、同じ樹の小枝を折り取って得た樹皮で縛って運搬する。小田さんはこうして得た樹皮を池の中に浸けたうえで内皮を分離し、幅狭く薄く剝いで「みの」を製作した。

山形県南部から新潟県北部に再興されたシナ織りの原材料もこの方法で採取されたようであるし、大量に採ったキハダの樹皮を運搬する方法も上記と同様だから、この方法は樹皮を大量に入手したい場合に採られる方法だったと知られる。

【事例五－5】ヤマザクラの樹幹から幅広く内皮まで剝ぐ事例

平成八（一九九六）年七月、川井村（現、宮古市）小国の山中で、高屋喜多男さん（大正十五年生まれ）、水無辰巳さん（明治四十五年生まれ）が、さまざまな種類の樹皮の採取方法を見せてくださった。もちろん北上山地で行われてきた伝統的な方法ばかりだ。その一つが樹皮を横から幅広く剝ぐ「横剝ぎ型剝離法」だ。ちなみにその山の木は間もなくチップ工場に売られるということで、その前に樹皮を剝がせていただくご了解を得たのだという。

太さが二五チセンほどもあるヤマザクラの幹の真っ直ぐな所を選び、取りたい幅に鋸で樹皮を切り回す。上下二ヵ所で切り回したらそれを連絡するように鉈で縦方向の切れ目を入れる。その切れ目に鉈の先をこじ入れて上から下まで切れ目の左右を静かに剝ぐ。それが済んだら剝がれた樹皮と木質部の間に手を入れ指先を押し込むと、樹皮は軽い抵抗感を伴いながらサワサワと音をたてて容易に剝がれる（写真5－6）。そのようにして取った樹皮を、差し当たって使わない場合は内面側を下にして広げ、重い石や丸太を載せて干しあげる。こうして乾燥させた樹皮は平らになっているから、それを炉の上の［火棚］に載せておくと虫がつかないという。

そのようにして伝統的な剝ぎ方を見せていただいた現場で、私が試してみたことを付け加えておこう。私はその日、縄紋時代の遺跡で拾った「石匙」と呼ばれる打製石器を用意していた。匙という名前がついているが、実際は携行用のナイフで、紐を付けて使ったらしくつまみが付いている。私はこの石器で樹皮を剝ぐことができるか試してみるため、つまみに紐を付けて携行していたのだ。高屋さんが樹皮を剝いで木質部があらわになったその上方には、まだ横に剝げそうな樹皮が残っていた。その四〇チセンぐらい上の樹皮をこの石器で切ってみたところ予想外に能率が良く、あまり難儀しないで切り回すことができた。そのときの感触では、石匙は打製石器だから刃線が波打っているのがかえって利いていると思った。縦方向に切り下ろすのも案外容易だった。そうして切れ目を入れたら道具をこじ入れて剝ぐだけだが、縄紋時代の技術を想定していたので鉄の刃物は使いたくない。木のへらを用意すればよかったのだが、そのときはできなかったので代わりに飯を盛る［へら］を持っていた。それを切り口にこじ入れると容易に剝げる。ある程度剝げたら、あとは高屋さんが見せてくれたように手先を押し入れると、樹皮はサワ

写真５－６　横剝ぎ型剝離法②（ヤマザクラの樹皮を剝ぐ民俗例）（岩手県宮古市小国，高屋喜多男氏）

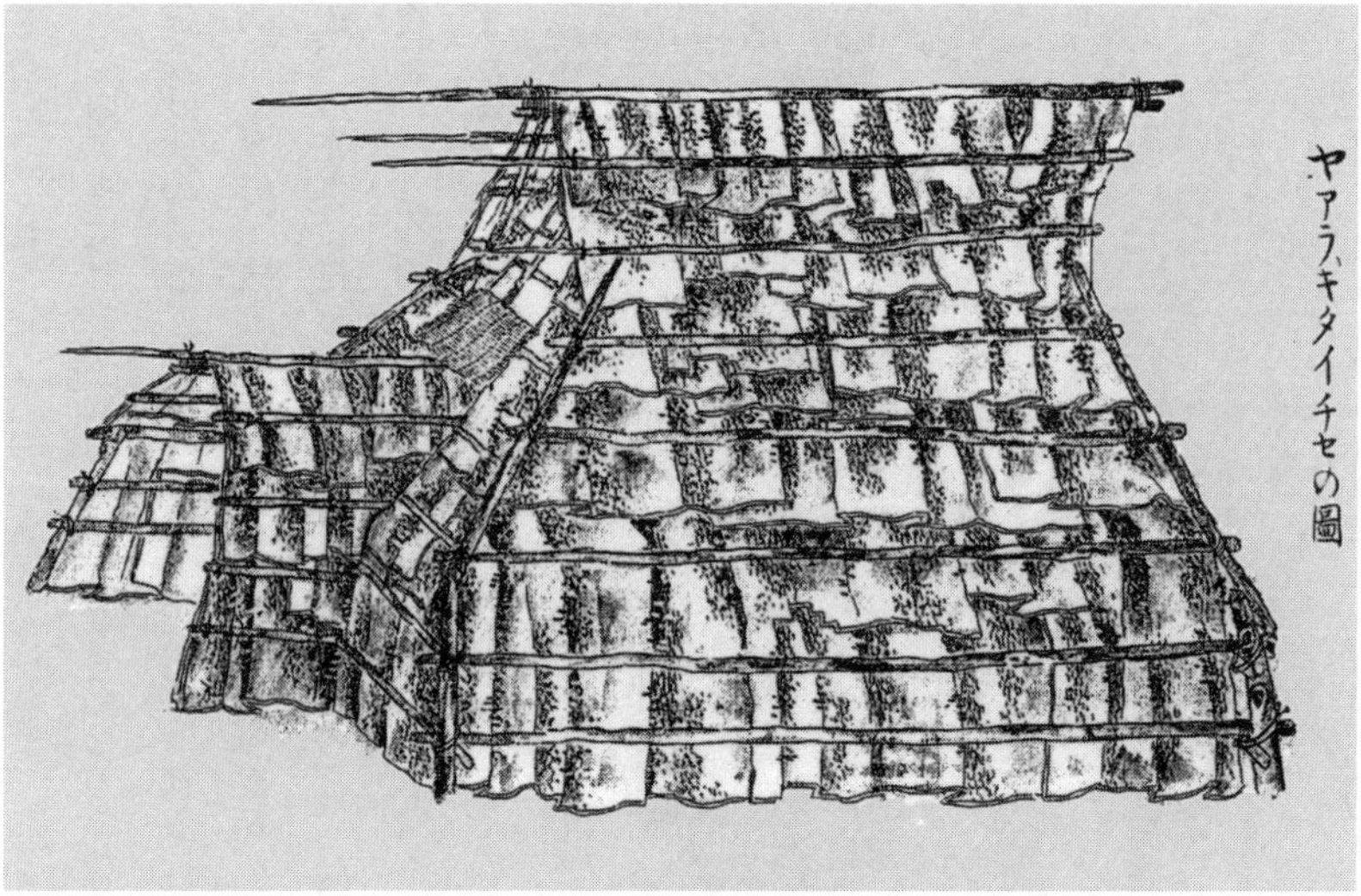

写真５－７　横剝ぎ法で得た樹皮を葺いたアイヌ民族の住居（『蝦夷生計図説』より引用，江戸時代）

サワと独特の音を立てながら剝げた。

〔江戸時代の横剝ぎ型剝離方法〕　菅江真澄が描いた江戸時代例の［たの］は、スケッチから推測すると幅広い樹皮を使って作られた「いれもの」であり、江戸時代の「横剝ぎ型剝離法」の例だ。菅江真澄は津軽半島の東岸北部の浜で「柴を葺いた小屋に木の皮の戸をつけて、夏の間に昆布を取る作業小屋」を見ている。彼はまた十和田湖近くの休屋にある、夏に多くの人が集まる建物で、壁の代わりに使われている大きな木の皮を見ている。また、秋田の森吉山を降りてから通った所では、広く取ったサワグルミの木の皮を敷物にしている小さな建物を見ている。それらの樹皮はその用途、形状から察して、すべて「横剝ぎ型剝離法」によって幅広く剝ぎ取った一枚皮を使ったものであろう。

前にも出てきた『秋山記行』にも横剝ぎ型剝離法によって幅広く剝ぎ取った樹皮が書かれている。前出写真３－１で言うと右上隅に「木ノ皮戸」が見えるし、上の原という所では「戸板などは、皆大樹の一枚皮を横に、直なる小木の枝を前後より四とおりばかりも細き縄にて乱に結び付け」ている様子を描写している。和山という所では、そんな大木の一枚皮を用いた戸が縄を使って蝶番にしていることに目をとめているし、湯本では「大樹（木）の皮にて屋根を葺」いている小屋を二ヵ所で見ている。屋根を葺いた木の皮は、先の「木ノ皮戸」と同じように一枚皮を何枚も使ったものであり、それは横剝ぎ型剝離法によって幅広く剝ぎ取ったと、合理的に推察されるものだ。

江戸時代のアイヌ民族も屋根を樹皮で葺くことがあった。その図を見ると樹皮はもちろん横剝ぎにして得たものだ（写真5－7）。

〔古代の横剝ぎ型剝離方法〕　平安時代の『延喜式』に薬種の材料かと思われる「楡皮一千枚　長一尺五寸　広四寸」と記された一例がみえる。これは、その寸法どおりに剝ぎ取られたものではなく、たぶん横剝ぎ型剝離法によって幅広く剝ぎ取られた後で、この寸法に整えられたのだろう。同じく「黄檗十枚」と記された樹皮も「枚」という数え方から推測して、やはり樹幹から横剝ぎにされたと考えられる。

以上のように「横剝ぎ型剝離法」は樹幹から樹皮を幅広い状態で採取したい場合に行われる方法で、まず立木の表面上で取り出そうとする樹皮の長さを決め、剝ぎ取ろうとする樹皮の上下を鋸または刃物で深く切り回す。次いで切り回した上下の端を連絡するように、［鉈］で縦に深い切込みを入れ、その切り口に工具をこじ入れ、様子を見ながら横に剝ぐ。最初だけは工具を使うが、あとは素手でも剝げることが多い。民俗例ではケヤキ、シナノキ、サワグルミ、サクラ属、ホウノキ、ウリハダカエデ、タモ、キハダ、シラカバなどで主に容器類を作った。その一つは円筒形の容器を作ることだったが、樹皮製容器は、曲げ物、袋型容器、深い箱、浅い箱（写真5－8）、カイコを飼育した浅い箱のほか、浅い皿型容器（ヒエ乾燥用）、かば箕、たわめて重ねた側面を綴り留めてから底板を入れた容器、アワ穂

写真５－８　横剝ぎ法で採取した樹皮で製作した容器①（民俗例）（岩手県立博物館 1991『北国の樹皮文化』70頁より引用）

写真５－９　横剝ぎ法で採取した樹皮で製作した容器②（忍路土場遺跡，縄紋時代後期，小樽市教育委員会所蔵，写真提供：北海道立埋蔵文化財センター）

を入れて乾燥させる器など多岐にわたる。

織物を製する地機を操作するさいに織り手が経糸を張るために使う［腰板］をケヤキの樹皮で作る例も広く分布している。それはかなりの強度を要求されるところから、かなり厚い樹皮を使うのが常だが、そんな厚い樹皮は「横剝ぎ型剝離法」によって得られたはずだ。

富山県から岐阜県にかけては深い山が続くが、この一帯に分布した樹皮製曲げ物に［つぶら］というものがある。働きに出る親が家に残す乳幼児を入れるもので、幅広く横に剝いだ樹皮をたわめて側板としたものだ。あるいは横に剝いだ幅広い樹皮で作った［箕］は、東北地方のほか中部地方、中国地方にも分布している。幅広く横に剝いだスギ皮は東北地方から九州まで広範囲にわたって使われた。このように「横剝ぎ型剝離法」は北海道から四国、九州まで広範囲に分布していた。

(2) 出土遺物にみる横剝ぎ型剝離法

A 縄紋時代早期の横剝ぎ型剝離法

東名遺跡から幅約二チセンのロール状に巻かれた樹皮が発掘されている。報告書掲載の写真によると縁の裂け方はサクラの表皮を横方向から剝いださいの外観に類似しているから、たぶんサクラの表皮を横剝ぎにしたものだろう。理化学的分析、同定は不能という。

B 縄紋時代中期の横剝ぎ型剝離法

石狩紅葉山四九号遺跡からは横長の樹皮の両端を折り込んで製作した樹皮製容器が発掘されている。民俗例を参照すると、このような面状の樹皮素材を得ることができる手段は「横剝ぎ型剝離法」による採取方法以外になかった。

さらにこの遺跡からは長さ二メートル八〇センチ、幅約一メートルの樹皮が出土している。加工の痕は認められなかったというから、樹皮舟のような大型製品の破片であるか、または製品化される前の素材であるか判断できないが、その幅の寸法からみて「横剝ぎ型剝離法」で得た樹皮であることは間違いないだろう。

C　縄紋時代後期の横剝ぎ型剝離法

忍路土場遺跡から漆が入った状態で発掘された樹皮容器は、面状をした一枚の樹皮を折り曲げたり綴じたりして作った容器だが、この素材もやはり横剝ぎの手法で得たものであろう（写真5－9）。

北海道内各地に所在する縄紋時代の遺跡から、丸まった状態の幅広いシラカバの樹皮が発見されている。とても自然に剝げたようなものではないから、焚きつけ、あるいは夜間の川漁などに用いる「たいまつ」の材料かもしれない。幹から横に剝ぎ取ったものだ。

D　縄紋時代晩期、弥生時代の横剝ぎ型剝離法

中屋サワ遺跡や青田遺跡出土の樹皮製曲げ物、弥生時代の八日市地方遺跡から発掘された、樹皮を曲げて作った井戸枠などの幅広い樹皮は、横剝ぎ法によってでなければ得られなかったはずだ。

以上のように、「横剝ぎ型剝離法」は縄紋時代早期以降の諸遺跡から発掘された樹皮製遺物をはじめとして、平安時代の文献にも現代民俗例にも認められる。そこに共通しているのは樹皮採取方法ばかりではない。樹皮の使用法にも共通性が認められるのである。例えば縄紋時代のいくつかの遺跡から発掘された幅広い樹皮で製作した容器、次項で取り上げる晩期以降の樹皮製曲げ物などは、現代民俗例と共通している。

3　螺旋剝ぎ型剝離法

(1)　民俗例にみる螺旋剝ぎ型剝離法

ヤマザクラの幹につけたわずかな切込みを手掛かりとして、表皮だけを螺旋に剝いで長いテープ状の素材を得る方法があった。ヤマザクラの樹皮は縦方向には剝げないものだから、できるだけ長い樹皮を必要とする場合に螺旋に剝ぐしかなかったのである。

【事例五-6】　オニグルミの樹枝から内皮まで厚く剝ぐ事例

平成二（一九九〇）年七月初旬、当時、岩手県二戸郡浄法寺町の歴史民俗資料館にお勤めだった佐藤基三さん（大正四年生まれ）に、クルミの樹皮で作る一種の笛の作り方を見せていただいた。それについて佐藤さんは次のように紹介している。

　むかし（大正期）、山峡の里浄法寺村に、ボホノゲエという、胡桃の皮で作った笛があった。その笛について、少年の日の記憶をたどってみることにする。遅い春を迎えた北国の村にも五月の初旬になると、山桜の花が咲き始める。この頃になると、村の代掻きが始まる。時を同じくして、男ワラシの、ボホノゲエ作りが始まる。それは胡桃の皮が容易く剝げる季節になったからである。

　胡桃の無節の若木（太さ約五チセン）を長さ約八〇チセンに切る。その端から、鉈などで幅約五チセンの、木質部まで達する切れ目を、螺旋状につけて皮を剝ぎ取る。細い方を、親指が入るぐらいに巻いて吹き口にする。順次、螺旋状にだんだん太く巻き終わる。最後に解けないように細枝の皮で結わえる。特大に作って、肩に掛ける蔓を付ける事もあった。

遊び方

家の近くで吹くこともあるが多くは友達同志が一緒になって、隣村が見える小高い丘に登り、隣村の方に向かって吹き鳴らした。単調ではあるが、一つとして同じ音がない、妙な大合奏が始まる。それが大きな響きになって、谷を越え田圃を越えて隣村まで渡って行く。そうすると少し間をおいて、隣村からもまたその隣村からも、呼応して鳴り渡り、リレー式に響き合うのであった。またそれに発情期の牛も加わったり、何の故あってか、犬までも加わり、共鳴することもあった（後略）（佐藤基三　一九九〇「ボホノゲエのこと」『いわて文化財』第一二〇号）。

佐藤さんの指導を得ながらこれを作ってみると、オニグルミの樹皮をやや幅広く、内皮まで厚く剝いだ樹皮でメガホン状に作った一種の喇叭である。リードは付いておらず唇の加減だけで吹き鳴らす楽器で、鳴らしてみると、その音はやわらかだが、近所の人が何事かと窓を開けて見るほど大きな音が出た。菅江真澄が二〇〇年前に「木の貝」として書き留めたものの音色だ。本州では主として子供の遊び道具だったようだが、江戸時代のアイヌ民族は、これを楽器として、あるいは遠方への合図用としても使った。

【事例五－7】　サクラの樹幹から表皮だけを剝ぐ事例—鳥除け用のテープ

収穫した稲を日向で乾燥させている間に鳥についばまれるのを防ぐため、きらきらと光を反射するきれいな色のビニール系テープを張っている様子は現在でもよく見かける。そんな機械工業製品がなかった時代に鳥への対策として使ったのはサクラの表皮のテープだった。山間の畑でダイズを播くとハトがやってきて食う。かといって発芽するまでの毎日、見張り番をしているわけにもいかないので、被害を少しでも食い止めるため畑に杭を打ち、地上三〇㌢ぐらいの高さにサクラの表皮のテープを張り巡らせたのだという。それは大正時代のことだったらしいが、民俗例としてわずかに残っている例を見ると、その長いテープには継ぎ目が認められない。そんな長く強靱な樹皮はサクラの表皮を螺旋に剝いで採る以外に方法はなかった。

北部北上山地旧山形村の内間木安蔵さんから教えていただいたサクラの樹皮紐を長く採る方法は次のとおりだ。直径一三センチぐらいのサクラの幹に縦に短く傷をつけ、それを手掛かりとして外皮を幅二センチ前後に保ちつつ指先で横に裂きながら剝ぎ始める。その作業は常に自身の正面で行う必要があるから剝離の進行に伴って自ら幹の周囲を巡りながら片手で剝ぎ、もう一方の手で巻き溜める。その剝ぎ方だが、できるだけ長く採りたいところから幹に螺旋を描くように、しかも角度を緩くとって剝いでいく。こうして得た樹皮紐は組み籠類を作るときに使ったり、ダイズを播いた後の畑に鳩除けのために張ったりした。この方法で外皮を採ることができるのは木が若いうちで、あまり太い木になると樹皮が粗くなって採ることができないという。この方法は川井村小国の山中で水無辰巳さんが見せてくれたが、それは内間木さんから聞いた方法と同じだった（写真5－10）。

写真5－10　螺旋剝ぎ型剝離法（ヤマザクラの表皮を剝ぐ民俗例）（岩手県宮古市江繋，水無辰巳氏）

〔古代の螺旋剝ぎ型剝離法〕奈良時代の「東大寺献物帳」に「樺

纏尺八一管」とか「樺纏」の弓が見える。これは尺八や弓にサクラの樹皮を巻いたものだろう。前にも書いたように弓のような細い対象に巻くサクラの樹皮は薄いもの、すなわち若い樹の皮でなければならず、若い樹から長い樹皮を採ろうと思ったら螺旋剝ぎにしなければならなかったはずだ。

【事例五－8】　カールするサクラの表皮

平成五（一九九三）年六月下旬、岩手県宮古市教育委員会は同市赤前遺跡内の雑木林で住宅建設に促された発掘調査を実施した。その見学に誘われたので見に行ったところ、発掘予定区画に樹齢二〇年前後の二株のサクラが生えていた。土地所有者のお話によればこの土地は元来畑地で、耕作をやめて放置している間にアカマツや諸々の雑木とともにこのサクラも自生したという。発掘担当者に聞くとこれらの樹を伐らなければならないというので、どうせ伐るならとお願いし、土地所有者のご承諾もいただいてサクラの樹皮の螺旋剝ぎを試みることができた。

太さ二～三センチの枝に狙いを定め端から小刀で螺旋状に切れ目を刻んでいく。螺旋はなるべく角度を緩く、切れ目の深さは外皮だけが切れる程度でよい。切れ目を刻んだらそれを目印に端から静かに剝いでいく。こうして剝ぐことによって長い樹皮紐を得ることができる。このようにして何本もの枝から表皮を剝いだが、どうかするとその表皮がカールする場合があることに気付いた（写真5－11）。同じ木の枝なのにカールしたりしなかったりする。その差異がどこからくるのか判らなかったが、何年かかけて判ったのは剝いだ樹皮がカールするのは螺旋に剝いだサクラの表皮に限られるということだ。つまり遺跡からカールしているサクラの表皮が発掘されたら、それは「螺旋剝ぎ型剝離法」で採取されたことを意味する。

私は指先で剝ぐ先からカールする樹皮を見ながら、こういうものを以前どこかで確かに見たことがあると思ったが、それがどこでのことだったか、そのときはどうしても思い出せなかった。自分で剝いだ樹皮が手元でカールするのを

写真５－11　螺旋に剝いだヤマザクラの表皮（現代例）

写真５－12　螺旋に剝いだ縄紋時代晩期の「桜皮」（是川中居遺跡）

見たのは初めてだったから、以前に見たのは文献だったかもしれないと自宅の書棚の本を片端から探した。とうとう見つけたのが昭和七年に喜田貞吉と杉山寿栄男によって著された『日本石器時代植物性遺物図録』に収められている是川中居遺跡出土遺物の写真だった（写真５－12）。しかもその説明が「桜皮」となっているではないか。私はそれを見た瞬間、縄紋時代晩期に是川中居遺跡でこのサクラの樹皮を残した人々はそれを「螺旋剝ぎ型剝離法」で採取したことを確信した。

民俗例では中部地方に、テープ状に整えたサクラの樹皮を組んで製作した背負い籠がある。その樹皮表面の若々しい様子や、きわめて長く採られていることからみて、たぶん螺旋剝ぎの方法で得られたものだろう。

宮崎県と熊本県の境には、この辺りから上には雪が降るというラインがある。そんな高い所にある椎葉焼畑民俗資料館を訪れたとき、目を見張ってしまったのが太いタケの節を利用して作った「だかっぽ」という水筒だ。そこには化粧としてきわめて長く採ったサクラの樹皮テープが巻かれていた。その長さから推測して「螺旋剝ぎ型剝離法」で採ったものだ。この採取方法はおそらく北海道から九州までの広範囲にわたって分布しているとみられる。

(2)　出土遺物にみる樹皮の螺旋剝ぎ型剝離法

A　縄紋時代前期の螺旋剝ぎ型剝離法

鳥浜貝塚から発掘された「桜皮巻き漆塗弓」の右端側には約一三チセン、左端側には約九チセンにわたって巻かれた皮が残っている。弓に樹皮を巻いた他の例から推察すると巻かれたのはサクラの表皮であろう。写真から弓の太さを約二チセン、「桜皮」の幅を約六ミリと推測すると、この弓の右側に残存している方には少なめに推測しても約一五〇チセンに及ぶ樹皮テープが巻かれている。弓に巻けるほど柔軟で、しかも肌合いが綺麗な、これぐらいの長さのサクラの樹皮は、いったいどのような方法で採取されたのであろうか。

民俗例を参照すると、このようなサクラの樹皮を得ようとしたなら若い幹から螺旋に剝ぐ以外に方法はなかったはずだ。この例のようにテープ状の長いサクラの樹皮を巻いた弓は各地の遺跡から発見されているから、それに使われた樹皮はすべて螺旋に剝いだものとみて間違いないだろう。

B　縄紋時代中期〜後期の螺旋剝ぎ型剝離法

桜町遺跡から籠類の口縁部かと想像されるサクラの樹皮が発掘されている（図5-1）。この遺物の本来の姿は不明だが、図によるとカールした樹皮の末端部が繊維束を取り込んでいるから、本来は籠のようなものの口縁部を始末した巻き材だったのではないかと思われる。

強靱かつ柔軟性が求められる口縁部の巻き材には若いサクラ属の樹から剝いだ表皮が最適だ。サクラの樹皮は縦方向には剝げないものだから、横剝ぎか螺旋剝ぎの方法で得るしかない。この掲載図のスケールに基づくと、カールしている最長の樹皮が、もしも横剝ぎ法で採取されたサクラの表皮だとすれば、直径四〇チセン近い樹の幹から剝がれた計算になる。ところがそこまで太く生長したサクラの幹には往々にして落差の大きな凹凸が生じ、樹皮の表面は荒れている。そんな表皮を途中で切らさずに長く剝ぎ取ることはできないし、樹皮の厚さも巻き材として使うには厚すぎる。巻き材として使いやすい薄手の表皮を入手しようとすれば若い樹を選ぶほかになく、若い樹の幹からなるべく長い表皮を得ようとすれば螺旋に剝ぐ以外に方法はなかった。そのように民俗例を参照して推察すると図示された桜町遺跡例のカールしたサクラ樹皮は、螺旋剝ぎ法で得られたものである可能性がきわめて高い。

図5－1　螺旋に剝いだサクラの樹皮（小矢部市教育委員会 2007『桜町遺跡発掘調査報告書　木製品等編』157頁より引用，縄紋時代中期～後期）

C　縄紋時代晩期の螺旋剝ぎ型剝離法

青田遺跡報告によると、幅が〇・五～一・〇チセンのものが大半を占める「樺皮素材」の中には長さが六〇チセン以上のものが発掘されているという。その長さが採れる幹の太さを推測すると、前項で述べたのと同じ理由で、サクラの表皮を螺旋剝ぎの方法で剝いだものだろう。この「樺皮素材」とはたぶんサクラの表皮ではないかと想像する。

亀ケ岡遺跡（青森県）から発見された、石棒に巻かれているサクラの樹皮テープも螺旋剝ぎの方法で得られた可能性がある。

D　弥生時代の螺旋剝ぎ型剝離法

高田B遺跡の弥生時代中期の層から発掘されたものに「桜樺材」とされたものがある。テープ状の素材が円くまとめられた状態で発掘されたので計測が不能だが、見たところ一枚の樹皮テープらしく、少なめに見ても数十センチはありそうだ。そんな長さを樹から剝ぐとすれば螺旋に剝ぐしかないだろう。

中在家南遺跡の弥生時代中期の層からは幅一～二・五センチほどのサクラの樹皮が束ねられたような状態で発掘されたという。写真によると一枚の樹皮テープであったかどうか断言できないが、若い樹から剝がれた表皮である割には比較的長いから螺旋に剝がれたものと推察しておきたい。

E　中世の螺旋剝ぎ型剝離法

草戸千軒遺跡（広島県）の井戸から刀の柄にサクラ皮を巻いた例が発掘されている。少なめに見積もっても五〇センチを超える樹皮テープである。柄に巻くような柔軟で精緻なサクラの樹皮は若い樹から剝いだものが好適と思われるから、これも螺旋剝ぎの方法で得られたものだろう。

以上のように、「螺旋剝ぎ型剝離法」は、縄紋時代前期やそれ以降の諸遺跡から発掘された樹皮製遺物をはじめとして、奈良時代の文献にも、中世にも現代民俗例にも認められる。その方法で得た樹皮の使用法にも共通性があり、例えば縄紋時代の弓の巻き材は古代以降の民俗例と共通している。いくつかの遺跡から発掘された籠類の口縁部を始末する樹皮の巻き材も現代民俗例と共通している。

4　抜き取り法

(1)　民俗例にみる抜き取り法

これまでに述べた三種の剝離法と全く異質な樹皮採取方法が「抜き取り法」だ。多くの場合、ヤマザクラの枝から必要に叶う部分の表皮だけを「輪」もしくは「筒」の状態で抜いて得るものだ（写真5－13）。それは樹皮の「輪」や「筒」を、何らかの器物の必要部分に被せて使うためだった。

この抜き取り法で得た樹皮の利用例はそれほど多くはない。北部北上山地でしばしば見られるのは牛方が作ったものだ。牛方と樹皮の「抜き取り法」との関わりをみておこう。

写真5－13　抜き取り法（サクラの樹皮を抜く民俗例）（岩手県宮古市江繋，水無辰巳氏）

A　北部北上山地の牛方と樹皮利用

一般家庭で使う燃料が石油に取って代わる昭和四十年代まで、岩手県は全国有数の木炭生産県だった。幹線道路をトラックが走るようになった後でも、道路が整備されていない北上山地の山間で、木炭や薪の生産地からトラックが入って来る幹線までの輸送を一手に引き受けたのが牛方と呼ばれた人たちだ。彼らは運送の仕事を頼まれると七頭の雄ウシに［口籠］を付け、それぞれの［荷鞍］に一俵一五キロの炭俵、六〜八つを固定して、時に野宿をしながら荷を運んだ。野宿するときは荷を解き、ウシの背から降ろした［荷鞍］を並べて、その下に入って寝たと伝えられる。飯の支度のために小さな［鍋］と穀物、味噌をウシの［荷鞍］にくくりつけ、道端で山菜やキノコを採ったり、分けてもらった野菜を刻んだりして煮た。そのために使ったのが、右腰の後ろに差して携行した［切り刃］という刃物だ。牛方にとって［切り刃］を身につけることは、調理用としてばかりでなく山中で獣と遭遇したときに備えて腹をくくる助けにもなったことだろう。しかしそれ以上に大切なのは緊急時にこの［切り刃］でウシを助けることだったという。

北部北上山地の岩泉町には「牛ころばし峠」という名の峠がある。荷馬車やトラックが入ってこられない奥地の峻険な山道を登りきった峠で、重荷を負って難渋したウシをいたわり、鞍から重い荷を降ろして休ませてやる所があちらこちらにあった名残だ。そんな山道の悪路で、転石に足をとられたウシが転倒することがないわけではなかったから、牛方は細心の注意を払ったものという。万一そんな悪路でウシが転倒した場合、いかに屈強な牛方でも、つごう九〇〜一二〇キロにもなる炭俵を負っているウシを助け起こすことなどできるわけがない。そんなときは荷の重量が偏り、ヤマブドウの蔓皮で作った［腹帯］がウシの腹部に深く食い込んで尋常でない負担が掛かるから間髪を入れずに対処しなければならなかった。そんな緊急時、牛方はすぐさま［切り刃］を抜き、刃を上にして隙間に差し入れ、最も効果的な縄を切断したという。［切り刃］の切っ先が日本刀のような形に作られていたのは、そんな場合に備えてのことだった。

牛方たちは［切り刃］の［鞘］を作るさい、二枚の板を彫り、合わせて接着した後、申し合わせたようにヤマザクラの樹皮を使って締めた。彼らはその表面をトクサなどで丹念に磨いたから、日を受けて光るサクラの樹皮は鞘を引き締めると同時に、この上ない化粧になった。今、北部北上山地に残された［切り刃］の鞘を仔細に観察しても、そこに巡らされたサクラの樹皮には繋ぎ目がない。つまり鞘を締めている樹皮は巻いたものではなく「輪」状の樹皮を被せるように装着したものだった（写真5－14）。

このように民俗例には対象物に樹皮の「輪」や「筒」を被せるように装着して固く締めるという技術が存在した。［切り刃］の鞘のほか、［踏み鋤］や［鍬］の柄に生じた「ひび」がさらに広がるのを抑えるためにヤマザクラの樹皮の輪を被せることがあった（写真5－15）。［やすり筒］にする竹筒の上下にヤマザクラの樹皮の「筒」を装着して補強と化粧の役割を兼ねた例は岩手県でも新潟県北部でも見たことがある。

いま述べた樹皮の「抜き取り法」は丹念に探したなら各地に見つかると思うが、ここでは九州の例を挙げておこう。

B　九州のサクラ樹皮の輪、筒

「螺旋剝ぎ型剝離法」の項にも登場した宮崎県の山地で見た［だかっぽ］には見逃すことができないもう一つの特徴があった。というのは、一つの［だかっぽ］の表面に巡らされたサクラの樹皮には繋ぎ目が認められなかったのだ。北上山地での見聞からすると、そのサクラの樹皮は「抜き取り法」で採られた「輪」を被せたものであることが明らかだ。同様の用例は、その後、宮崎県総合博物館で見せてもらうことができた複数の［鋸鞘］にも認められたし、平成十九（二〇〇七）年には、次のような確認もできた。

この年、福島県立博物館と鹿児島県歴史資料センター黎明館との共同企画として「樹と竹―列島の文化、北から南から―」と題する特別展がそれぞれの館で開催された。私は黎明館会場に展示されていた、楕円形をした筒状の［煙草入れ］に目が釘付けになってしまった。鹿児島県内で製作されたと思われるそれはサクラの樹皮で作られており、いくら凝視しても繋ぎ目がなかったからだ。それは先に述べた樹皮の「輪」ばかりでなく、「抜き取り法」の技術に

写真5－14　抜き取り法で得たサクラの樹皮輪を被せた[切り刃]の鞘

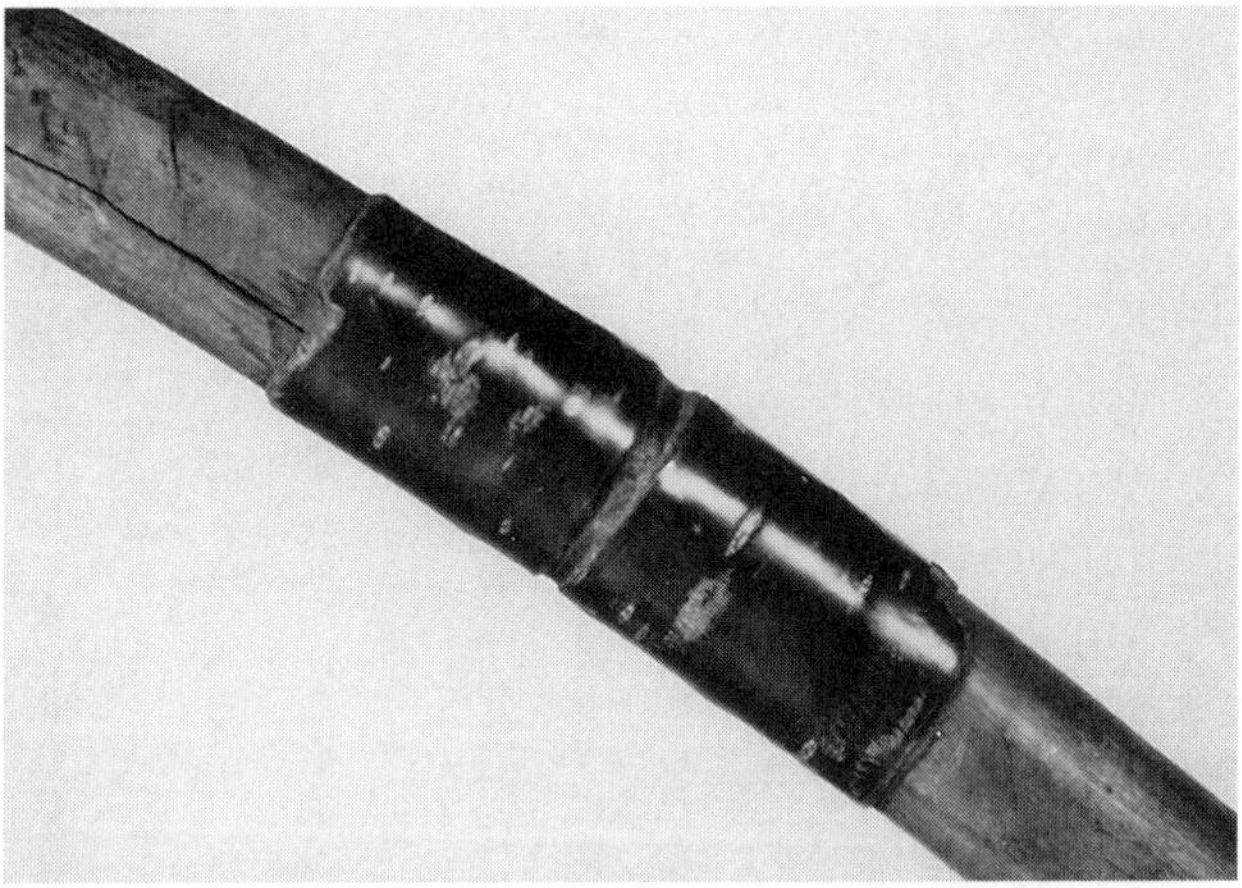

写真5－15　抜き取り法で得たサクラの樹皮輪を被せた［鋤］の柄（部分）（岩手県軽米町歴史民俗資料館蔵）

写真5－16　抜き取り法で採取したサクラの樹皮輪を被せた石斧柄（部分）（福井県立若狭歴史民俗資料館　1987『鳥浜貝塚6』40頁より引用，縄紋時代前期）

よって、樹皮の「筒」も採っていたことを示すものだ。このような鹿児島県の例を併せると、樹皮の「抜き取り法」は北日本から九州まで広く分布していたとみてよいだろう。

(2) 出土遺物にみる抜き取り法

A 縄紋時代前期の抜き取り法

私は縄紋時代と現代の民俗例における樹皮採取方法を比較し、縦剝ぎ、横剝ぎ、螺旋剝ぎの三種類については双方に共通していることを確かめることができたのだが、この「抜き取り法」の縄紋時代例だけは、長い間、探し続けたが発見できなかった。しかし鳥浜貝塚から発掘された石斧柄の基部に並んだサクラ属らしい三枚の樹皮テープが、その該当例であることが判明した（写真5-16）。そのことを教えてくださったのは、福井県立若狭歴史民俗資料館の学芸員として鳥浜貝塚の発掘調査に携わった経験がある敦賀短期大学の網谷克彦さんだ。それによると、ここに並んでいるのは、それぞれが独立した樹皮の輪であるという。つまり縄紋時代前期の「抜き取り法」の実例だ。

ここで特筆しなければならないのは、この鳥浜貝塚の石斧柄に付随していた樹皮輪の寸法のことだ。というのは、樹皮の輪の寸法が、この輪を必要としている部分よりも小さ過ぎたなら必要とする部分まで届かないし、大き過ぎたなら締めるという役割を果たすことができないだろう。だからこの樹皮の輪はこれを必要としている部分と寸分違わぬ寸法でなければならなかった。鳥浜貝塚人は必要箇所にピッタリ合う、過不足ない寸法の樹皮輪をどんな方法で探し出したのだろうか。またそれが見つかったとして、それをどのような技術で樹木から採取することができたのだろうか。そんな縄紋時代前期の人々の技術は、この石斧柄をどれほど凝視し、精査したとしてもとうてい解明することはできないだろう。そんな、日本考古学のどんな高レベルの参考書を見ても書いていない鳥浜貝塚人たちの樹皮輪の探し方や採取方法が、実は現代民俗例を参照すると容易に理解できるのだ。

民俗例の聞き取り調査によると、その方法とはこうだ。まず一筋の糸を用意する。その糸を、樹皮の「輪」や「筒」を被せようとする目的の箇所に一巻きしてその長さを知る。印をつけたその糸を持ち、見当をつけた枝にそれを巻いてみて過不足を測ることをくり返して最適な太さの枝を探し当てる。そうして格好の寸法の枝を見つけたら、「輪」や「筒」として取り出したい幅に目印を付け、枝先に近い方の先を鋸で切断する。幹に近い方はその後の作業がしやすいようにゆとりをもった長さに切断する。利用しようとする幅の両端を［鉈］で木質部まで届く深さに切り回す。次に、手頃な長さに切った、しかもやや重量のある枝、または木槌のようなもので、表皮を傷めないように力加減に注意しながら区画内の全体をまんべんなく叩く。取り出す予定の、一通り叩いた部分と叩いていない部分をそれぞれ手の平で握り、タオルを固く絞る要領でねじってみる。びくともしなかったら再度叩いてはねじるということを繰り返しているうちに、やがて叩いた部分の樹皮がスルリと動き、抜き取ることができる。そうして得た「輪」や「筒」（写真5－17）は弾力性があるうちに対象物に被せるように装着する。その樹皮は乾燥するにつれて収縮し、対象物を固く引き締めるというわけだ。

このように、遺物を観察しているだけでは決して理解することができない先史時代の技術が、民俗例を参照することによって初めて理解できるという事実は、現代と先史時代の文化が、歴史の奥深いところで繋がっていることをうかがわせる。

B　縄紋時代中期の抜き取り法

石狩紅葉山四九号遺跡から直径が四～八センチ、高さ七センチぐらいの樹皮の筒が発掘されている（写真5－18）。加工の跡が見えないので、たぶん製品化される前の素材ではないか。

このような樹皮の筒は、民俗例を参照すると、樹木から意図的に抜き取られたものであると知られるから、前記鳥浜貝塚出土の石斧柄例に続いて、樹皮の「抜き取り法」が確かめられた縄紋時代の二例目である。

以上でみてきたように、樹皮を引き剝がす三方法と全く異なる「抜き取り法」もまた縄紋時代にも現代民俗例にも認められるのである。

以上をまとめると、民俗例で見られた樹皮採取方法は「縦剝ぎ型剝離法」「横剝ぎ型剝離法」「螺旋剝ぎ型剝離法」「抜き取り法」の四種類である。それぞれの採取方法で得られる樹皮素材には一見してそれと解る特色があるところ

写真５－17　抜き取り法で得たサクラ樹皮の筒①

写真５－18　抜き取り法で得たサクラ樹皮の筒②
（石狩紅葉山49号遺跡，縄紋時代中期，所蔵ならびに写真提供：石狩市教育委員会）

から、素材の外観から逆に採取方法を推測することが可能だ。その目をもって樹皮製遺物を見ると、たとえ対象が先史時代の樹皮製品でも樹皮採取方法を推察することが可能だ。その結果、明らかになるのは、右に述べたように、縄紋時代と現代民俗例の樹皮採取方法が完全に一致しているということだ。

時間的に大きく隔たった両者にそのような共通点があるのは果たして偶然なのか、それとも然るべき何らかの理由があるのか。その答えは、次に述べる樹皮の利用方法に見られる共通性から得られるようだ。

二　「裏見せ横使い」と「横剝ぎ型剝離法」

1　民俗例にみられる樹皮製曲げ物の側面製作技術

わが国で曲げ物といえば、器の側面や底、蓋を板材で作ったものを指すのが普通だ。しかし現代民俗例には、その存在が非常に少数であるためにほとんど注意されていないが、側板を樹皮で作った曲げ物が存在する。その底に使われるのは板材だが、ここでは側板に使われた素材を重視して「樹皮製」曲げ物と呼ぶことにする。「樹皮製」である側板の表裏の使い方には、器の外側に樹皮の表面を見せる類（表見せ）と裏面を見せる類（裏見せ）の二とおりがある。まず最も簡単に曲げ物容器を作ることができる「表見せ」についてふれておこう。

樹皮を採取しようとする樹幹の前に立ったら、予定している曲げ物容器の高さに等しい寸法を隔てた上下の樹皮を切り回す。さらにその上下のラインを連絡するように縦方向にも切れ目を入れ、そこを手掛かりとして樹皮を横に剝ぎ取る。剝がれた樹皮は先刻まで木質部分に密着していた癖を残して丸まろうとするから、その湾曲を利用して端どうしを重ね、綴り合わせて底板を付ける。こうして作った曲げ物の樹皮は、天地方向も樹皮の表裏も樹幹に付着していたときと同じだ（表見せ縦使い）（写真５－19）。そのような製作方法だから曲げ物容器の直径が樹幹の太さを超えることはあり得ない。

ところが同じ木から樹幹の太さを大きく超える大口径の曲げ物を作ることができる樹皮の剝ぎ方、作り方があった。それを可能にする技術が「横使い」だ。まず天地を切り回すとき、その間隔をなるべく大きく取り、その上下を連絡するように縦方向の切れ目を入れ、そこを手掛かりにして横に剝ぎ取る。そのようにして得た縦に細長い樹皮を横に倒して端どうしを重ねて曲げ物の側板にするのだ。その曲げ物の直径は初めに切り回す天地間の長さによって決まるから、その採り方によっては縦に相当長い樹皮を得ることができるし、それを横に倒して曲げ物の側板にすると、樹幹の太さをはるかに超す直径の曲げ物を製作できることになる。

実際、そのようにして作られた民俗例は多い。そこに「横使い」する理由の一つを知ることができるのだが、ここでどうしてもふれておかなければならないのが樹皮の表裏の使い分けについてだ。つまり上記の方法で入手した縦に細長い樹皮を横に倒して端どうしを重ねて側板を作るとき、必ずと言ってよいほど、樹皮の裏側、すなわち先刻まで木質部に密着していた面を器の外側に向けて使うのだ（裏見せ）。したがって器の外面はきわめて平滑であり、逆に器の内面は横方向に削られていることが多い（写真５－20）。

写真５－19　「表見せ縦使い」の樹皮製曲げ物（民俗例）（青森県南郷村，上村四郎氏所蔵）

「横使い」の方法で側板を作るときになぜ「裏見せ」にするのか。私は最初に気付いてから二〇年以上も製作経験者を探し続けてきたが、いまだに出会う機会がない

写真5－20　「裏見せ横使い」の樹皮製曲げ物（民俗例）（岩手県西和賀町，小田島康広氏所蔵）

写真5－21　「裏見せ横使い」の樹皮製曲げ物［かばおけ］（宮崎県椎葉村歴史民俗資料館蔵）

ので確かめられずにいる。やむなく想像するしかないのだが、樹皮を「横使い」するさいには「裏見せ」にした方が整然とした円形を保ちながら乾燥するからではないかと思っている。

樹皮製曲げ物を作る民俗例に認められる、いま述べたような樹皮利用に関する一種の規制的使用方法が存在することは、これまで全く留意されていなかった。しかし私がこれまでに見た民俗例の樹皮製曲げ物のうち、樹皮を「横使い」にして側板を製作する場合は必ず「裏見せ」にしているから、これは樹皮で曲げ物の側板を製作する場合の確立された技術であると考える。そこで私はこの技術を「裏見せ横使い」と名づけて他と区別することにした。

2　現代民俗例の「裏見せ横使い」

A　宮崎県椎葉村歴史民俗資料館の樹皮製曲げ物（写真5－21）

知人から椎葉村歴史民俗資料館に樹皮製曲げ物が展示されていると聞いて、初めてその地を訪れたのは平成八（一九九六）年の夏だった。日向市から路線バスに乗った私が車窓から山地の様子を注視したのは、岩手県に住んでいる私がそれまで一度も見たことのない照葉樹林というものが、もしかしたら見えるのではないかと期待したからだ。話に聞く黒々とした深い森はついに見ることができなかったが、それでも山野の樹木の様子が、ふだん見慣れた落葉広葉樹とは明らかに異なっていることに気付くことはできた。

その資料館に展示されていたのは驚くほど大きな樹皮製曲げ物だった。まず目を引いたのはその高さで、ほとんど一《メートル》に達する。これは私が見たわが国の樹皮製品では最大クラスだ。樹皮の厚さは五《ミリ》を超えており、口径は六五〜六八《センチ》、底部の直径は七〇《センチ》近い。驚いたのは底で、この例のように底面まで樹皮で作られた民俗例の曲げ物はほかにない。

〔側面〕　外面を削ったケヤキの樹皮を横に使い、樹皮の裏側（平滑な面）を器の表面にしているから、その側板は「裏見せ横使い」である。両端を一二《センチ》ぐらいにわたって重複させ、一本のクズ蔓で綴っている。綴り孔の間隔は五〜六《センチ》で、表側から錐であけたらしい。側板の下端近くには、おおよそ五〜六《センチ》間隔であけた孔を蔓が浮沈する。器の側面には白チョークで縦に「大麦　昭和三十年取　一石　正正」と書かれている。

〔底面〕　ケヤキの樹皮を器の直径よりもやや大きく円形に切り整え、外皮側を削って平らにした面を接地面側にしている。縁に沿っておおよそ四〜五《センチ》間隔に錐を揉んであけた孔に蔓を交互に浮沈させている。この底板の上に側板を当て、両者の接する部分にカヤらしい植物の茎の束を添えながら、側面の下縁に浮沈する蔓と底板周縁に浮沈する蔓を別な蔓で交互にすくいながら進行し、側面と底面との結合を図っている。ただしその両者を結合させる蔓およびカヤらしい植物はほかよりも新しいので後の補修らしい。

私にとってこの大型の樹皮製曲げ物の側面が「裏見せ横使い」であること、底板も樹皮で作られていることを自分の目で確認できたことは大きな収穫だった。何よりも印象的だったのがケヤキの樹皮を使っているという事実だった。九州といえば植生図ではかなりの範囲が照葉樹林帯として色分けされる。そこに、落葉広葉樹であるケヤキの樹皮を使った「裏見せ横使い」の製品が実在しているのだ。それは照葉樹が広く分布する九州でも山地の標高が高い所には落葉広葉樹が生えているからだということで終わる話ではない。後述するようにこのケヤキの樹皮を使う「裏見せ横使い」は縄紋文化に淵源が求められる非常に古い技術だからだ。つまり九州の山地には縄紋時代から受け継がれてきた物質文化が存在していることを示唆しているように思えるのだ。

椎葉村から宮崎市に移動し、宮崎県立図書館資料課の主幹（当時）として郷土史料を担当していた前田博仁さんにお会いした。お口添えによって宮崎県総合博物館で樹皮製品を見せていただけることになっていたからだ。同館で拝見したのは先述の椎葉村歴史民俗資料館の例と実によく似た「裏見せ横使い」の大型樹皮製曲げ物だった。聞いてみると似ているのも道理で、どちらも一軒のお宅から発見されたものだった。それは前田さんが宮崎県総合博物館の学芸員として、焼畑をテーマとする企画展の事前調査のために訪れた椎葉村尾前の某氏宅でのことだった。そのお宅の「つし」に上がったとたん、圧倒的な迫力とともに目に飛び込んできたのは三個の大型樹皮製曲げ物だったという。一見してその重要性を直感した前田さんは、そのことを所有者に説明し、一個体は宮崎県総合博物館に、一個体は椎葉村歴史民俗資料館に寄贈していただくようお願いして了承を頂戴したのだという。

こうしてみると、幅広く横に剝いだ樹皮で作る「裏見せ横使い」の曲げ物は北日本から九州まで広範囲に分布しているとみてよいようだ。

B　民俗例にみる樹皮製曲げ物―「裏見せ横使い」の特徴

各種の民俗例に基づいて、樹皮製曲げ物の「裏見せ横使い」例の特徴を整理すると次のようになる。

・側面外側はきわめて平滑である。熟視すると、横方向に並んだあるいは横方向に走る細長い微細な組織が見える。それは、ヒバ、サワラ、スギなどの針葉樹、ケヤキ、ヤマザクラ、サワグルミ、シナノキ、ウリハダカエデなどの広葉樹の樹皮裏面に、天地方向に走る組織の整列が認められたのと同様のものだ。

・このとき、側面の内側を向くのは樹皮の表面側だが、薄い樹皮なら剝いだままの状態で使う場合もある。しかし大木から剝いだ厚い樹皮は外皮を削る、あるいは削ってから磨くなどの下処理を施した後に側面用材としてためた。

・その削り痕は概ね横方向だが、それは工具の働いた方向を物語る。すなわち剝ぎ取った樹皮は木質部に密着していたままの湾曲を残しているから、桶職人が「せん」を使って側板の表を削るときのように刃物を天地の方向に動かしたからだ。

3 発掘された樹皮製曲げ物――「裏見せ横使い」例

遺跡から樹皮製曲げ物やその断片が発掘されたとしても、側板や底板に樹皮の表裏を使い分ける規制が働いていることは、これまで全く注意されてこなかった。発掘された樹皮製曲げ物の製作に、私が「裏見せ横使い」と名付けた特徴的な表裏の使い分けが存在することを最初に気付かせたのは、青田遺跡から発掘された樹皮製曲げ物の破片の実測図だ。それを契機として各地の出土例に注意すると、「裏見せ横使い」にした樹皮製曲げ物の側板は、縄紋時代、弥生時代、古墳時代、奈良時代の諸遺跡から発掘されていることが明らかになった。

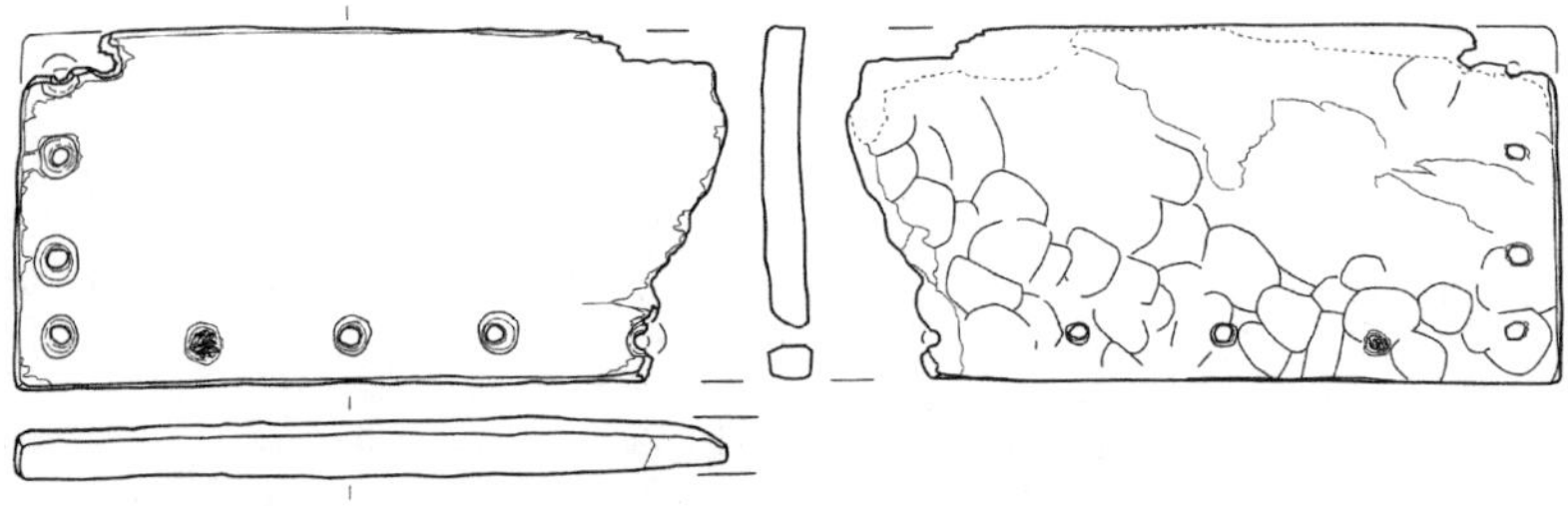

図5－2　縄紋時代晩期の「裏見せ横使い」例（(財)新潟県埋蔵文化財調査事業団 2004『青田遺跡』図面図版290より引用）

(1)　縄紋時代晩期の「裏見せ横使い」

A　青田遺跡例

縄紋時代晩期終末期の層から、「樹皮製」曲げ物の側板の断片が発掘された。

〔側板〕　側板の端どうしを重ね合わせた部分の片方の破片と思われるものが出土しており、端部と下縁に小孔が連なっている。端部の小孔は側板の両端を重ね合わせた部分を綴った紐通しの孔であり、下縁のそれは底板と連結した孔であろう。この樹皮片の実測図からは興味深い情報を読み取ることができる。まずこの側板片の表裏のことだが、片面にケヤキの樹皮の表面を思わせる描写があるのに対し他方には何らの描写もないから、こちらが木質部に密着していた側、すなわち樹皮の裏面であろうと判断する（図5－2）。次に注目したいのは綴り孔の大きさの表現だ。裏面側に残る孔と表面側に残る孔を比較すると、明らかに裏面側の孔の周囲が大きくえぐられており、その様子は断面図にもよく表れている。これは孔をあけるにあたって樹皮の裏面側に工具を当てて回転させたことを物語っている。綴り紐が通るだけの孔が表面側に貫通したところでその動作は止められたが、それまでの作業に伴って進入口の孔の周囲が工具によってえぐり取られたのである。それは工具の形状を反映しており、尖端が鈍い角度で形作られた工具、おそらく［石錐］であけられたものだ。

側板と底板を綴り合わせるための孔を側板にあけるには、民俗例を持ち出すまでもなく器の外側から内側に向かって工具を使うであろうから、孔の周囲がえぐられている方が器の外側である。したがって図示されたこの側板は樹皮の「裏見せ横使い」例であることが判明する。この側板に付随していた底板はすでに失われているが、この遺跡から発掘されたもう一つの樹皮製曲げ物の大破片には樹皮製の底板の断片が残っているから、たぶんこの側板に伴った底板も樹皮製だったろう。

B　是川中居遺跡例

縄紋時代晩期の層から、赤色、黒色顔料で彩色された「樹皮製」曲げ物が押しつぶされた状態で発見され、八戸市教育委員会によって推定復元品が製作された。紋様が描かれた面、すなわち側板の外面がきわめて平滑であるのに対し、内面には浅い凹凸とともに微細な黒色胡麻粒状の斑点が散らばっている。それをルーペで見るとケヤキの表皮を削った痕であることが明白である。すなわち樹皮の外皮を削るなどの調整を加えた方を側板の内側に向け、そうすることで外側を向くことになった平滑な面に紋様を描いたのである。すなわち、是川例の樹皮の側板は「裏見せ横使い」だった。樹皮で底板を作るさい、接地面に向けられているのは樹皮の外側である。

C　中屋サワ遺跡例

縄紋時代晩期のこの遺跡から長径七〇チセンを超える楕円形をした樹皮製曲げ物の底板と、側板の一部と見られる樹皮製の大破片が重なった状態で発掘された。同一個体かどうか決め手に欠けるが、それらから読み取れる情報を記すと、この素材は、肉眼で見る限り各地から発見されている「裏見せ横使い」の樹皮製曲げ物と同じくケヤキの樹皮だ。報告書によると楕円形をした底板の、削り痕が顕著な面が接地面と判断されるというから、その点も既知の「裏見せ横使い」で製作された樹皮製曲げ物の底板と同じだ。また報告書によると側板は「横使い」されているというから、その点も既知の諸例と同じだ。問題はその表裏の使い分けで、報告者によれば綴り紐を通す孔の形状から「表見せ」と判断されるという。容器の外側に樹皮の外側を向けていたという観察が正しいとすれば、この樹皮が理化学的にコナラ属と同定されていることと併せて異色の製作例だ。

(2)　弥生時代の「裏見せ横使い」

A　青谷上寺地遺跡例

精緻な木製品を多数出土したことで知られるこの遺跡から弥生時代後期中葉に属す樹皮製曲げ物の側板が発掘されている（W44）。報告書に掲載された実測図からはこれが「裏見せ横使い」であるかどうか判断することができなかったので実見させてもらった。資料は曲げ物の端どうしを重ねて綴り合わせた部分の大破片で、観察できたのはその下半部である。綴るための孔が二列並んでおり、その部分だけは樹皮が二重になっている。綴り孔はきわめて小さいので鉄製の［錐］であけたものだろう。紐と言うよりは糸と言うべき細いものを通した孔だ。

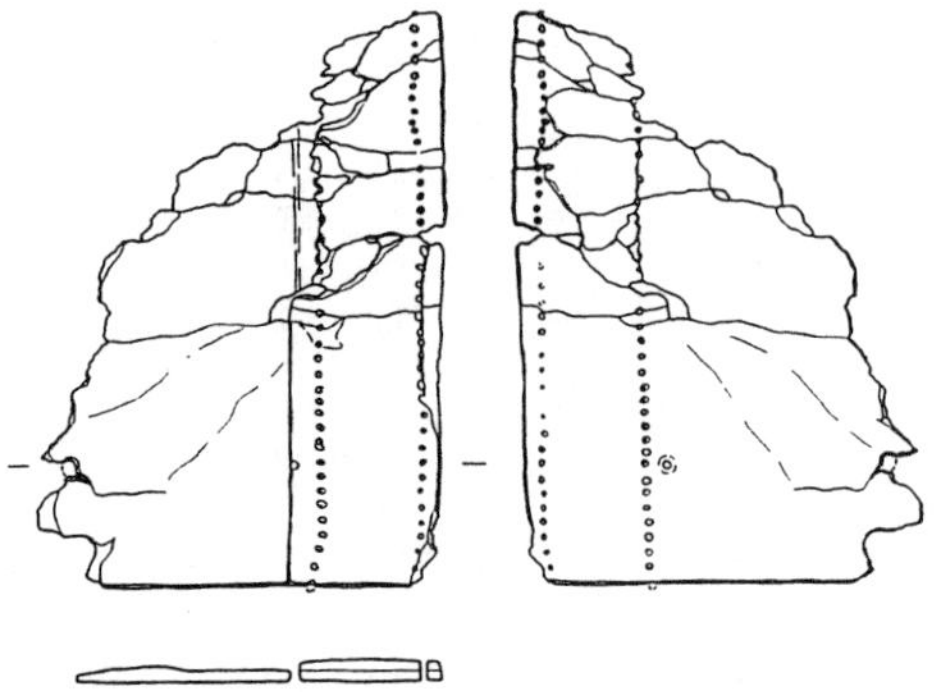

図５－３　弥生時代の「裏見せ横使い」例（鳥取県埋蔵文化財センター 2008『青谷上寺地遺跡９』72頁より引用）

二重の樹皮を貫通している孔の大きさには面によって大小の差があり、挿図（図５－３）の右側に描かれた孔の方が明らかに大きい。孔が大きい方が［錐］の進入した方と考えられるから、右側に描かれたのが側板の外側と判断できる。次に注目したのが樹皮の表裏の外観で、それぞれに特徴がある。挿図の右側すなわち曲げ物の外面を向いている樹皮には端から端まで水平方向に走る微細な短線が満ちている。少しの乱れもなく走るその微細な線は人為的に形成されたものではなく、ケヤキの形成層に密着していた樹皮の裏面に特有の外観だ。その反対側の面には胡麻粒を散らしたような微細な点が一面に広がっており、ケヤキの樹皮の外皮側を削ったさいに現れる外観に酷似している。そのような側板の端を重ねた部分へ進入した［錐］の方向、樹皮の表裏の観察を併せて判断すると、この樹皮製曲げ物は弥生時代の「裏見せ横使い」の一例である。

B　八日市地方遺跡の樹皮製井戸枠

〔側板〕　ほぼ円形を保っているところから井戸枠の内外面の判別が容易な資料である。実見させてもらったところ、外側に細かな線が水平方向に走り、概して平滑であるのに対し、内側には外皮を削った痕跡が顕著である。すなわち「裏見せ横使い」である。

(3)　古墳時代の「裏見せ横使い」

A　五所四反田遺跡（千葉県）例

発掘を担当した市原市教育委員会の近藤敏さんによれば、五世紀中頃〜後半ぐらいの樹皮製曲げ物である。側板と底板の二個体があり、共にケヤキの樹皮である。

〔側板〕　綴り孔は側板の下縁に沿って、また側板両端の重ね合わせる部分には縦方向に並ぶ。側板の端は〔鋸〕で切断されたらしく、その刃を引きずった痕跡が平行した傷跡となって残っている。側板下縁に並ぶ小孔は外側からあけられたらしく、内側の小孔の周囲にわずかな盛り上がりが認められる。径三〜四ミリ《ミリ》の孔は工具の進入口と出口とで大きさの差異がない。あたかも抜き取られたようなその孔はおそらく〔錐〕であけられたものと思われる。重ね合わせ部分の小孔の中には綴り紐の断片が残るが、それは薄い表皮に包まれた蔓性の植物素材である。

側板の端部では上下の縁が外側に向かって反り加減になっている。側板の外側がきわめて平滑であるのに対して、内側には顕著な削り痕が残る。ほぼ横方向に削られた痕は全面に及んでおり、その部分に等高線風の縞模様が残るのはケヤキの樹皮を削った場合に酷似する。以上の所見から、この側板は「裏見せ横使い」で製作されたものだ。

B　天引遺跡C区出土例

古墳時代の六世紀前半期に属す粘土採掘坑から、かなり残存状態の良い樹皮製曲げ物が発掘された。

〔側板〕　側板の両端は鋸ではなく小刀のような刃物で切断されたらしく切り口が斜めに残っている。円形にたわめ、両端を重ね合わせてから綴っているが、綴り孔をあけた工具は外側から中に向かったと見られ、中側では孔の周囲に若干の盛り上がりが認められる。その孔の直径は内外で差異がないので［錐］であけられたらしい。孔の形はほとんどが円形だが、重ね合わせ部分の中ほどに四角い孔が残っているから、錐は［四つ目錐］であった可能性がある。樹皮の厚さは末端部で四～五ミリである。

側板は一巡していることから内外面の識別は容易である。側板外面の外観はかなり平滑であるから樹皮の裏面が出ていたことが明らかである。これに対して側板内側には概ね横方向の削り痕が随所に認められる。すなわち「裏見せ横使い」の例である。

C　山王遺跡（宮城県）例

樹皮製曲げ物は古墳時代後期の六世紀後半に属す。底板に側板が伴うが概ね全体の三分の一が失われている。

〔側板〕　残存する側板の最大幅は五六・七ミリ、厚さが二・九～三・一ミリ。側板の外側には、全面にわたって横方向に走る細かな筋のようなものが見える。これは工具によった加工痕ではなく、風化によった自然的変化と観察される。すなわちこちらの面には加工が施されなかったのである。一方、側板の内側には黒色胡麻粒状の微細な斑点が見える。それは不規則に散っている部分もあるし、横方向に並んでいる部分もある。この微細な斑点ないし斑点列はケヤキの樹皮の表皮を削ったさいに現れてくる組織に酷似している。このことから側板の内側は表皮が除かれた後でさらに丁寧に磨き上げられたことを物語っている。前記の、側板の外側の細かな筋のようなものは木質部に密着していた平滑な面の表面が風化によって失われ、内部が露出したものと思われる。すなわち側板の外側に出ていたのは樹皮の裏側だから「裏見せ横使い」の例である。

いま挙げたような特徴を備えた樹皮製曲げ物は、ほかに市川橋遺跡（宮城県）、梅ノ木遺跡（群馬県）（写真5－22）、下飯田遺跡（宮城県）などからも発掘されている。それらを含めて全体を見ると、「裏見せ横使い」の方法で樹皮製曲げ物を作る技術は縄紋時代から古代までの間に点在していることが明らかだ。その間、技術的な断絶と再生が何度にもわたって繰り返されたとは考え難いから、「裏見せ横使い」の方法で樹皮製曲げ物を製作する技術は縄紋時代から古代まで、途絶えることなく継承されたとみるのが妥当であろう。

写真5－22　古墳時代の「裏見せ横使い」例
（群馬県新田町教育委員会 1999『松ノ木・梅ノ木・振矢遺跡』図版23より引用）

縄紋時代から古代までの間ということは、工具の発達史でいうと石器だけで製作した縄紋時代に始まり、鉄製工具が普及した時代へと連続していることになる。それを裏付けるように弥生時代例である青谷上寺地遺跡例の側板には鉄製刃物や［錐］の、古墳時代の五所四反田遺跡例の側板には［鋸］で切った痕跡が残っているし、天引遺跡例には［鑿］や、側板の末端には［小刀］で切った形跡が認められる。天引遺跡、山王遺跡、市川橋遺跡などの側板にあけられた紐通し用の孔には［錐］の使用痕が認められる。

こうして見てくると、樹皮製曲げ物を製作するさいに採用される「裏見せ横使い」の技術が、現代の民俗資料にも古代以前の出土例にも共通していることが確認される。この事実を合理的に理解できるのは、ケヤキの樹皮製の側板に採用される表裏の使い分け――「裏見せ横使い」の技術が、縄紋時代から現代まで途切れることなく受け継がれてきているという解釈だけだ。

しかし、樹皮の「裏見せ横使い」の技術が縄紋時代から現代まで受け継がれたと論じる一方で、遺物としては古代の例を最後として発見されなくなり、長い空白を経た現代民俗例に再登場する事実を認めなければならない。そこには相応の解釈が必要と思われるが、私の考えはこうだ。弥生時代以降、鉄製工具が普及したことに支えられて「板製」曲げ物が量産されることになった。専門の手工業者が現れて、大小、各様の曲げ物が商品として流通したが、「板製」曲げ物と樹皮製曲げ物では素材入手の容易さの面で最初から競争にならなかった。たぶん樹皮製曲げ物を作る技術は商品化、専業化せず、何らかの理由でケヤキの大木が伐られる機会があったときにだけ、父祖伝来の樹皮製曲げ物を製作する知識や技術が生かされたのではなかろうか。その技術と知識は専門の手工業者が作る「板製」曲げ物の陰で、生活技術の一つとして維持され続け、現代民俗例にその痕跡をとどめているというのが実相ではないかと思う。

三　縄紋時代から継承された現代民俗例の樹皮採取、利用技術

前項では、現代民俗例には樹皮製曲げ物の側面を製作する「裏見せ横使い」例があることを述べ、同じ製作方法による樹皮製曲げ物が縄紋時代から古代までの諸遺跡から発掘されていることを明らかにした。それら現代と古代以前の曲げ物の側板を製作した樹皮は前項で述べたとおり、すべて「横剝ぎ型剝離法」によって採取されたものであった。したがって樹皮製曲げ物が発見されない古代以降、現代までの間の「横剝ぎ型剝離法」の存在については別な角度か

らの立証が必要になる。そのために注目したいのが「板製」曲げ物の、側板の端どうしを綴り合わせる紐として使う樹皮だ。

1 「板製」曲げ物の綴り紐

民俗例の「板製」曲げ物の側板に使われるのは、多くの場合、針葉樹の材だ。九州には広葉樹や太い竹筒を開いて側板を作る曲げ物もある。それぞれの土地に合ったどんな素材を使うにしろ、その製作にあたっては原材料を必要な長さに切断したり小割にしたり幅広く取った柾目板を剝いだり、サクラの表皮で側板を綴じたり底板を固定したりしなければならなかった。それらの工程には鉄製工具が必要だったから、「板製」曲げ物は弥生時代以降の鉄製工具の普及に支えられて登場し継続したとみるのが妥当だろう。弥生時代以来、「板製」曲げ物は盛行し続け、現代までの各時代の遺跡から多くの曲げ物が出土しているし、さまざまな時代の風俗絵画に描かれた曲げ物も多い。そうした数多くの資料を総合すると「板製」曲げ物の製作技術は、その登場以来途切れることなく現代まで受け継がれているとみるのが考古学や民俗学の共通理解だろう。

弥生時代から現代に至るさまざまな時代の遺跡から発見されている「板製」曲げ物を見ると、例えば中世の遺跡から発掘された井筒のように分厚い板を曲げて作ったものから、現代の弁当入れのように薄い板を曲げて作ったものまで、その用途によって大きさも形も側板の厚さもまちまちだ。そうした各様の大きさや形態の曲げ物でも、側板の端どうしを重ねて綴り合わせる素材として使われてきたのは一貫してサクラの表皮だった（写真5－23）。その薄さにも関わらずサクラの表皮ほど強靱で側板の綴じ紐に最適な素材がほかになかったからだろう。

そこで注目したいのが、その綴じ紐に使うサクラの表皮の採取方法だ。すでに触れたことだが、サクラの樹皮はそ

写真5－23　民俗例の板製曲げ物を綴るサクラの表皮
（所蔵ならびに写真掲載許可：むつ市教育委員会）

の物理的特性から縦方向には剝げないものだから、螺旋剝ぎ、あるいは横剝ぎにするしかない。「板製」曲げ物の側板を綴じる紐の素材という、それほど長くなくても足りる樹皮の効率的な入手の仕方は、ある程度幅広く横に剝ぎ、そこから必要な幅を切り出すことだった。したがって「板製」曲げ物の製作技術があるところには必ずサクラの樹皮の「横剝ぎ型剝離法」が伴ったとみてよいことになる。そんなわけで、弥生時代から現代まで途切れることなく受け継がれてきた「板製」曲げ物の製作技術には常に樹皮の「横剝ぎ型剝離法」が伴っていたと言えることになり、先に述べた空白が埋まるのだ。

要するに発掘された資料と絵画資料を加味した民俗例を総合すると、樹皮の「横剝ぎ型剝離法」は縄紋時代晩期から現代まで途切れなかったと言えることになる。

2　縄紋時代から現代までの樹皮利用技術の連続

前項で述べた「板製」曲げ物の綴り紐にサクラの表皮を使うことが弥生時代から現代まで一度も途切れることがなかったという事実は、樹皮の使用目的と樹種選択の深い関わりを示して象徴的だ。製作材料として使われる樹皮には樹木によってさまざまな性質があり、樹皮や蔓皮で何かを作りたい人はいつの時代にもその中から目的に最も叶う材料を選んだ。編み籠や組み籠、縄などを製作するための樹皮素材が欲しい人はヤマブドウの蔓やオニグルミの「ひこばえ」、あるいはヒバやシナノキの樹幹から皮を縦剝ぎにした。水の漏れない容器を作ろうと思った人は広葉樹の若い樹幹から横剝ぎに取ったし、長いテープを必要とする人は若いヤマザクラの表皮を螺旋に剝いだ。対象物を締める輪ないし筒状の樹皮が必要な人はヤマザクラの枝や若い幹から所要の寸法に違わぬ部分を探し出して抜き取った。そのように人々は縄紋時代の昔から現代まで、目的に叶う樹種を熟知したうえで必要な形状の樹皮を入手してきた。

人々にとって樹皮を入手できる季節についての知識も不可欠だった。その好適な季節は決まっており、それを逃がすと入手できなかったからだ。そのように各種の樹皮に関わる特性を熟知していなければ樹皮を製品化したり利用したりすることはできなかったから、いつの時代の人々も先人から受け継いだ知識にしたがって樹種を選び、採取方法を選択してきたのだ。

これまでのところで明らかにした縄紋時代以降の発掘例と現代民俗例との間で樹皮採取方法の全種類が一致し、樹皮利用方法にも相当の共通性が認められるのは偶然ではない。普段の生活に必要不可欠な技術だったから、樹皮利用に関わる諸情報が幾百世代にもわたって途切れることなく受け継がれてきたのである。これもまた民俗例を参照して出土遺物の理解を図るという、新たな方法に基づいて明らかにし得たことだ。

コラム　樹皮鍋で、ものは煮えるか？

むかし、樹皮利用についての企画展を担当したとき、アイヌ民族が使ったような樹皮製の鍋で調理することが本当に可能なのか、私はどうしても確かめたかった。そこで、ある人の好意で提供していただいたサワグルミの樹皮で水の漏れない器を作り、吊って、ゴボウ、ジャガイモなどを煮てみた。樹皮鍋を吊るのはバランスをとるのが難しい。そこで直置き方式でも煮てみた。試しにこぶし大の礫を集め、その上で焚き火をして礫を十分に加熱し、その上に樹皮鍋を置いて、縁が焼損しない程度に静かに木を燃やしたところ、水温は比較的容易に九〇度を超え、ジャガイモなどを煮ることができた。ただし耐久性には課題があって、ほとんど使い捨てにしなければならない。しかし煮えることは煮えるので、バチラーが北海道内で観察した、アイヌ民族が山中で樹皮鍋を使った事例は真実であると信じられる。私はその実験以来、この列島に暮らした人々が土器によって初めて煮ることを知ったと考えるとしたら、真実を見誤ることになると思うようになった。

第六章　籠類を製作した編組技術

一　器体、底部の形成技術

ここ一五年ぐらいの間に各地の遺跡から多くの籠類やその破片が相次いで発掘されるようになった。お陰で縄紋時代以降の籠類の製作手順を読み取ることができる資料や、底、側面を形成する各種の編組技術がかなり判ってきた。私は発掘された籠類やその破片の実物、調査報告書に掲載された写真や図を見るたびに、出土例と民俗例の編組技術が非常によく似ていることにいつも驚かされる。数千年とか一万年以上の隔たりがあるにも関わらず多岐にわたっているその共通性を見ると、とても偶然の仕業とは思えない。

時間的に大きくかけ離れた縄紋時代の編組品と現代民俗例の籠作りに駆使される編組技術に相当の共通性が認められるのは何を意味しているのか。そこに強い興味を覚えた私は、発掘された編組技術資料と民俗例との共通点を洗い出してみることにした。それに先立って明確にしておきたいのが、「編む」「組む」技術の違いについてだ。

1　「編む」と「組む」——平面、立体を形成する二大技術

民俗例の編組技術は、種類が全く異なる三種の技術に大別できる。

その一つめは［魚網］や［たも］の網などを製作する技術だ。たいてい細長い一本の素材を［網針］または手で編

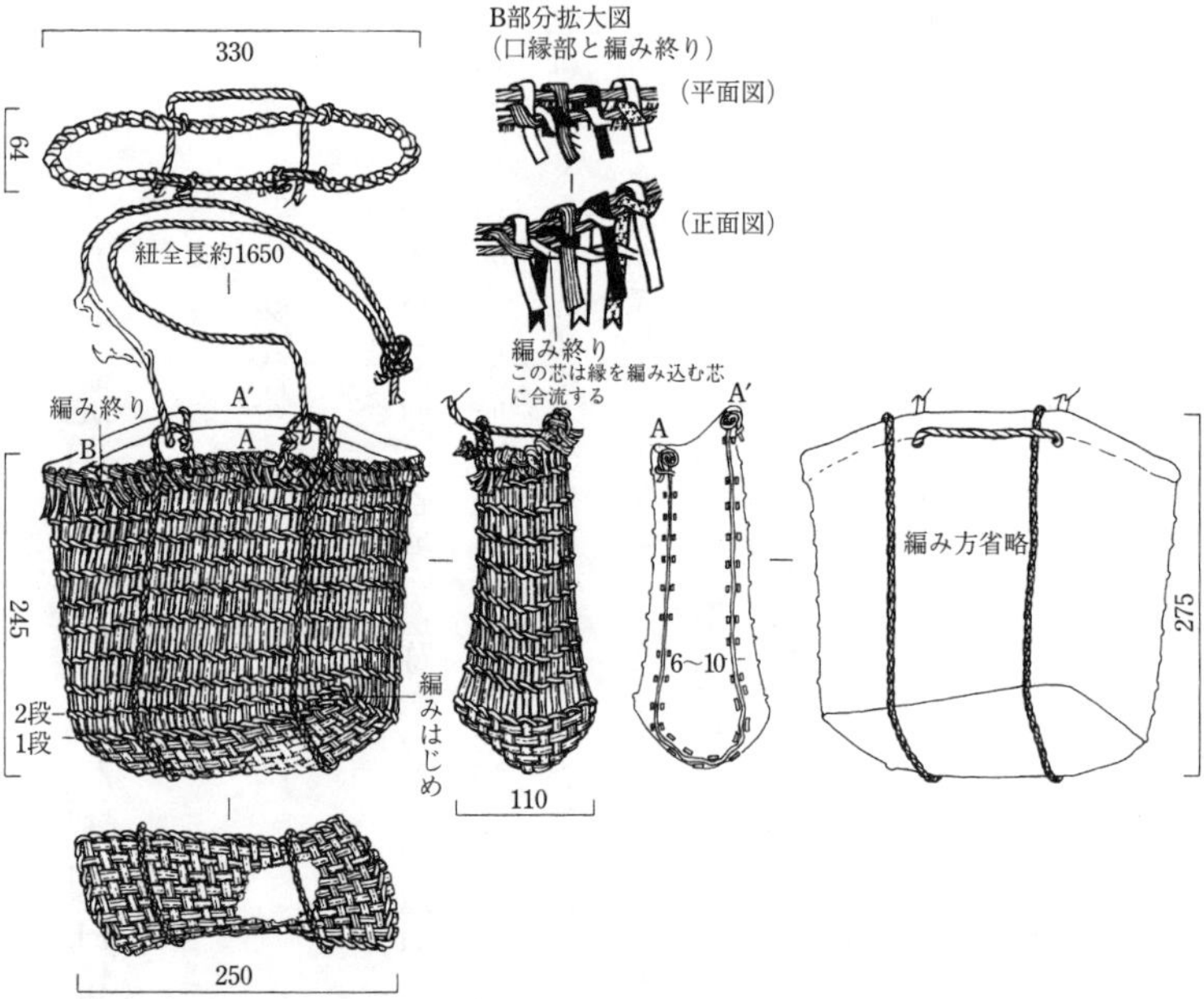

図6－1　民俗例の編み籠［こだす］（著者ほか 2008『地域の記憶』35頁より引用，岩手郡葛巻町小田民俗資料館蔵，名久井芳枝作図：単位 mm）

み広げて製作する（①）。

その二つめは［すだれ］を編むときの技術に通じるもので、平行して配置された硬質な素材の所々を横方向から柔軟な素材が取り込みながら進行することによって平面を形成するものだ。この技術は各種の［簀］のほか竹簡や木簡を編むのにも使われたらしい。この技術は、そのような平面的製品もしくはそれに類する製作のほか、［ざる］、籠類、捕魚の道具である［どう］のような立体的製品の製作にも駆使された（②）。

その三つめは平行に配置された硬質な素材の横から、やはり素材を上から下へ、あるいは左上から右下へ、あるいは右上から左下へと、すでに配置されている素材の合間を規則的に浮沈させることによって平面を形成するものだ。この技術で作られるものには浅い箱や盆の底、乗り物や建物の壁、塀といった平面的な製品もあるが、［ざる］や籠類といった立体的製品も多い（③）。

右の三者のうち、ここでは発掘資料としては最も希少な①の網類を除き、②と③の技術について、それも遺物としてしばしば認められる籠類に絞って述べることにしたい。

［籠］を製作する作業のことを普通「籠を編む」と言う。それを形成した主たる技術が右の②でも③でもそのように言うのは奈良時代から受け継がれてきた習慣だ。日常生活にはそれで何の不便もないが、私は以下で述べるように技術的な相違に着目して文化的側面を論じようとする場合には、それぞれの技術の違いに応じて呼び分ける必要があると考える。いうまでもなく②と③は明らかに別種の技術だからだ。ただし地場産業の竹工芸とか籐工芸、趣味的工芸の分野での呼称に意見を唱えるつもりは少しもない。ただ自分としては全く別種の技術を同じ名称で呼ぶのは無原則、無頓着に過ぎると思うので、一方を「編む」と呼び、もう一方を「組む」と称することにしたいと思う。では、その違いを実例に基づいて明確にしておこう。

a 「編む」技術——編み籠

小田民俗資料館例（図6－1）はヤマブドウの蔓皮で製作した「こだす」で、底面を形成し終わった素材を上に起こし、その経材の個々を横から別な二条の素材が表裏から取り込むことを繰り返すことによって側面の周囲を螺旋状に進行し、ついには口縁部に至っている。経材を取り込んで編み進む緯材の外観は側面上にあたかも縄を置いたかのようである。側面形成に利いている経緯の素材が接触している部分に注目すると、横に向かう複数の編み材が相前後しながら個々の経材

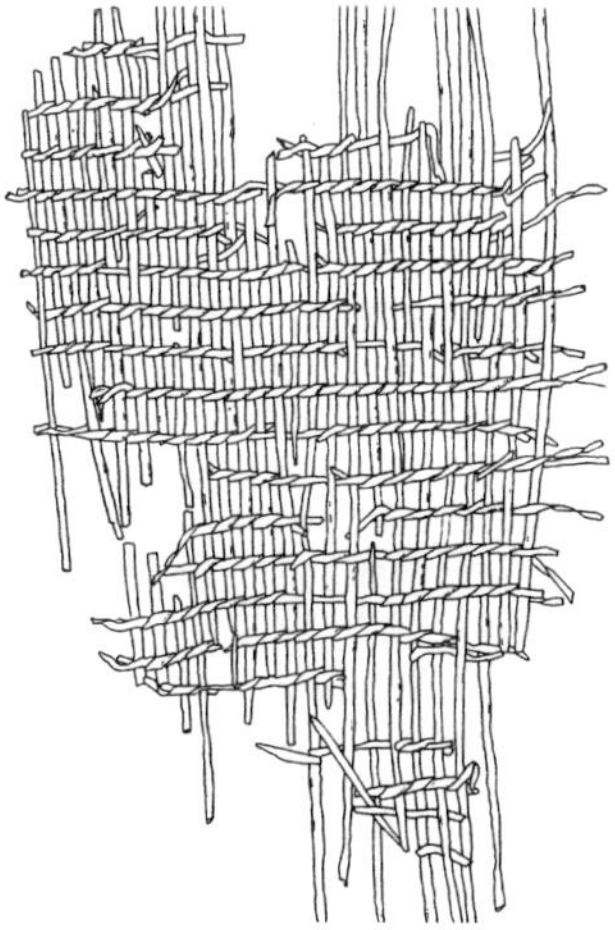

図6－2 縄紋時代中期末〜後期の縄目編み破片（前出『桜町遺跡発掘調査報告書』155頁より引用）

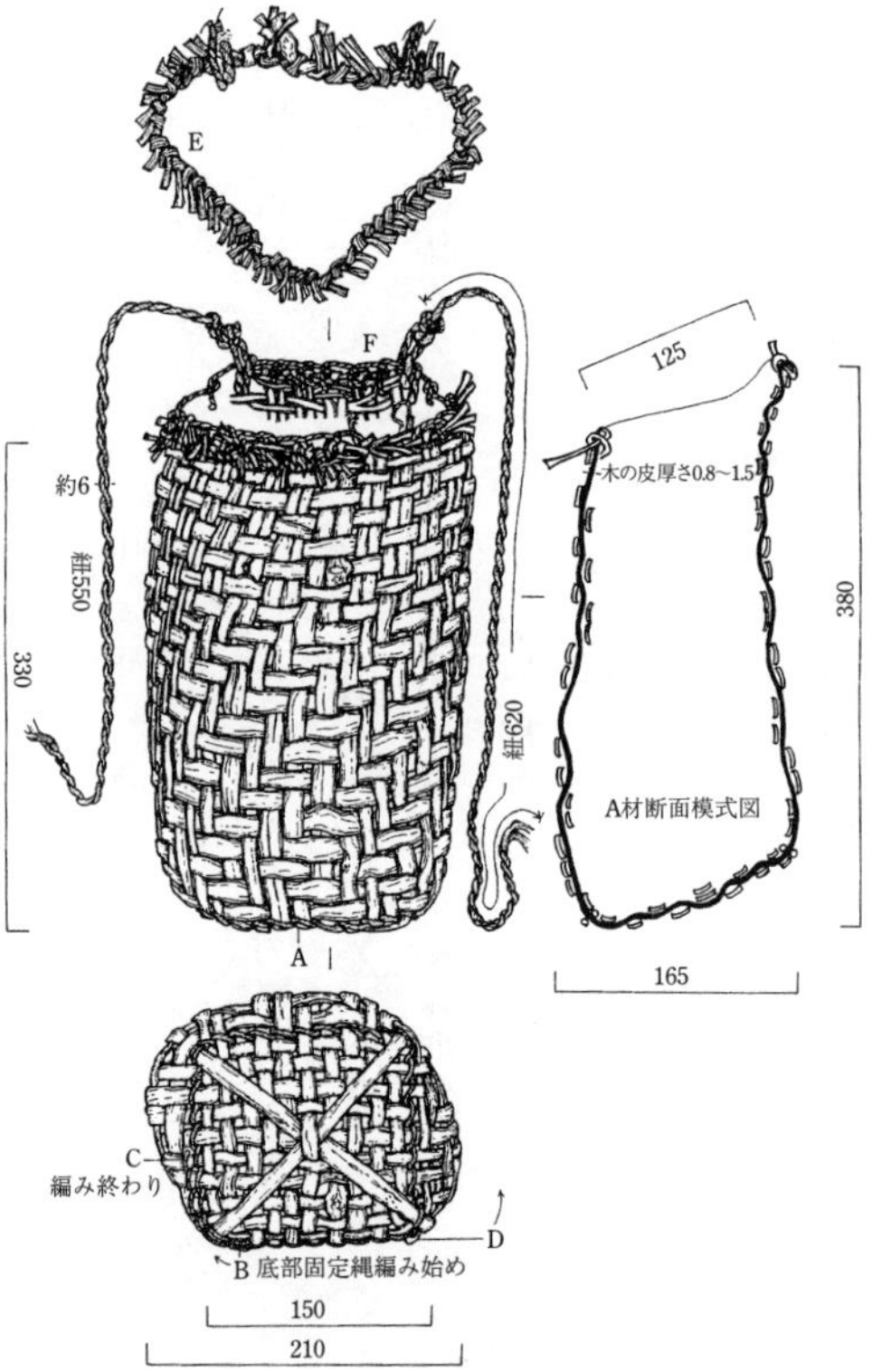

図6－3　民俗例の組み籠［こだす］（前出『地域の記憶』34頁より引用，岩手郡葛巻町小田民俗資料館蔵，名久井芳枝作図：単位 mm）

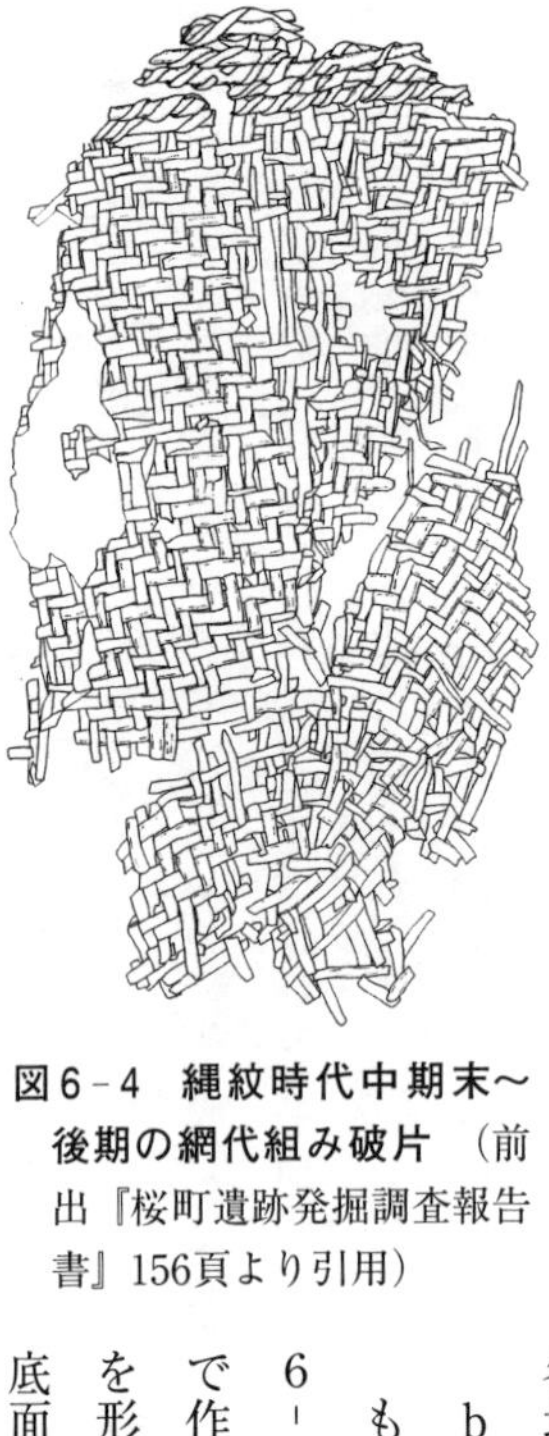

図6－4　縄紋時代中期末～後期の網代組み破片（前出『桜町遺跡発掘調査報告書』156頁より引用）

を引っ掛けるように裏から表へ、表から裏へと通されている。したがってこの製品の実測図を見ると、その断面には経材を挟むようにして編み材の断面が左右に水平に並んでいる。このようにして作られた製品は「編んで」作られたものであり、そのような技術で製作された籠を本書では「編み籠」と呼ぶ。編んで製作された縄紋時代例は桜町遺跡（図6－2）、是川中居遺跡、鳥浜貝塚など各地にある。

b 「組む」技術——組み籠

もう一つの小田民俗資料館例（図6－3）はやはりヤマブドウの蔓皮で作られた「こだす」である。側面を形成している経材は、この場合も底面を形成し終わった後で上に起こされた素材である。それらに横から別な素材を組み合わせることによって側面を形成している。経材とそこに組み合わされる緯材が接触している部分を見ると互いの表裏が重なり合っているだけで、a例の場合のように表裏から取り込むということがない。したがってこの製品の実測図を見ると、その断面には経材の左右に緯材の断面が段違いに現れている。そのような作り方をした製品は「組んで」作られたものであり、そのような技術で製作された籠を本書では「組み籠」と呼ぶ。組んで製作された縄紋時代例は荒屋敷遺跡（福島県）例、鳥浜貝塚例、桜町遺跡例（図6－4）のほか各地にある。

以上のように、「編む」技術、「組む」技術で作られた籠類は、縄紋時代にも現代民俗例にも存在している。

2　縄紋時代例と現代民俗例に共通する造形手順と底部形成技術

(1)　底部から作り始める籠作りの手順

籠類を構成している個々の材料は、本を正せば細長い一本の植物性素材だ。この列島の住人は縄紋時代の初期から、その複数素材を相互に関連づけることによって平面的な製品に仕上げたり立体的な「いれもの」を作ったりしてきた。例えば「籠」を製作する場合、まず底部を製作し、そこで用いた素材を上に起こしてから、その素材を経材として側面の形成に移行し口縁部の始末をして終わる。実際、縄紋時代早期の例で底部と側面の素材がよく観察できる東名遺跡から発掘された大破片を見ると素材の末端は底部には一切認められず、口縁部だけに見出すことができる（図6－5）。このことから、まず底部が形成され、そこで交差した素材がそのまま側面形成の骨格となって口縁部まで至っており、その経材の列に横から別な素材が組み込まれるという手順を読み取ることが可能だ。この縄紋時代例のようにまず底を形成し、次いで側面へと移行する手順は、民俗例の編み籠、組み籠には普通に見られる（写真6－1）。

図6－5　底から製作し始めた縄紋時代早期の籠（佐賀市教育委員会 2009『東名遺跡群Ⅱ　第5分冊』206頁より引用）

⑵　円形、四角形の底部を形成する諸技術

発掘された籠類の現物、または、ある種の編組製品が押し付けられた土器底部の圧痕から類推すると、縄紋時代以降の籠類の底部には円形と四角形の二種類がある。

A　円形の底

円形の底面は編んだり組んだりして形成された。いずれ

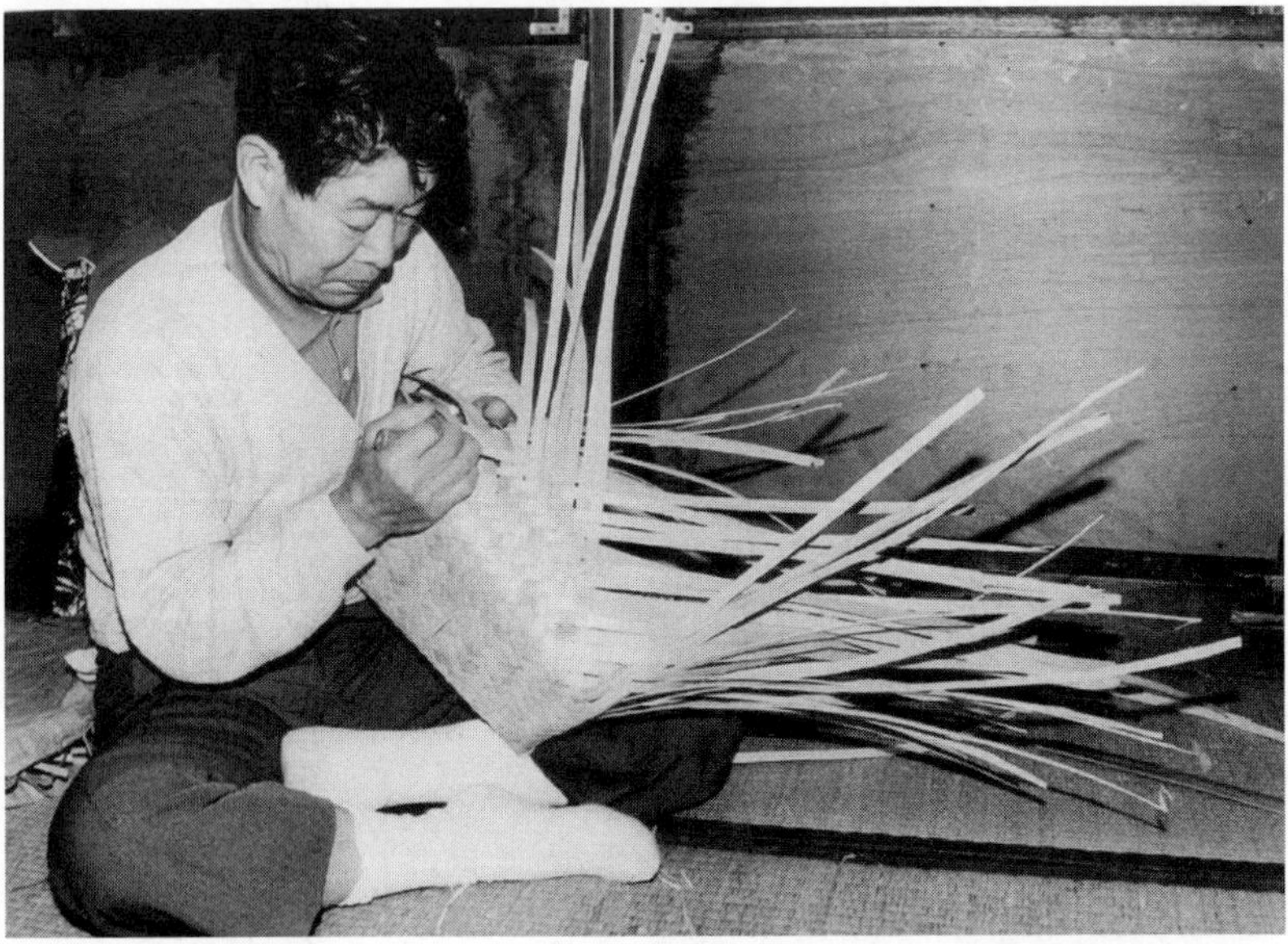

写真6－1　底から製作し始める民俗例の［イタヤ籠］（岩手郡葛巻町）

の造形も底部形成の骨格となる素材を放射状に交差させるところから開始された。

a　組んで作る円形の底

放射状に交差させて置いた素材の中心部付近から、その素材を横に飛び越えたり潜ったりしながら、円を描くように一ないし複数の別素材で放射状の素材を組み込んで進むことによって円形の平面を形成する類である。このような円形の底の製作方法がうかがわれる例は珍しいものではなく、中屋遺跡（石川県）例、東市瀬遺跡（石川県）例（図6－6）などから土器の底部圧痕として発見されている。

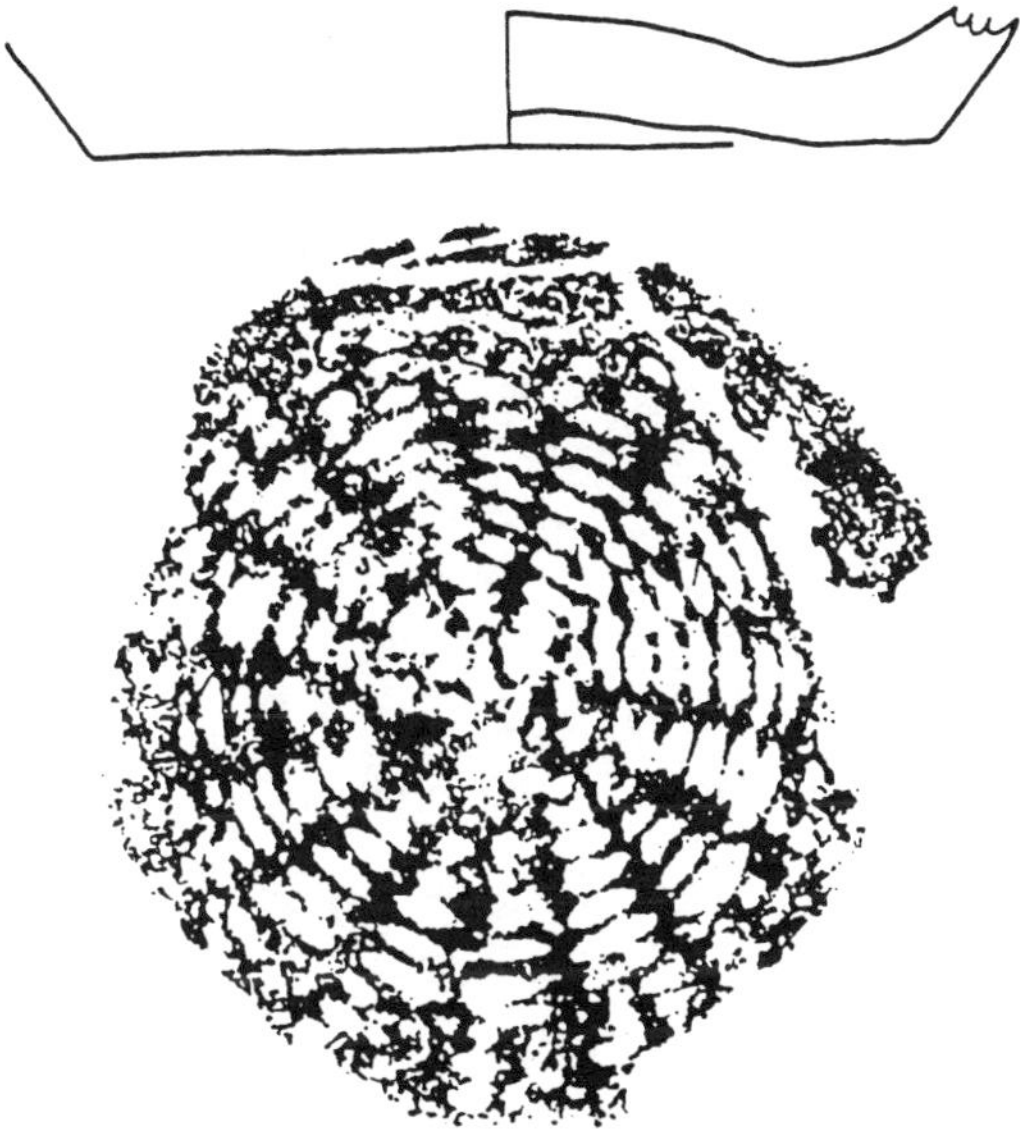

図6－6　組んで製作した縄紋時代中期～後期の円形の平面（土器底部圧痕）（東市瀬遺跡）

写真6－2　組んで製作した民俗例の円形の底（岩手郡葛巻町小田民俗資料館蔵）

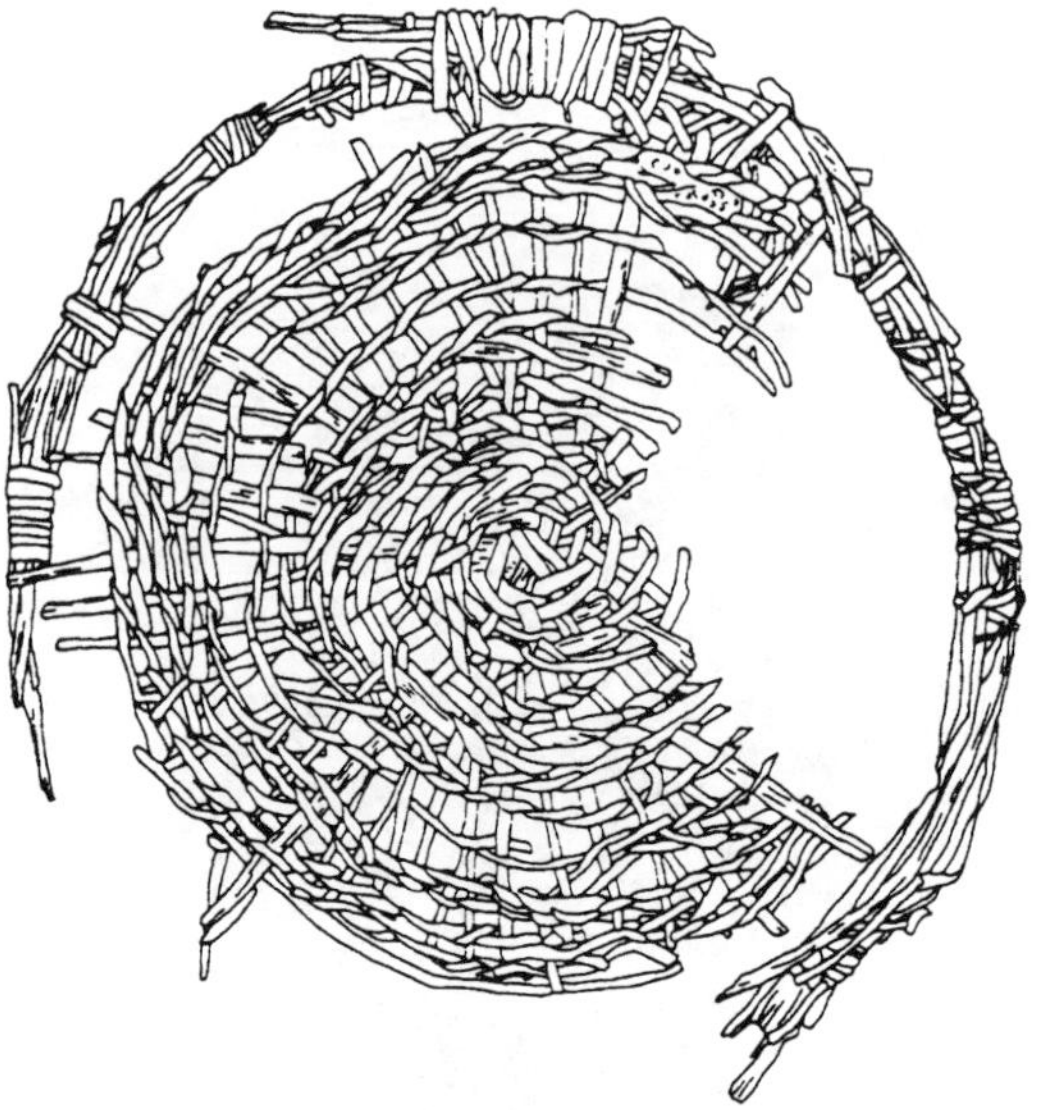

図6-7　編んで製作した縄紋時代中期末～後期の円形の底（前出『桜町遺跡発掘調査報告書』151頁より引用）

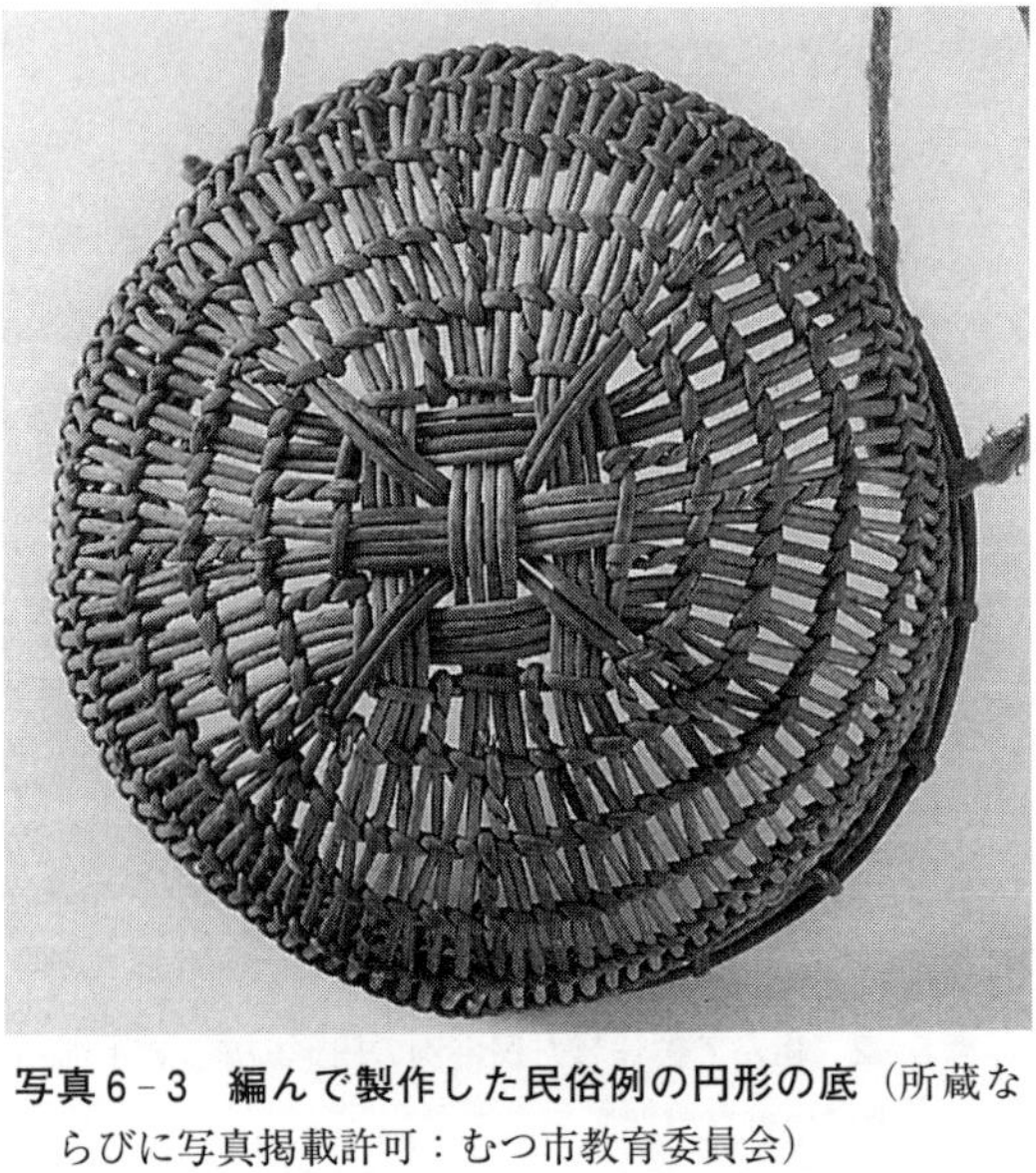

写真6-3　編んで製作した民俗例の円形の底（所蔵ならびに写真掲載許可：むつ市教育委員会）

右に述べたような作り方をする民俗例は竹材製［椀籠］（写真6-2）のような組み籠類の底部には珍しくない。

b　編んで作る円形の底

縄紋時代に円形の底を編んで作る技術があったことを明示しているのが桜町遺跡例（図6-7）だ。放射状になるように交差させた素材の、中心部近くの一本に、柔軟な長い一本の素材を二つ折りにした部分を引っ掛ける。そこを起点として横方向へ、円を描くように二本の素材で個々の放射状素材を編み進むことによって円形の平面を形成している。側面に至ってもそのまま編み進め、口縁部を始末して完結している。蔓材で製作した坂の下遺跡（佐賀県）例

（後出写真6－4）のほか白座遺跡（青森県）にもその類がある。

いま述べたようにして作る民俗例は［アケビ籠］（写真6－3）のような編み籠類には珍しくない。それらも円形の底部を編んだ後、そのまま側面の経材を編み進んで口縁部に至るのが普通で、縄紋時代例と何ら変わらない。

B　四角形の底

縄紋時代には籠類の底を四角形に作る技術があった。平行に並べ置いた複数素材の真横から同様形状の複数素材を規則的に浮沈させ、交差させた部分で四角形の底を形成する。縦横に交差した素材は底部の端で上に起こされ、時に経材が加えられて側面形成の骨格となる。縄紋時代例としては有名な三内丸山遺跡出土の小籠のほか曽畑貝塚（熊本県）、戸平川遺跡（秋田県）や是川中居遺跡から出土した漆塗りの小籠、荒屋敷遺跡（後出図6－15）などに、弥生時代としては津島遺跡（岡山県）（図6－8）に類例がある。

いま述べたようにして四角形に組んで作られた民俗例は多い（後出写真6－23・25）。

図6－8　組んで製作した弥生時代の四角い底（津島遺跡）

以上のように、底部を形成する素材を、別な素材が「組む」「編む」技術によって順次取り込みながら、円形もしくは四角形の底を形成する技術は、縄紋時代例にも現代民

写真6－4　経材を増やした縄紋時代中期の籠破片（坂の下遺跡）

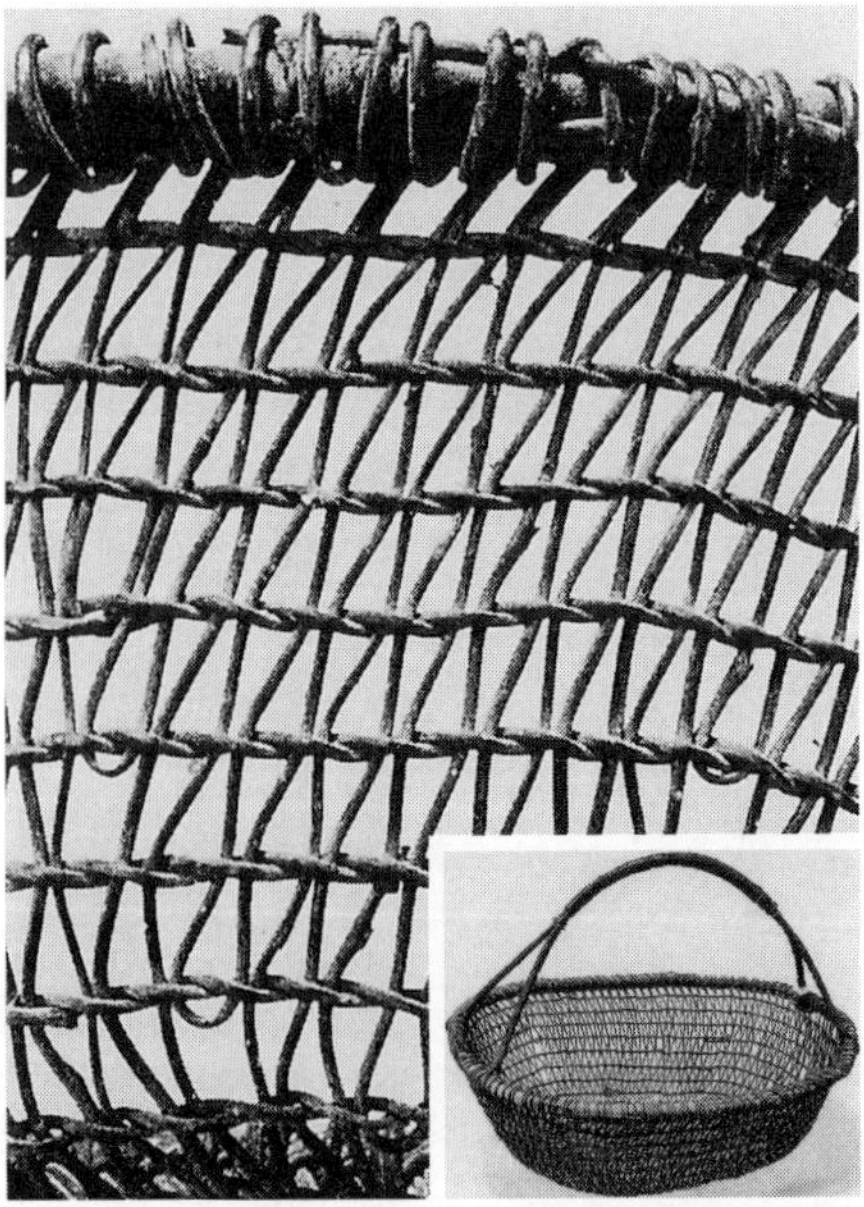

写真6－5　経材を増やした民俗例の籠（所蔵ならびに写真掲載許可：只見町教育委員会）

俗例にもある。

(3)　「いれもの」の器形を変える手法——経材の追加

底部を形成した素材を上に起こして側面形成の骨格にするという製作方法が縄紋時代例にも民俗例にもあることは述べたとおりだが、次に取り上げたいのは、そのときに器体の形を変えようとする場合の対処法だ。もしも底部の大きさと口縁部が同じような大きさの籠類を作る場合なら経材の本数を加減する必要はない。しかし底部よりもさらに大きな口縁部を持った籠類を作る場合には経材の本数を増加させなければならなかった。経材の本数をそのままにして器体の上方を広げようとすれば本来の経材どうしが間遠になり、横から編んだり組んだりする作業が円滑には進まなくなるからだ。経材を増やした痕が見える出土例は坂の下遺跡（写真6－4）に好例があり、桜町遺跡、戸平川遺跡、曽畑貝塚、荒屋敷遺跡からも発掘されている。

このような作り方がうかがわれる民俗例の籠類（写真6－5）は、現在ではなかなか見かけなくなった。たぶん大量生産される石油化学製品に駆逐されたからだろう。わずかに［笠］［米じょうご］などに認められる。

逆に、膨らんだ胴部を口縁部に向けてすぼめたい場合に経材を減らしている民俗例は［びく］などに認められる。出土資料にもそのような例があると推測されるが、私はまだ見る機会に恵まれていない。

このように器形を変えるために経材の数を追加する手法は縄紋時代例ばかりでなく現代民俗例にも認められるのである。

二　側面、口縁部の形成技術

1　「編む」技術のいろいろ

遺跡から出土した編組技術資料には籠類やその破片、編組製品が押しつけられた痕がついた土器の底部などがある。それらから知られる紋様に、編んだものと組んだものがあることはすでに述べた。それぞれに相当数の小変化があるので、技術の種類ごとに呼び分ける必要があるのだが、現在の考古学界はその状況に対応できていない。そこで本書では一つの便法として大分県産業科学技術センター別府産業工芸試験所が発行した『竹編組技術資料』で使われている呼称を借用する。出土編組技術資料が、現代竹工芸と全く同じ造形技術で製作されている場合は、たとえそれが縄紋時代の製品であったとしても、現代竹工芸のそれと同じ呼称で呼ぶことにする。現代竹工芸の名称だけでは対応しきれない場合には民俗例から借用するか、仮称を用いる。

a　「縄目編み」

前出図6－2のような編み方で製作された例は桜町遺跡例（前出図6－7）、坂の下遺跡例（前出写真6－4）のほか、鳥浜貝塚、真脇遺跡、竜頭遺跡（大分県）、忍路土場遺跡、是川中居遺跡、青谷上寺地遺跡などから出土している。この類は出土遺物にも民俗例にも多い。

b　「こだし編み」（仮称）

経材を横から二本まとめて編み込みながら進行することによって平面を形成する類である。平行して横に走る三条の緯材と、それらによって編み込まれる経材を見ると、経材の取り込み方に特徴がある。ある条で一緒に編み込まれている二本の経材は、上下の条においてはそれぞれ別な経材とともに編み込まれるので、経材の全体は縦方向に波打つ形になる。このような縄紋時代の製作例は、これまでに知られた資料によると少ないらしい。現在のところ草野貝塚（鹿児島県）から発見されているだけだ（図6－9）。

民俗例ではアケビ蔓を使った編み籠にはこの編み方が多い（写真6－6）。縄目編みに類するが、青森県津軽地方のアケビ蔓細工の呼称を借りて仮称としておきたい。

c　「ねこ（むしろ）編み」

この技術の痕跡は現在のところ土器の底部圧痕には見つかっておらず、現物資料の断片が一点だけ発見されている。縄紋時代前期の押出遺跡から発見された厚手の布地かとも見える破片がそれである（図6－10）。並列させた経材の一本ずつを縄目編み手法で取り込みながら編み材の間隔を詰めて往復させるもの。その外観があたかも右撚り、左撚りの縄を交互に並べて置いたかのようになるから、局部的に見ると編み芯の粒は片仮名の「ハ」の字形を横にして並

図6-9　縄紋時代後期の「こだし編み」(仮称)(鹿児島市教育委員会 1988『草野貝塚』151頁より引用，ただし報告書掲載図を配置変え)

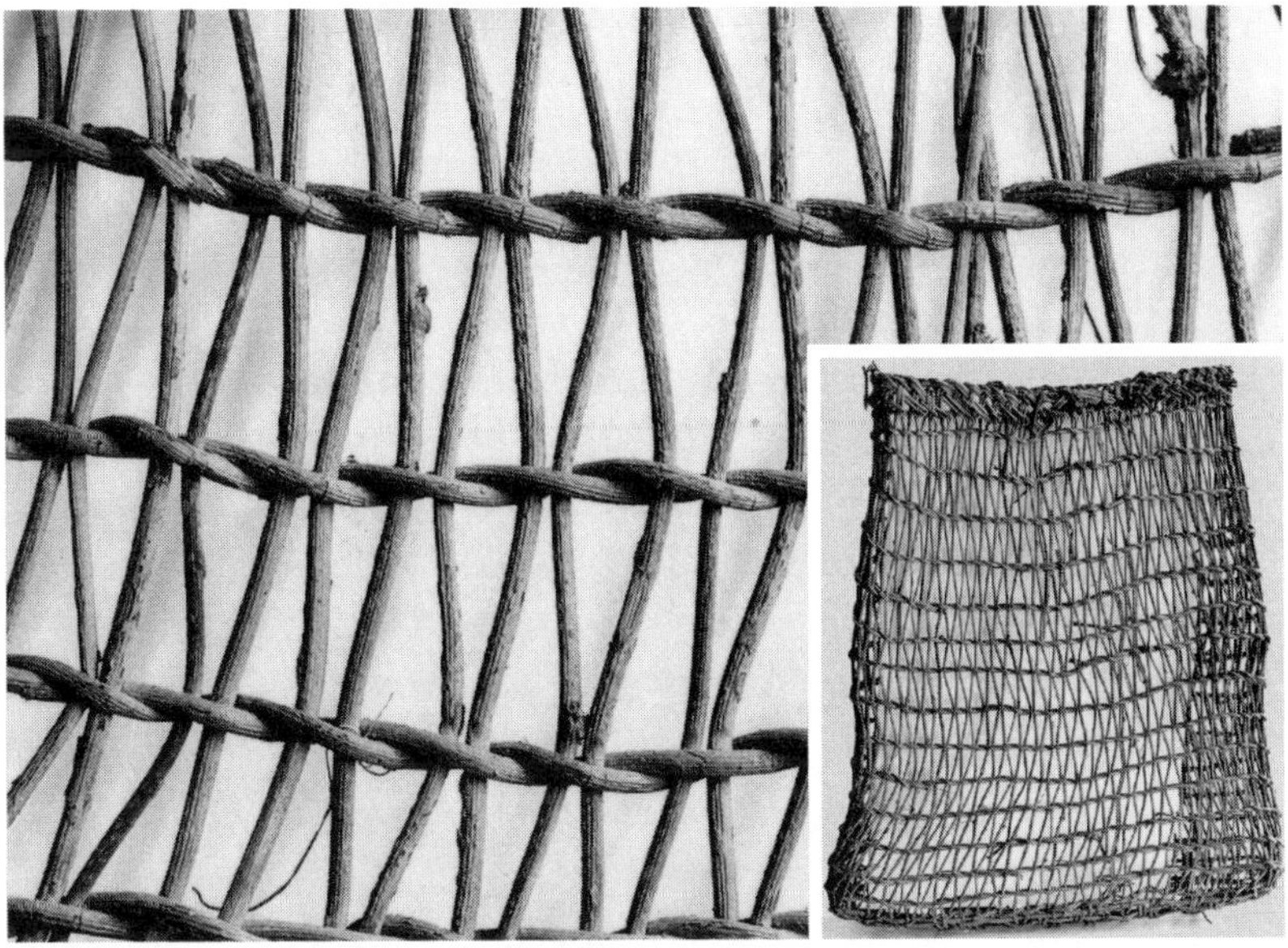

写真6-6　民俗例の「こだし編み」(仮称)(アケビ蔓製籠の側面部分)

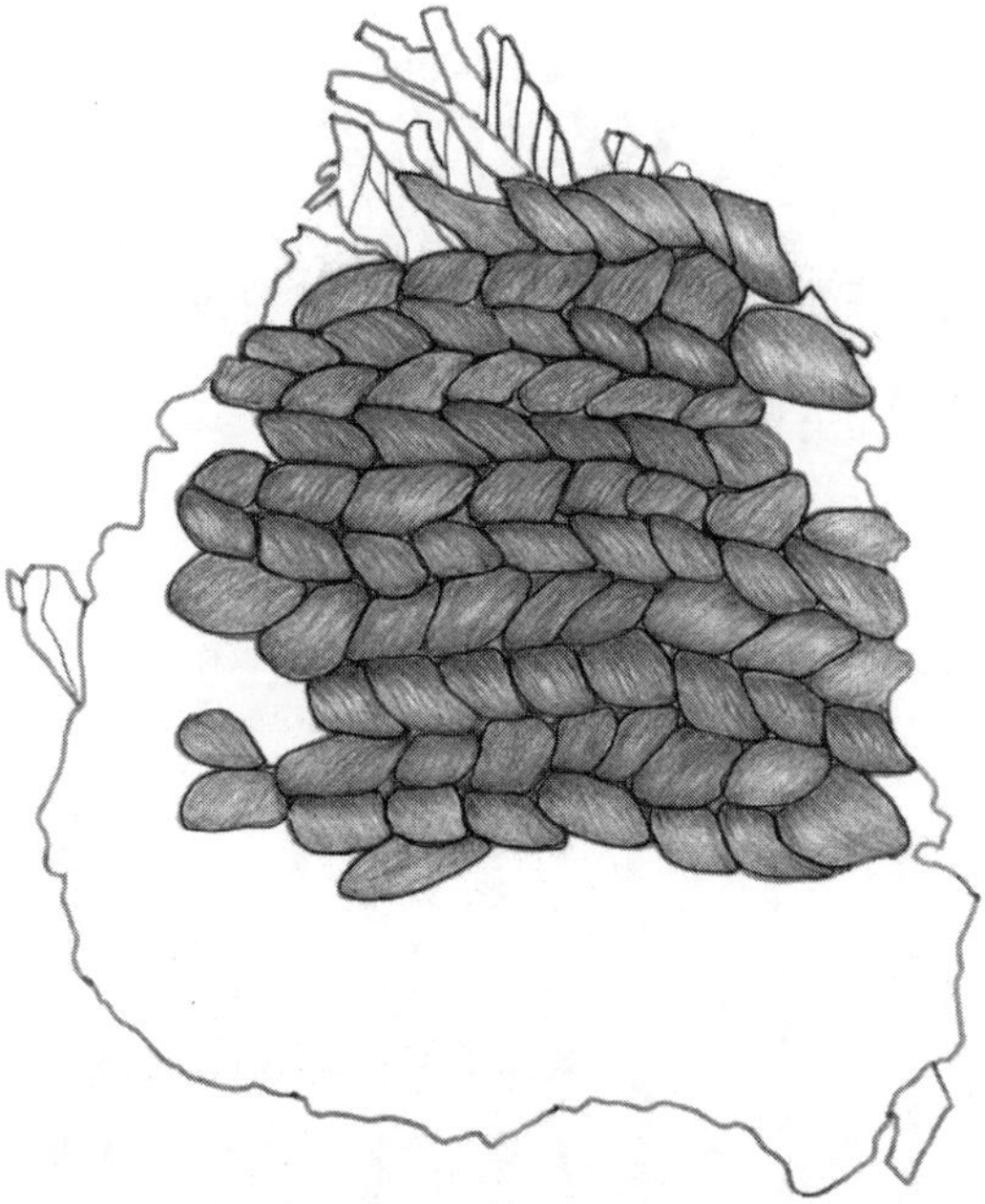

図6-10　縄紋時代前期の「ねこ編み」（部分スケッチ）（原資料山形県教育委員会所蔵，押出遺跡）

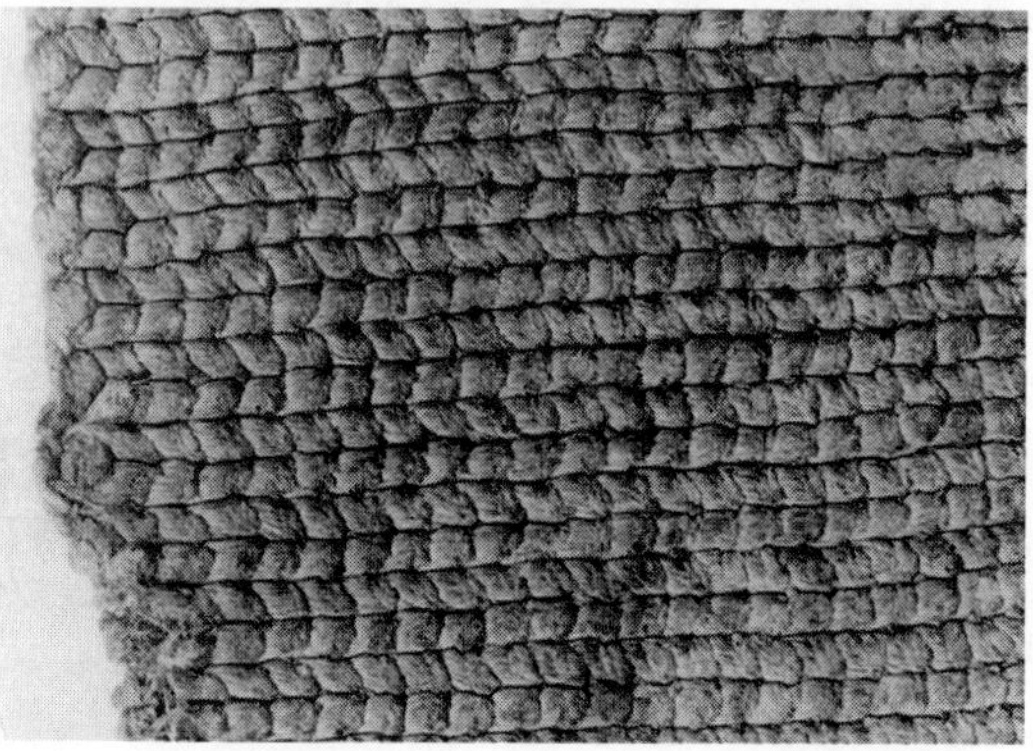

写真6-7　民俗例の「ねこ編み」（岩手県農業科学館所蔵，肩当て〈部分〉）

べたように配される。民俗学、民具学では、右のような作り方を「ねこ（むしろ）編み」という。この技術で作られる現代民俗例は脱穀などの作業をするときの藁製の敷物、薪などを背負って運ぶさいに背中に着ける藁製や樹皮製の「背中当て」、砂金を採取しようとするときに川底に敷く藁製の敷物、重い荷車を牽くときに引綱を受ける肩に当てる厚い布地である「肩当て」（写真6-7）、などに見られる。総じて、平面的で目が詰み、しかもやや厚みがあるものを製作するさいに採用される編み方である。

2 「組む」技術のいろいろ

a 「四つ目組み」

縄紋時代には同質、同幅に整えた素材を縦横に、しかも規則的に浮沈させながら交差させ、一面に方形の隙間を作り出す技術があった。曽畑貝塚、下宅部遺跡（図6－11）、荒屋敷遺跡などから発見されている。

民俗例では竹材で製作される［もみ通し］［ヒエ通し］［アワ通し］［マメ通し］（写真6－8）、木灰を通す器のよう

図6－11 縄紋時代後期の「四つ目組み」（東村山市遺跡調査会 2006『下宅部遺跡Ⅰ』（2）401頁より引用）

写真6－8 民俗例の「四つ目組み」（［マメ通し］の底部）（岩手県滝沢村教育委員会所蔵）

に、多くの場合、「ふるい」として使うための、あるいは通気性を確保したい「いれもの」の底を形成する場合に、この技術が使われている。

b　「石畳（市松）組み」

同質、同幅に整えた素材を縦横に、しかも規則的に浮沈させながら交差させる点は前者と同じだが、縦横の素材をきわめて密接に組み合わせることによって、少しの隙間も作るまいとした類がある。縄紋時代例では後期の後谷遺跡（埼玉県）から出土した樹皮製の小さなリング状製品が、今のところ唯一の例である（写真６－９）。民俗例ではヒバあるいはサクラ樹皮製の籠類に好例が多い（写真６－10）。

c　「ござ目（ざる目）組み」

縄紋時代には素材を縦横に、しかも規則的に浮沈させる技術で、目の詰んだ平面を形成するものがある。多くの場合、並列させた強固な素材を経材とし、それよりも細い柔軟な素材を緯材として経材の間を浮沈させる。その浮沈のさせ方によって表面上に現れる模様には「ござ目（ざる目）組み」「飛びござ目組み」「木目ござ目組み」などの変化がある。

このうち「ござ目（ざる目）組み」というのは、例えばある段における緯材の浮沈が山↓谷↓山という規則性を維持するとき、その上下の段でも山↓谷↓山と浮沈するものをいう。つまり上下の段で、浮沈する基点をずらさないから、或る「山」の上下の段でも同じく「山」になっている。この技術で製作された縄紋時代例は珍しくなく、横尾遺跡（大分県）、鳥浜貝塚（写真６－11）、桜町遺跡、真脇遺跡、荒屋敷遺跡その他にある。

d　「飛びござ目組み」

この技術で平面を形成した民俗例は「ざる」、籠類（写真６－12）、「箕」などに甚だ多い。

写真6－9　縄文時代後期の「石畳（市松）組み」（後谷遺跡，所蔵および写真提供：桶川市教育委員会）

写真6－10　民俗例の「石畳（市松）組み」（盛岡市所蔵）

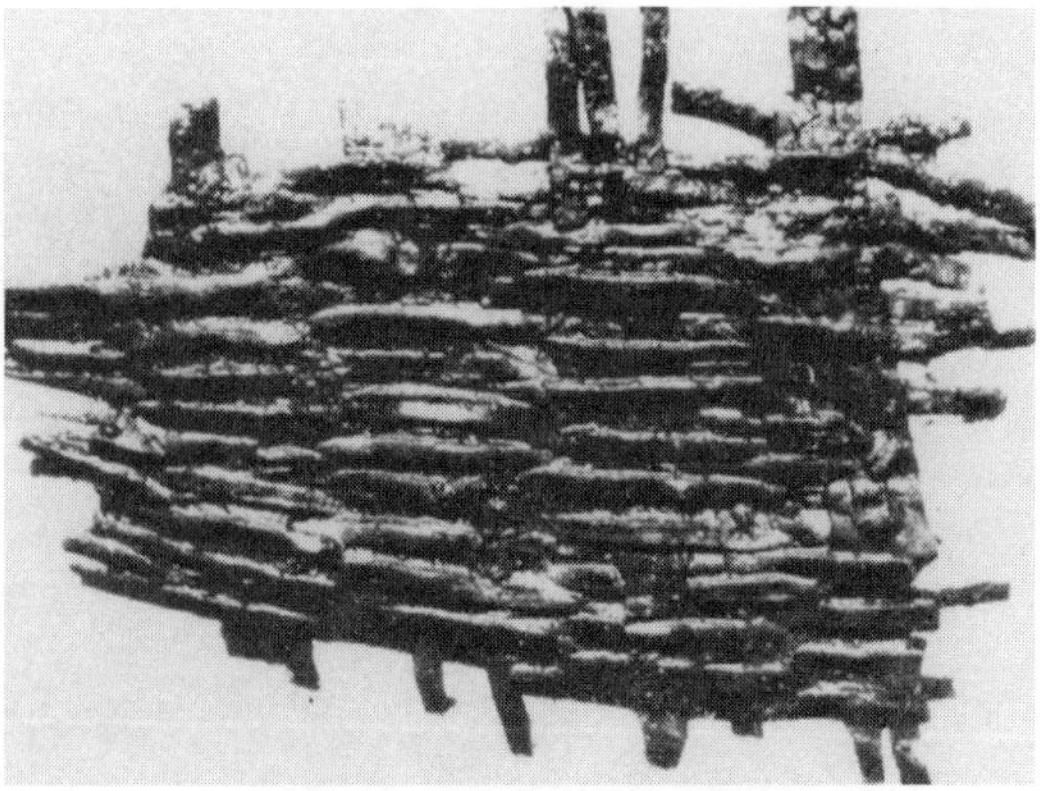

写真6－11　縄紋時代前期の「ござ目組み」（前出『鳥浜貝塚4』研究の成果2頁より引用）

写真6－12　民俗例の「ござ目組み」

「ござ目（ざる目）組み」の変形で、平面状に水平に短く現れた緯材が階段のステップのように斜め方向に上がるもの。この方法によって形成される平面を見ると経材を飛び越えようとする緯材の位置を規則的にずらしている。この技術で製作された縄紋時代例には鳥浜貝塚例、下宅部遺跡例、荒屋敷遺跡（写真6－13）例などがあり、弥生時代例には青谷上寺地遺跡出土の土器底部圧痕がある。

民俗例では竹材で製作される［ざる］、籠類に見かける（写真6－14）。

e 「木目ござ目組み」

「飛びござ目組み」の変形で、籠類の側面を下から上に向かって組み上げるさい、ステップ状に上がる短い緯材が左から右へ、右から左へとジグザグに繰り返されるもの。縄紋時代例では鳥屋遺跡（新潟県）、青田遺跡、荒屋敷遺跡出土の土器底部圧痕に認められる（写真6－15）。また「竹笹類」で組まれた青田遺跡出土の籠類にこの技術で製作された例がある（『青田遺跡』写真図版一九七－316）。今のところ晩期の例が目立つ。

民俗例では竹材で製作される籠類の側面形成に使われる（写真6－16）。

f 「六つ目組み」

写真6－13 縄紋時代晩期の「飛びござ目組み」（荒屋敷遺跡）

写真6－14 民俗例の「飛びござ目組み」

写真6－15　縄紋時代晩期の「木目ござ目組み」（荒屋敷遺跡）

写真6－16　民俗例の「木目ござ目組み」

隙間をあけて並行に配置した素材に対して、やはり隙間をあけて右下がり、左下がりの素材を浮沈させることによって六角形の「目」を一面に形成するもの。縄紋時代例では早期の東名遺跡、後期の下宅部遺跡（図6－12）から断片が発見されている。

民俗例では洗った食器を自然乾燥させる竹材製の［椀籠］、水のしたたる豆腐を入れて運んだ［豆腐籠］の底や側面などに見られる（写真6－17）。

g 「麻の葉崩し組み」

横方向、右下がり、左下がりの三方向から素材を組み合わせる点は「六つ目組み」に通じるが、それによって形成される平面の外観は全く異なる。或る段で横に配される材の上に右下がりの材が並ぶと、その上下の段には左下がりの材が並ぶ、という外観になる。縄紋時代例としては千歳遺跡（13）（青森県）その他から発掘された土器底部にこの製品圧痕が認められる（図6－13）。

民俗例では主として竹籠類に認められる（写真6－18）。

以上に挙げた「縄目編み」「こだし編み（仮称）」「ねこ（むしろ）編み」の、三種の「編む」技術、および「四つ目

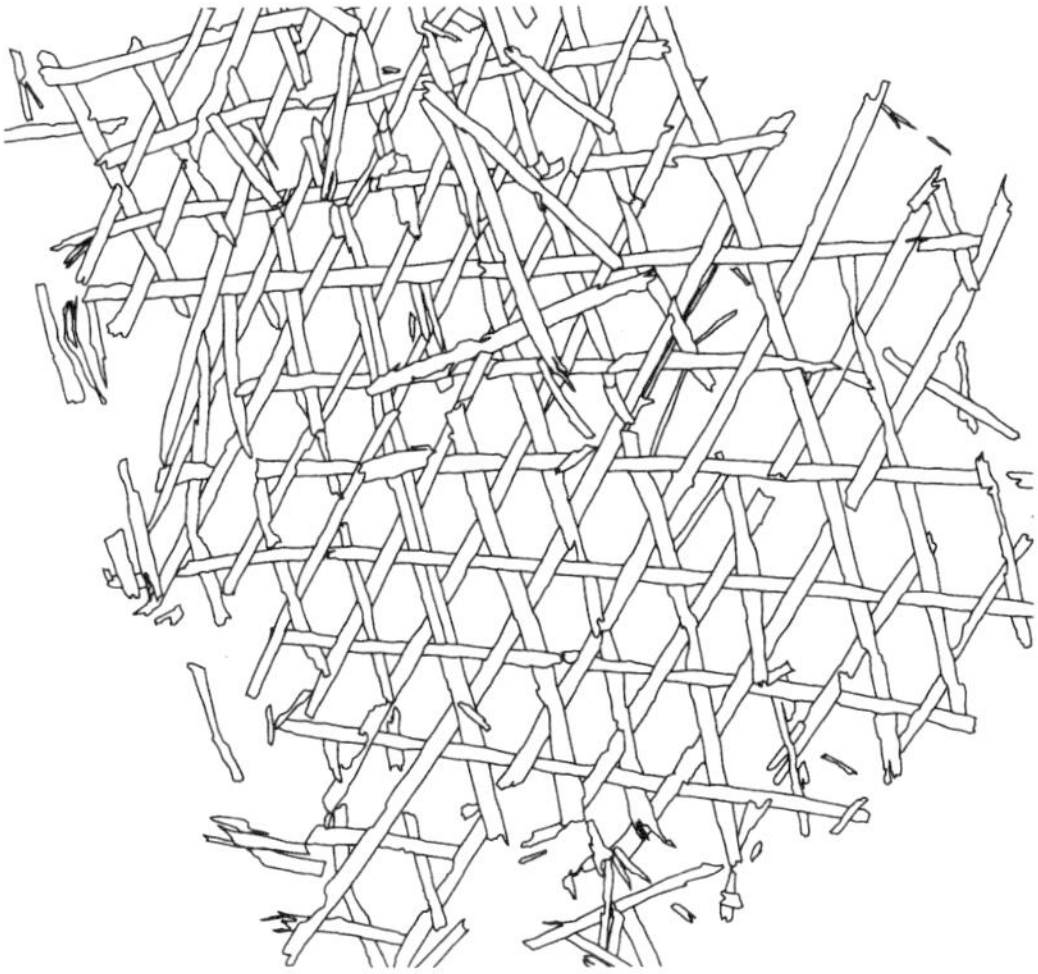

図6－12　縄紋時代後期の「六つ目組み」（前出『下宅部遺跡Ⅰ』（1）171頁より引用）

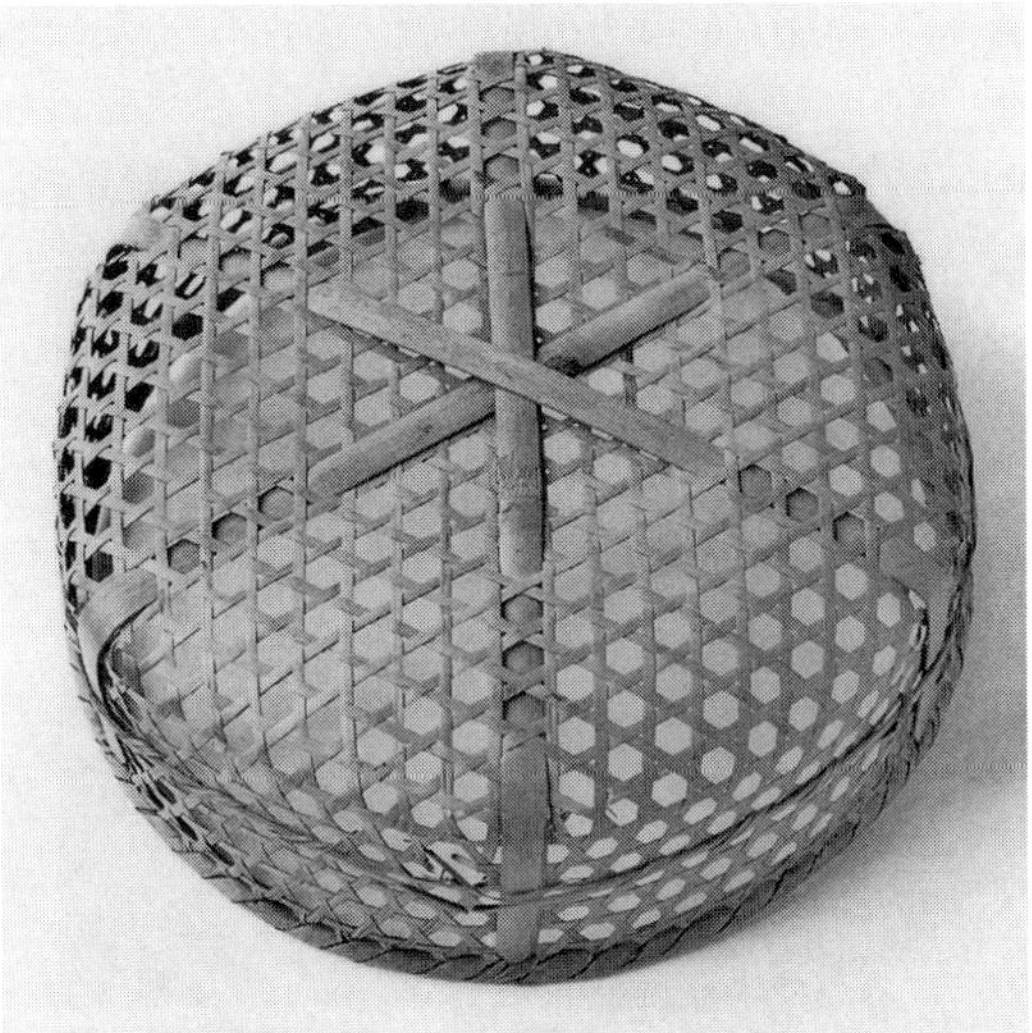

写真6－17　民俗例の「六つ目組み」

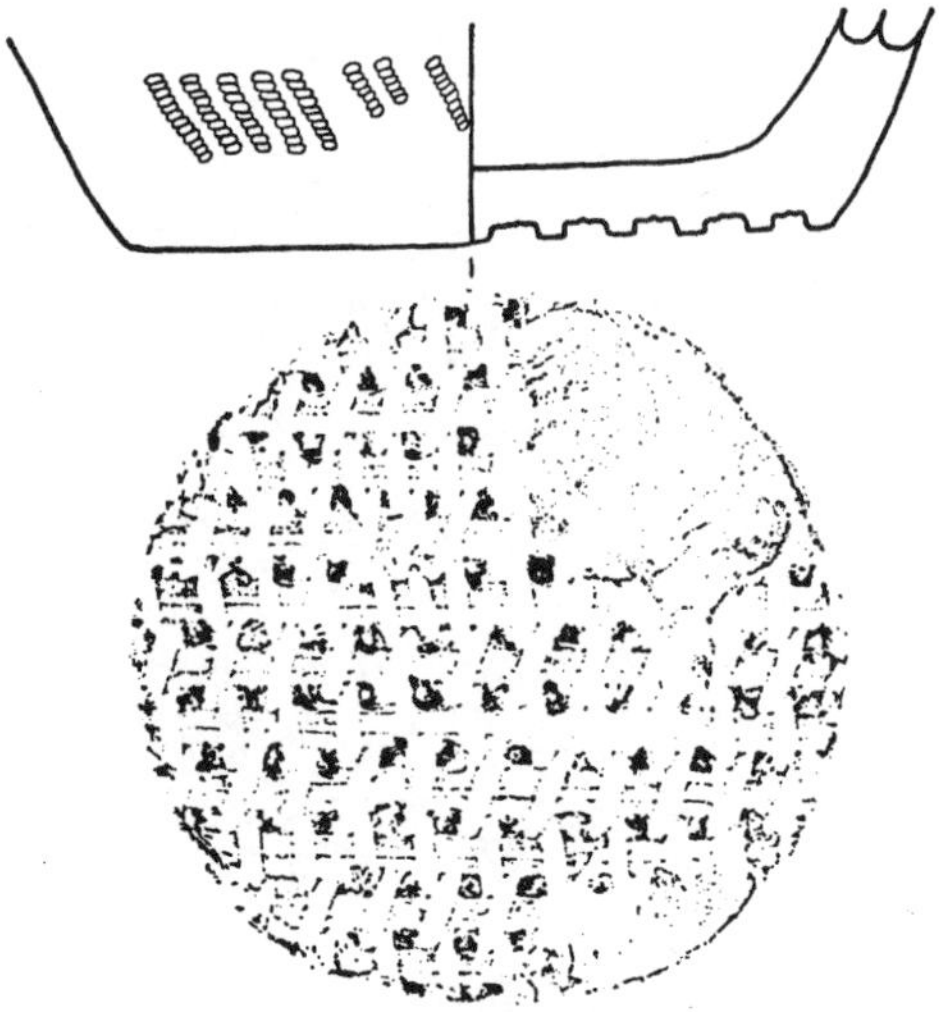

図6－13　縄紋時代後期の「麻の葉崩し」（土器底部圧痕）（青森県教育委員会 1976『千歳遺跡(13)』138頁より引用）

組み」「石畳（市松）組み」「ござ目（ざる目）組み」「飛びござ目組み」「木目ござ目組み」「六つ目組み」「麻の葉崩し組み」の、七種の「組む」技術は、それぞれ例示したように、現代民俗例にも縄紋時代例にも存在している。なお「組む」技術で欠かすことができない種類として「網代組み」があるが、それについては後で別項を設ける。

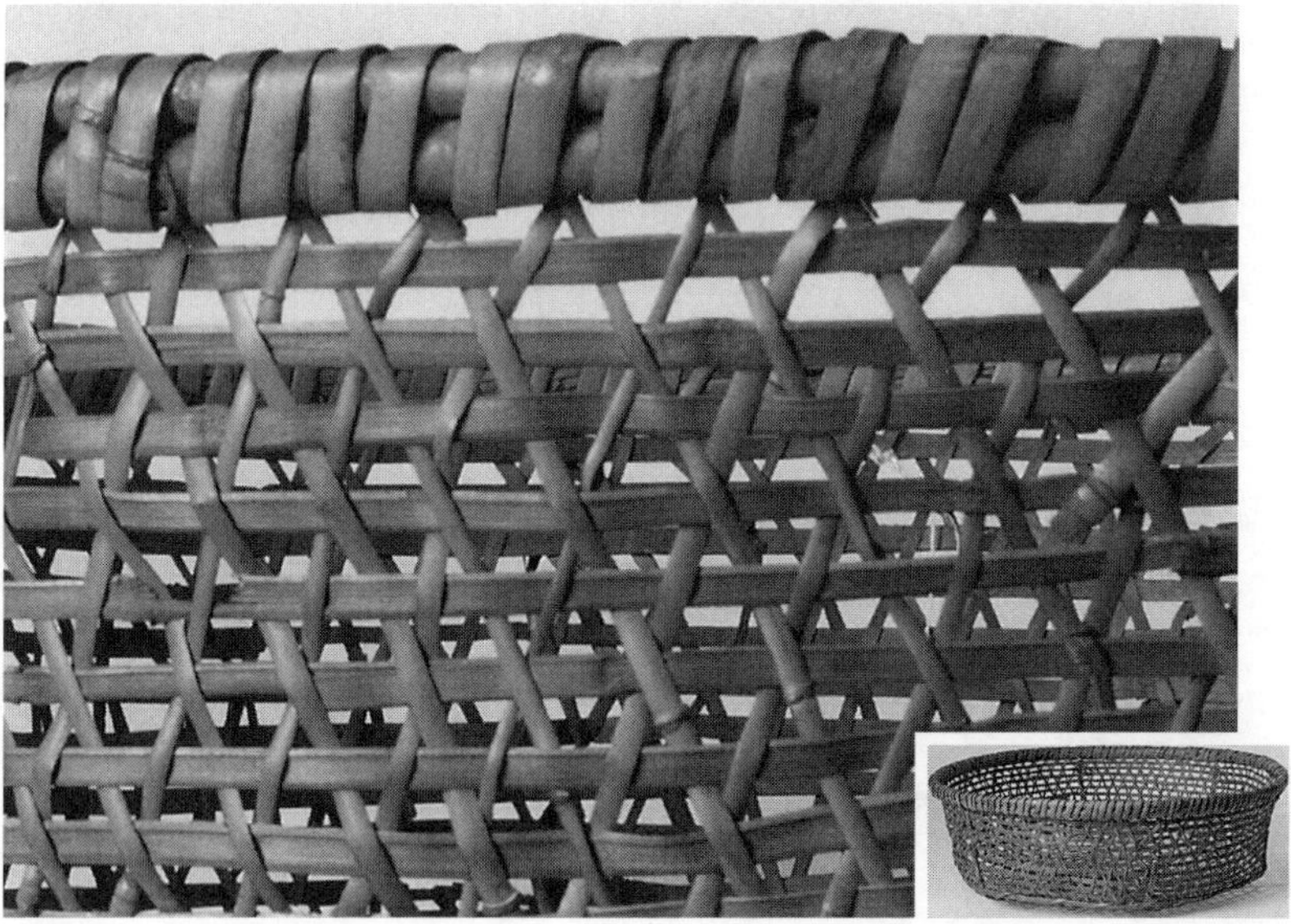

写真6－18　民俗例の「麻の葉崩し」［繭籠］（武蔵野美術大学美術館・図書館所蔵）

3 籠類の口縁部を処理した技術

底部を形成した素材を上方に起こして経材とした後、これに別な素材を緯材として側面を形成して口縁部に至ったなら、経緯の素材を始末しなければ籠として完結しない。ここでは民俗例と縄紋時代例に共通している三種の始末の仕方を取り上げるが、今後、別種が発見される可能性がある。

a 「経芯材折り込み縁」(仮称)

口縁部で最終段の緯材を取り込むように経材を折り曲げ、緯材の下に差し込む方法。そのとき、緯材よりも籠の内面側にある経材は外側に折り、外面側にある経材は内側に折って直近の緯材の下に差し込む。この方法で処理された縄紋時代例としては三内丸山遺跡から発掘されたヒバ樹皮製の組み籠の破片がある。民俗例ではシナノキ樹皮製の組み籠に例がある。

b 「巻き縁」

縄紋時代には籠類の側面を形成し終わった経材を口縁部で横に倒すなどの方法で整えてから、別素材でそれらを巻いて始末する処理方法があった。曽畑貝塚、桜町遺跡(図6-14)、寿能遺跡(埼玉県)、荒屋敷遺跡、八日市地方遺跡などに例がある。民俗例では竹製の籠類の側面を形成し終わった経材を切りそろえ、それらを挟むように一周する竹材を内外に沿わせてから、それらを別な竹材で巻いたり、内外に別な竹材を沿わせることなく、経材を横に倒して巻いたりする手法もある。ヤマブドウの蔓皮で製作した背負い籠の縁を同じ素材で巻く例もある(写真6-19)。

c 「返し巻き縁」

縄紋時代後期の下宅部遺跡出土例では、口縁部を始末するさいに、初め左下がりに巻いた材の上に右下がりに巻い

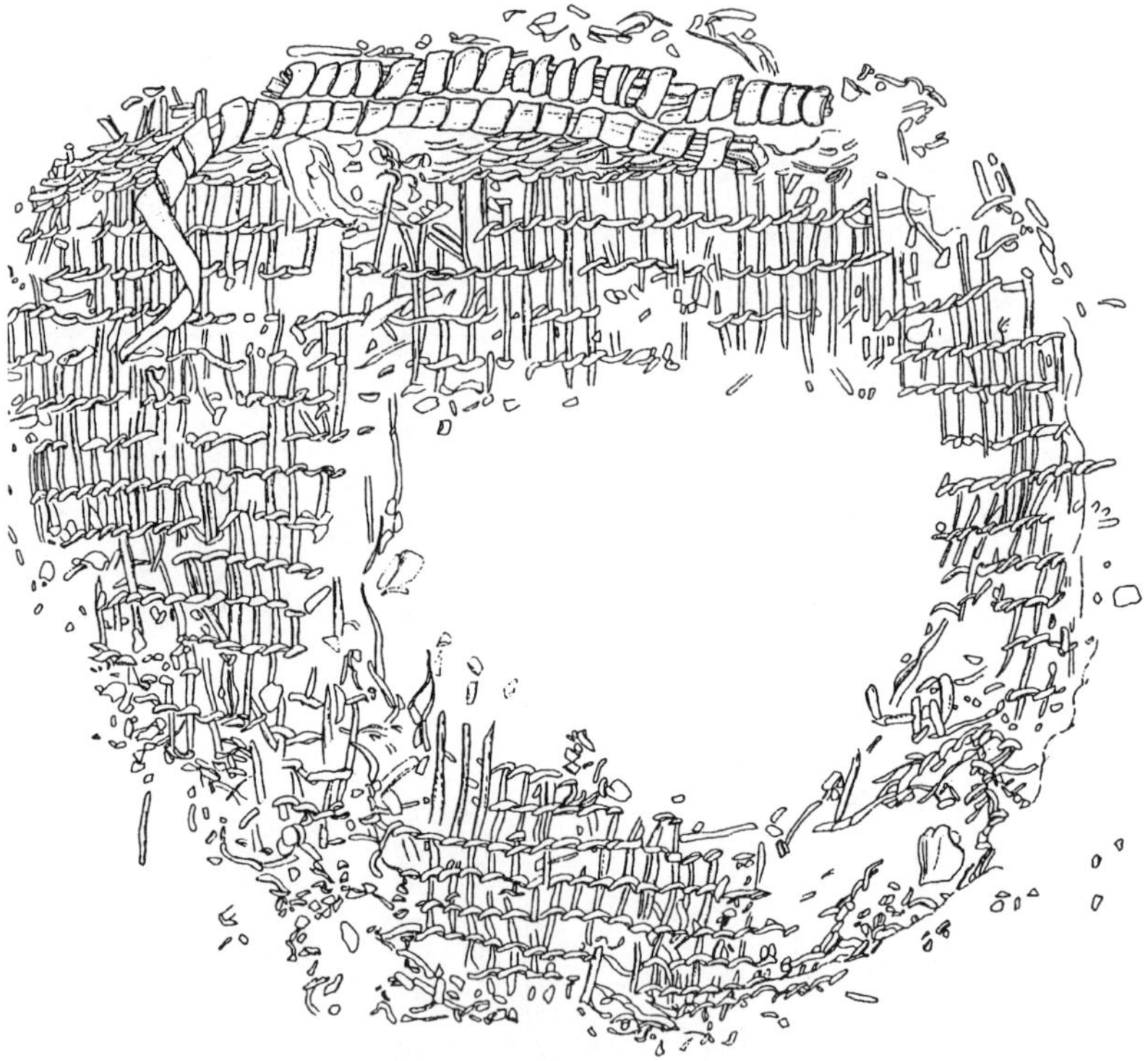

図6－14　縄紋時代中期末～後期の「巻き縁」（前出『桜町遺跡発掘調査報告書』151頁より引用）

写真6－19　民俗例の「巻き縁」（前出『北国の樹皮文化』55頁より引用）

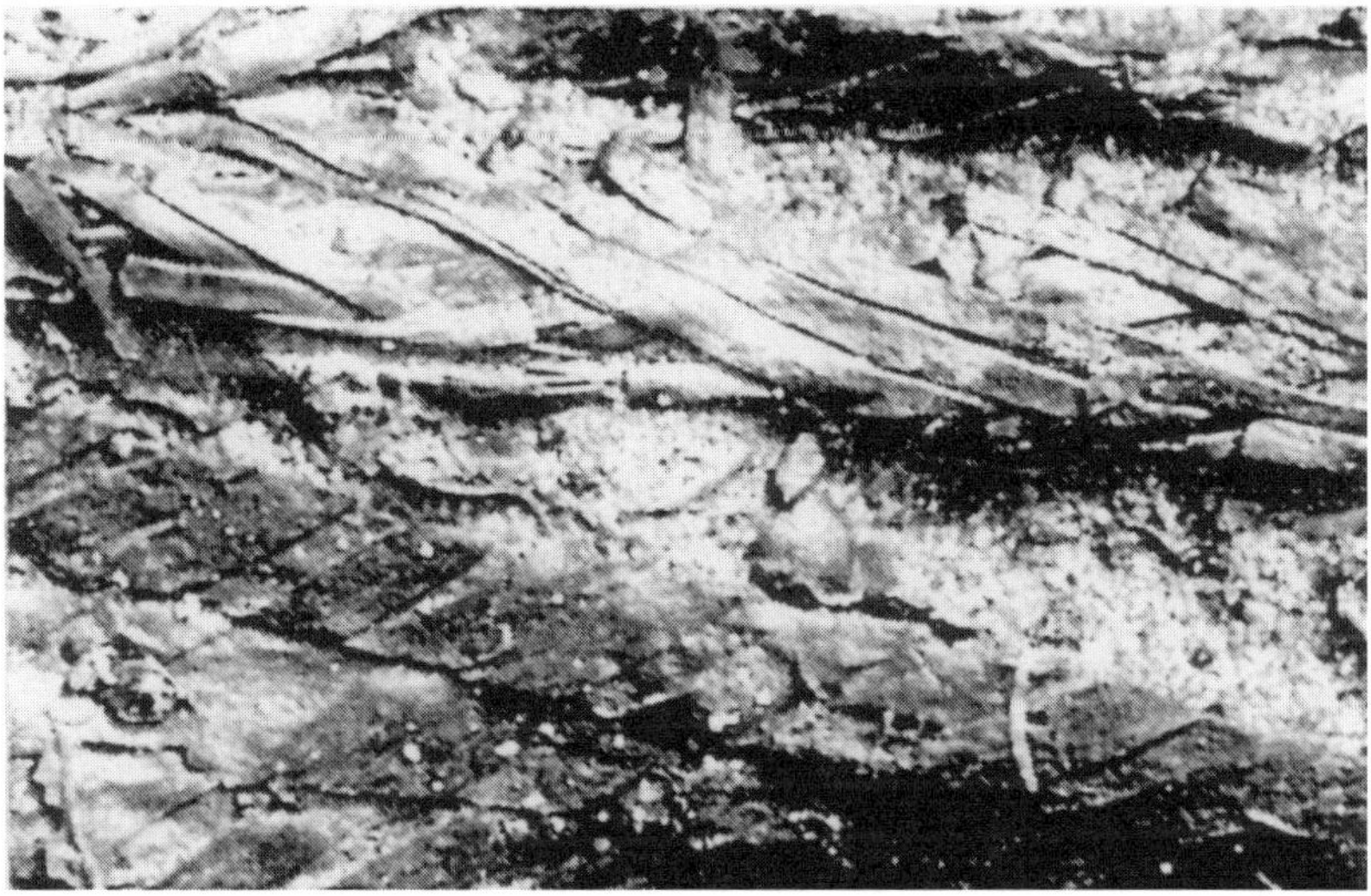

写真6－20　縄紋時代後期の返し巻き縁（前出『下宅部遺跡Ⅰ』（1）164頁より引用）

写真6－21　民俗例の返し巻き縁（前出『北国の樹皮文化』51頁より引用）

表6－1　網代組み資料出土遺跡名および宝物・民俗資料名

	網代組み	桝網代・連続桝網代組み
昭和～明治時代	種籠・鉈鞘	針籠(底部)・花入れ・長角盆・弁当ごうり・文庫・ヒノキ笠
江戸～安土桃山時代	駕籠	文筥・網代駕籠
室町～鎌倉時代	梅原胡摩堂　金屋南	草戸千軒町　堅田B
平安時代	山王　宮ノ口	(＋)
奈良時代	伊場　荒木田 正倉院宝物鳥兜残欠　同花筥	正倉院宝物柳箱 正倉院宝物籧篨龕
古墳時代	宮前川北斉院　河内国府・纒向	北野
弥生時代	青谷上寺地　津島　八日市地方　朝日　唐古	中在家南　上村貝塚　上敷面
晩期	荒屋敷　荒海貝塚　佐野　是川中居	(＋)
後期	御経塚　高瀬山　寿能泥炭層　下宅部　後谷　ツベタ　山居	下宅部　原田久保　里古屋　相ノ沢　山居
中期	桜町　下舘銅屋　真脇　道尻手	多摩ニュータウンNo. 471
前期	曽畑貝塚　鳥浜　三内丸山	羽根尾貝塚
早期	石打　山下第1　車坂第3　弘法原	東名遺跡
縄紋時代草創期	仲道A　ムジナ岩1類？	(＋)

た材が重ねられている(『下宅部遺跡Ⅰ』写真6－20)。この「返し巻き縁」は民俗例の竹籠類、アケビ蔓製の籠、ヤマブドウの蔓皮など樹皮製の籠類にはしばしば認められる(写真6－21)。

このように見てくると、籠類製作に関わる非常に多種の編組技術が縄紋時代例と民俗例に共通していることが理解できる。悠久の時の流れを隔ててなおこれほどの要素が共通しているのはとても偶然の一致とは思えない。偶然でないとすればどのような背景に基づいているのだろうか。

その答えとして、私は編組技術に関わる諸要素が縄紋時代から現代の民俗例まで継承されているからだと主張したい。そのことを裏付ける根拠の一つが縄紋時代草創期から現代まで受け継がれた「網代組み」技術だ。

三　縄紋時代から継承された現代民俗例の編組技術

1　網代組み技術

「網代組み」は竹材、イタヤカエデ材、樹皮その他の、薄くテープ状に整えた材を縦横に浮沈させて装飾的な平面を形成する。浮沈のさせ方によって若干の種類がある。縄紋時代前期の鳥浜貝塚例（写真6－22）は二本を飛び越えたら次の二本を潜らせる「二本飛び網代組み」である。三内丸山遺跡出土の有名なヒバ樹皮製の小籠（前出写真5－2）も、桜町遺跡出土例（前出図6－4）もこの類だ。この組み方は竹材あるいはイタヤカエデ材、樹皮で作られる民俗例の籠類や［箕］などに普通に見られる（写真6－23）。

同様に三本を飛び越えたら次の三本を潜らせる「三本飛び網代組み」も、縄紋時代には荒屋敷遺跡例（図6－15）ほかにあるし、民俗例にもある（写真6－24）。この網代組み技術を基礎として、組んだ目を正方形に表すのが「枡（四方）網代組み」で、縄紋時代以降、各地から出土している。図6－16は中世の堅田B遺跡（石川県）から発掘された例だ。民俗例では、これを長方形に形作る「長枡網代組み」とともに、籠類の底や蓋の表面に用いられる（写真6－25）。さらにこの枡網代組みを八方に展開させる「連続枡網代組み」は、縄紋時代早期の東名遺跡（写真6－26）から、現代民俗例まで続く（写真6－27、表6－1）。

この網代組み技術で製作された籠類はしばしば発掘されるわけだが、それらを製作した縄紋時代人の美意識につい

写真6－22　縄紋時代前期の「2本飛び網代組み」（福井県教育委員会 1979『鳥浜貝塚1』図版85より引用）

写真6－23　民俗例の「2本飛び網代組み」

てふれておこう。

底から作り始めて口縁部の始末で作り終えた［籠］はそれだけで十分、「いれもの」としての用が足りるはずなのに、縄紋時代人は組み籠の側面を形成するさいに経材の本数を意図的に奇数にすることがあった。三内丸山遺跡出土の有名な小籠（前出写真5－2）がその好例だが、そうしないと「網代組み」という装飾的な紋様を形

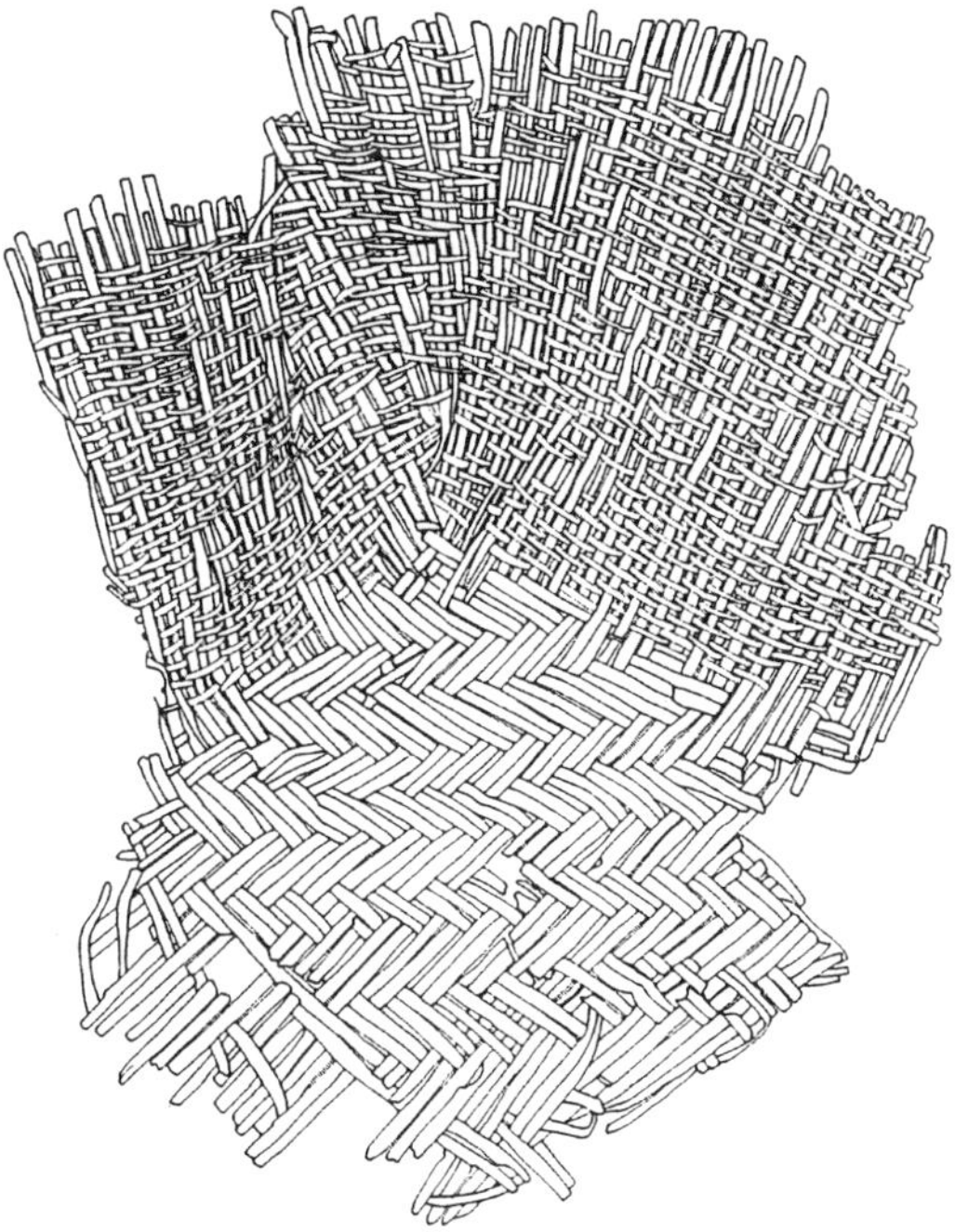

図6－15　縄紋時代晩期の「3本飛び網代組み」（荒屋敷遺跡出土籠底面）

写真6－24　民俗例の「3本飛び網代組み」（岩手郡葛巻町小田民俗資料館蔵）

図6－16　中世の「枡網代組み」（堅田B遺跡）

写真6－25　民俗例の「枡網代組み」（底部）

成することができないからだ。つまり縄紋時代人は実用目的を超え、一手間を加えることによって装飾的に作り上げようとする美的感覚をもっていたのである。

「網代組み」技術が認められる最古の痕跡は現在のところ縄紋時代草創期例〈仲道A遺跡〈静岡県〉〉である。それ以後、中世までの各時代から、土器底部に残された圧痕、現物やその破片が出土している。それら出土例に加えて正倉院宝物やその後の伝世品を加味すると、この「網代組み」「枡網代組み」「連続枡網代組み」の技術で製作された例

写真6－26　縄紋時代早期の「連続枡網代組み」（前出『東名遺跡群Ⅱ　第5分冊』294頁より引用）

写真6－27　民俗例の「連続枡網代組み」

については表6－1のようにまとめることができる。この表から明らかなように、「網代組み」は縄紋時代の初期から現代まで一万年を超えて途切れることなく受け継がれてきているとみるのが妥当だ。

2　各種の編組技術

いま「網代組み」「枡網代組み」「連続枡網代組み」という同系統の技術が縄紋時代草創期から現代まで途切れることなく受け継がれてきたことを述べた。しかしこれらは縄紋時代から現代まで受け継がれてきた籠作りに関する技術や、平面を形成する多くの編組技術の一部分に過ぎないと思われる。というのは籠作りに駆使される各種の編組技術のうちで縄紋時代から継承されたのが網代組み系の技術だけだったと考えるべき理由は何一つないからだ。

整理を兼ねて繰り返すが、縄紋時代例と現代民俗例とでは、まず籠類を製作する二大技術である「編む」と「組む」技術が共通していた。籠類を製作するさいに底部から作り始め、側面へと移行して口縁部の始末で終わるという手順も同じだった。その底部を形成するために駆使される円形の平面を形成する技術も、四角形の底を形成する技術も共通していた。側面から口縁部に至る技術では経芯材を増やすことで器形を変化させる技術が同じだった。側面を形成する技術では、「縄目編み」「こだし編み」「こも編み」「ねこ編み」「四つ目組み」「石畳組み」「ござ目組み」「飛びござ目組み」「木目ござ目組み」「六つ目組み」「網代組み」「枡網代組み」「連続枡網代組み」などが共通している。籠類の口縁部を処理する技術では「経芯材折り込み縁（仮称）」「巻き縁」「返し巻き縁」などが共通している。

編組技術の中には縄紋時代に存在しても民俗例には見当たらないという例があるしその逆もあるから、途中で消えたり途中から加わったりした技術があることは確かだ。しかし上記のように縄紋時代と現代民俗例とが甚だ大きな時間的隔たりを超えてなお共通する要素が多いこともまた確かなことだ。その理由は、これら一連の技術が一万年以上にわたって途切れることなく継承されてきたからであると考える以外にない。これもまた、新旧の出土例と現代民俗例との比較から考察する方法によって初めて言えるようになったことだ。

終章　民俗考古学の成立とその可能性

一　考古学に援用される民俗例の不変性

前章までのところで、縄紋時代から現代まで途切れることなく受け継がれてきた各種の技術や「営み」について論じた。それぞれにうかがわれた文化的連続性は、発掘された事実だけを研究対象とする考古学が、これまで全く目を向けようとしてこなかった民俗例を参照することによって論じ得ることになったものだ。それらの技術や「営み」を連続させた要因は何だったのだろうか。その背景を概観してみよう。

第一章では、遺跡から発掘されたクリの剝き実や「どんぐり」の「へそ」、縫合線から割られたクルミなどと、現代民俗例のそれらとの共通性に着目した。現代民俗例から知られる堅果類の乾燥、保存、皮や殻の除き方を参照することによって、縄紋時代以降の人々は、それらの木の実を乾燥して保存し、搗く、叩くなどの方法で皮や殻を除いて利用するという知識や技術を一万年以上にもわたって受け継いできたと論じた。

将来、国語辞典から「搗栗」という語が消える日が来るかどうか判らないが、秋に拾ったクリや「どんぐり」、クルミを長期にわたって保存し、食べようとする人がいる限り、乾燥させて保存し、搗いたり叩いたりして皮や殻を除いて利用する技術はなくならないだろう。それらの技術は「必要性」が途切れなかったから受け継がれてきたし、将来へと伝えられていくだろう。

第二章では、遺跡から発掘された皮付きのトチ、その剝き実、皮の大小破片と現代民俗例のそれらとの共通性に着目した。民俗例で行われる四種類の「あく抜き」方法が縄紋時代から現代まで一万年以上にもわたって途切れることなく受け継がれてきたと論じた。また、トチの「あく抜き」と同様の方法が「どんぐり」を対象としても行われている民俗例にも注目した。

今後、トチ餅を作って食べるとか「どんぐり」の「あく」を抜いて食べる一般家庭は少なくなる一方かもしれないが、観光土産のような商品として作り続ける人は今後もいるだろうし、山菜を採る人々はこれまでと同様に将来も「あく抜き」技術を保持するだろう。ある種の食品を食べるためには「あく抜き」技術が必要だから、木灰が糠や米のとぎ汁、重曹に代わることはあったとしても、「あく」を抜く技術そのものはなくならないだろう。そのように、「あく抜き」という実用的な生活技術は「必要性」が途切れなかったから受け継がれてきたし、今後も続いていくに違いない。

第三章では、民俗例で堅果類を乾燥させたり、保存したりする場所が炉上空間であることと、縄紋時代以降の遺跡から発掘された堅果類が竪穴住居の内部から発掘される場合が多いことに着目した。民俗例を参照することによって、食料を乾燥したり保存したりする人々は縄紋時代の初期から現代まで一万年以上にわたって炉上空間を利用してきたであろうことを論じた。

住宅様式が激変し、乾燥のために炉上空間を利用する一般家庭がなくなった現代でも、水産加工業や食品加工業の一部には天日乾燥や火力乾燥の記憶が残されている。縄紋時代から受け継がれてきた乾燥食料の製造や保存に関する知識や経験は、干鮑、いりこ、棒鱈、干蛸、干鯵、するめ、鰹節、煮干、昆布、海苔、切干大根、干柿、干棗、干シイタケ、干柏、干瓢といった多くの干物、乾物を作る「必要性」が途切れなかったから受け継がれてきたし、それゆえに将来へと伝えられていくに違いない。

第四章では、これまでの考古学界で全く認知されていない「木を割った磨製石斧」の存在を主張したうえで、古墳時代の「有袋鉄斧」と理解されている鉄器と、現代民俗例の「有袋金矢」との共通性に着目した。民俗例の「有袋金矢」の形態や機能を参照することにより、古墳時代の「有袋鉄斧」として理解されている鉄器の一部が実は木割り用の楔であり、「木を割った磨製石斧」の後継器種であると論じた。併せて木を割るさいに必ず木口から割り始める手順は、縄紋時代の初期から一万年を超えて途切れることなく現代まで受け継がれてきたと論じた。

平成二十三(二〇一一)年三月十一日午後二時四十六分、東日本の太平洋上で発生した大地震の被災地では、広域、長時間にわたって停電した。北日本ではまだ小雪交じりの寒風が吹く季節のこと、ガスストーブやFF式石油ストーブのタンクが満タンでも電気がないと点火できない弱点を痛感した人々の中には反射式の石油ストーブを買った人もいるが、薪ストーブを見直している人もいる。これまで薪を割ってきた人々に加えて、今後新たに薪を割る人が増えるだろう。分割材を必要とする限り、人々はこれまでそうしてきたように「木は縦に割りやすい」という特性を利用して、これからも木を木口から割り始めるだろう。そこで使われる木割り用の工具は、一万年を超える長い経験を受け継ぎ、これからも「楔形」を保持し続けるだろう。

第五章では、縄紋時代以降の遺跡から発掘された樹皮製品やその断片からうかがわれる樹皮採取方法や利用方法に関する現代民俗例との共通性に着目した。その共通性が意味するところを考えるため、樹皮製曲げ物の側板に見られる「裏見せ横使い」や「板製」曲げ物の側板を綴じるサクラの表皮の入手方法などにおける民俗例に着目した。その結果、縄紋時代の樹皮採取方法の全種、および樹皮の使い方の一部は現代まで途切れることなく継承されていると論じた。

この国が将来にわたって和紙や紙幣を使い続ける限り、その原材料として縦方向に剝ぎ取ったコウゾやミツマタの樹皮を使い続けるに違いない。また「板製」曲げ物を作り続ける限り、側板の端を重ねて綴る材料を得るためにはサクラの樹皮を横剝ぎにして入手し続けるだろう。そのような樹皮利用の「必要性」が途切れなかったから、それぞれの採取方法も使用方法も継承されてきたし、さらに将来へ受け継がれていくと予想される。

第六章では、縄紋時代以降の遺跡から発掘された籠類の形成手順や、その大破片から読み取ることができる底面、側面を形成する諸技術と、現代民俗例のそれらとの共通性に着目した。民俗例における籠類製作に要する諸技術を参照することによって、編組技術の多くが、縄紋時代から現代まで一万年を超えて途切れることなく受け継がれてきたと論じた。

各地の地場産業として定着している竹細工や割り木細工をみると、縄紋時代から受け継がれた編組技術の息の長さは目を見張るばかりだ。自然素材で製作する「いれもの」の必要性がなくならない限り、縄紋時代起源の編組技術は将来へと受け継がれていくだろう。

本書の各章で取り上げた諸技術が、縄紋時代から現代まで、時に一万年を超えて継承されてきたと私が見なした根拠は悠久の歴史上に点在しているわけだが、それは何故か。その鍵は右に挙げた「必要性」と、そこで用いられてきた「自然物」の特性にあるようだ。

最初に取り上げたクリ・「どんぐり」の利用、トチその他の「あく抜き」など堅果類の利用に関する諸技術は、自然食料をいかに有効利用するかという必要から生み出されたものだ。炉上を乾燥空間として利用する「営み」は食料保存のための一方法として重要だったばかりでなく、固定的住居の構造に影響したであろうという意味では木割り技術とともに住生活にも関連している。木割り技術や樹皮素材利用、編組技術などは日常生活に必要な諸物品の製作を支えたに違いないし、樹皮利用や編組技術は衣類の製作にも関わったであろう。こうしてみるとこれらの技術や「営み」はどれも生きるためになくてはならない実用的生活技術や知識として縄紋時代の初期から現代まで、常に必要不可欠であり続けてきたのである。

必要という目に見えない状況は具体物を用いることで具現化されるが、本書で取り上げた諸技術の場合、使われたのはすべて「自然物」だった。人々はそれぞれの自然物に備わった自然科学的特性を利用することで、生きるためにどうしても必要な技術を開発し、受け継いできたのである。そうした自然物の利用の仕方は、それぞれの自然科学的特性が及ぶ範囲内で工夫するしかなかったので、その意味では利用し得る範囲が初めから限定的だった。その範囲内で工夫、改良され、利用経験が蓄積された各技術や「営み」はおそらく縄紋時代のうちに十分なレベルまで到達していたので、その後は踏襲されるだけだった。

そのように、ある種の民俗的技術は経時的に不変な自然物の特性を利用し続けてきたから、幾百世代にもわたって大きく変化しないまま受け継がれてきたと考えられる。その長い歴史を貫いている連続性が存在することによって現代民俗例から遡及することが可能となり、行き着いた先にある考古学的事実の理解を助けるのである。

そのように、ある種の民俗例が考古学的事実の理解を助けることは疑いようのない事実だが、不思議なことに日本考古学にその方法論が育たなかったことは次に述べるとおりだ。

二　民俗考古学の成立

1　民俗考古学前史

明治十（一八七七）年六月、腕足類の研究のためサンフランシスコから一七日間の船旅を終えて横浜に上陸したエドワード・S・モースは、江ノ島に研究所を設けて精力的に採集や研究を推進しようと意欲を燃やしていた。その計画の実をあげるため、文部省の要職にあったマレーを訪ねようと、モースが初めて横浜停車場から新橋までの汽車に乗ったときのことだ。汽車が大森停車場を出て間もなく、車窓から西側の切り通しに白い貝殻が露出している所を発見すると、彼は直ちにそれが貝塚であることを見抜いた。その年の七月に東京大学の動物学教授として招聘されたモースは、程なく、若い学生を連れ、人夫も雇ってその地点の発掘調査を行った。科学的日本考古学発展の黎明を告げる大森貝塚の発掘である。明治十二年に刊行されたそのときの発掘調査報告書を見ると、この調査では多数の土器、石器、骨角器のほか、当時の人々が食べて捨てた貝殻なども発掘されたことが解る。植物性遺物が一点も発掘されなかったのは土中で腐朽し消滅してしまったからだ。それでも植物性製品のわずかな痕跡は土器の底に残されていた。それは焼かれる前の、まだ軟らかい土器の底に何らかの平面的な製品が押し付けられた痕跡（圧痕）だった（図7-1）。その圧痕について、モースが書いた報告書を和訳した『大森介墟古物編』は、「席紋ヲ存シテ変化各一ナラス」とか「席紋甚密ナリ」、「底ニ席紋アリ其製巧ミナリ」などと記述している。ここに書かれた「席」というのは［莚］のことで、「わら」を織って作るものだ。しかしこの報告書で「席紋」と記載された図を見ると織物には見えないものばかりなので、「敷物の痕」という意味合いで表記されたものだろう。

その後、土器底部に残された圧痕に注意する研究者が多くなり、新しい種類を学術雑誌に紹介したり、その構造の分析を試みたりする人が現れるようになった。しかし土器の底部に痕跡を残したのが具体的にどんな製品なのかという視点から、当時民間で使われていた実用品の「莚」や「敷物」との関連性を追究する研究者は現れなかった。

大森貝塚の発掘からやがて半世紀が経とうとする大正時代の末、青森県三戸郡是川村中居（現在の八戸市）の泥炭遺跡から縄紋時代晩期の土器、石器とともに、おびただしい量の植物性遺物が発見されることが知られるようになった。画期的な発見の報を受けて現地を訪れた錚々たる学究が相次いで調査を行い、その成果は学術雑誌や刊行物で盛んに紹介された。本書第五章にも登場した昭和七（一九三二）年の『日本石器時代植物性遺物図録』を見ると、この遺跡から発見されたのは「漆塗飾弓」「白木弓」「朱漆塗桜皮巻弓」「黒塗桜皮巻弓」「糸巻弓」「漆塗飾木太刀」「篦状木製品」「櫛」「耳飾」「腕輪」「樹皮製容器残欠」「籃胎漆器」など多岐にわたっていた。質、量ともに目を見張るようなそれらは、研究者ばかりでなく一般人の大きな関心も呼び覚ました。土中から忽然と姿を現した、見たこともない美麗な珍品や優品に誰もが引きずられたこのとき、一緒に発掘された「樹皮製撚糸」「樹皮製編物」「蔓製品残欠」「藺製籠の残欠」などはことさら注意を引かなかったようだ。なにしろそれらはどれも全体の形がはっきり判らない、地味な色合いの破片ばかりで、しかも山間の農家の作業場や軒下などに吊り下げられているものと似ていた。そんな、農家で使われてきた民具に通じているような出土遺物を、ほ

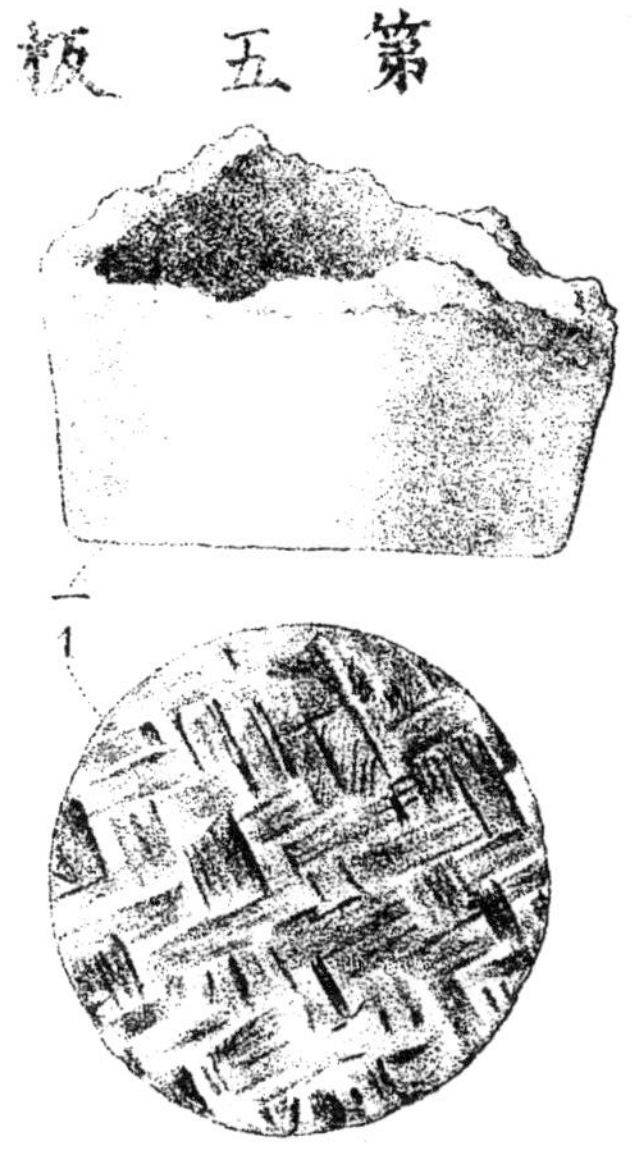

図7－1 「席紋」がついた大森貝塚出土土器底部（大森貝塚保存会 1967『大森貝塚』より引用）

とんどの研究者は直視しなかったようだ。このとき、わが国の考古学界、民俗学界は、先史時代の出土遺物と当時の民俗例との関連性に気付くことができる千載一遇の好機を逃したのである。それでも慧眼の士はいるもので、是川中居遺跡の発掘調査を経験した一人の男にだけは重要なことが見えていた。

昭和二（一九二七）年、杉山寿栄男（写真7－1）は、当時第一級の学術雑誌である『人類学雑誌』に「石器時代の木製品と編物」と題する小論文を寄せ、是川中居遺跡から発掘された、植物性素材を組んで壺型に成形してから漆を塗って仕上げた容器を紹介した。彼はその形態や製作技術について、「現在、町で売られている［ざる］のように、初めに縦横に素材を組み合わせて底を作り、その素材を放射状に広げて折り曲げ、それに横から別な細い素材を編みこんで口辺部までを作っている」という、きわめて独創的な視点を明らかにしたのである。さらに杉山は同じ論文で是川例の底部に認められる突起についても「ちょうど現在の［ざる］と同じように素材を組み合わせて作った底から腹部に移る辺りで急角度で上に起こして作る際に生じたものである」と指摘した。縄紋時代人が作った籠類は現代民俗例の籠類と同様の作り方をしている、だからその民俗例を参照すれば縄紋時代の籠の作り方が理解できる、という見通しを示したのだ。それは、それまでの考古学者が誰一人として直視してこなかった民俗資料の製法を踏まえた未曽有の着眼だった。しかし杉山のそんな画期的な指摘が突飛にでも見えたのか、考古学界には

写真7－1　杉山寿栄男（撮影年月不明，写真提供：杉山寿男氏）

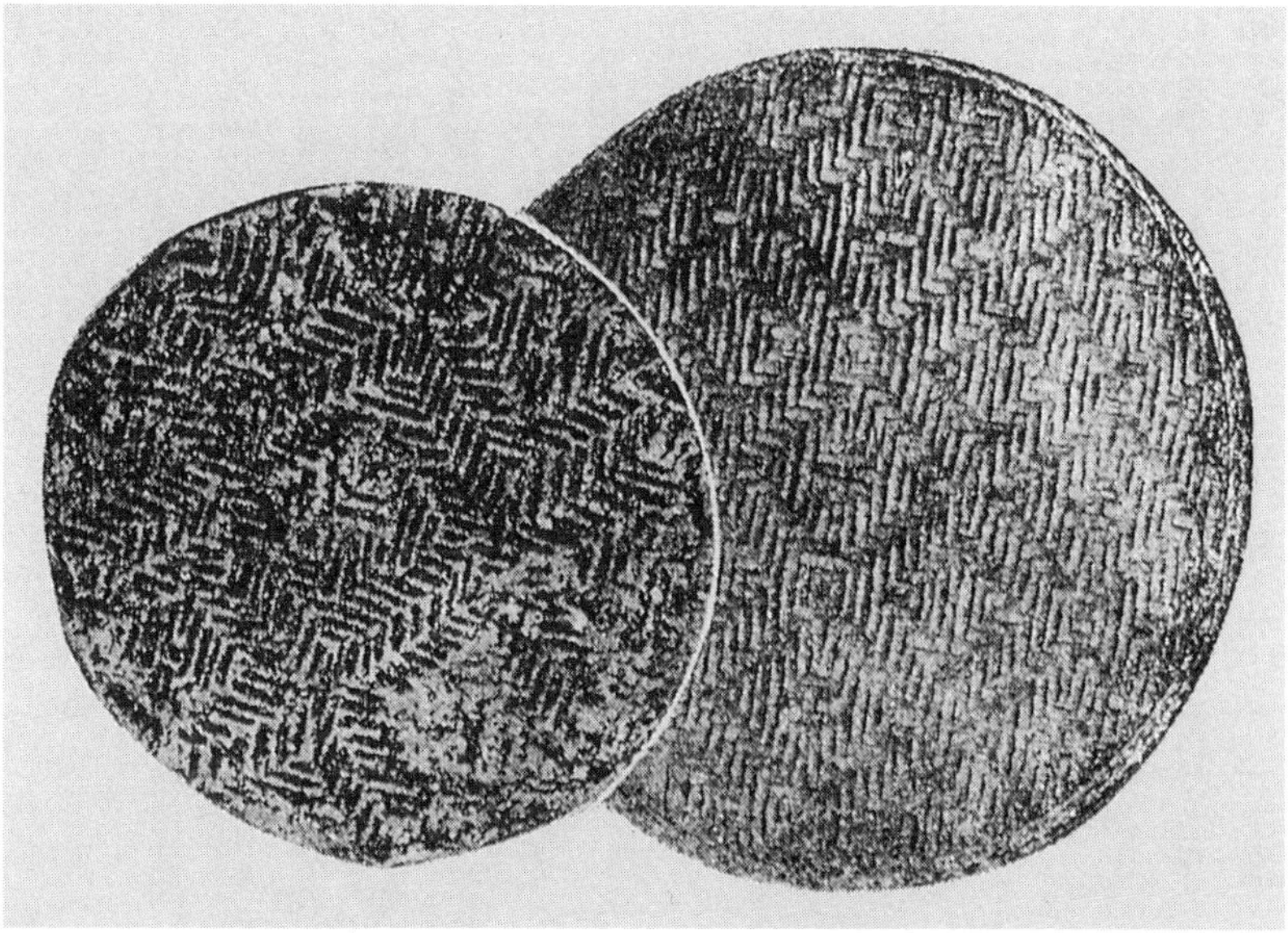

写真7－2　杉山寿栄男が提示した「連続枡網代組み」紋様（左：余山出土土器底面，右：「土俗編物」）

何の反応も起きなかった。

杉山はその後も独りで研究を続け、一五年の歳月を経た昭和十七年にはさらに踏み込んだ考えを明らかにする。私はそこに少しも揺らぐことがなかった彼の強い意志と確信を見る。彼は著書の『日本原始繊維工芸史　原始編』に載せた「土器底部縄蓆紋」の解説文の中で「土俗編物」の写真と余山貝塚（千葉県）から出土した土器底部の圧痕紋様を並べて見せ、両者が酷似している様子から縄紋時代人が作った敷物と民俗例が深く関連している事実を示そうとした（写真7－2）。そのとき示されたのは二個体の紋様だったが、そのおりに展開された彼の主張から推察すると、それは数多くの資料観察を経て到達した、一つの確信の中から象徴的に析出された資料だったことが解る。彼は多数の土器底部圧痕を綿密に観察し、そこに民俗例の編組技術と酷似している例を何種類も見出した。並々ならぬ関連性をうかがわせるそれらを通して、杉山は何種類もの編組技術が縄紋時代から現代まで受け継がれてきていると直感したのではないだろうか。

その揺るぎない確信があったから、縄紋時代晩期の籠製作や土器の底部圧痕に見られる編組技術について民俗例を参照すべきことを主張したのであろう。

杉山はこのとき、各地から採集された土器底面の圧痕に認められた先史時代の編組技術の数々を「飛ばし網代」「四方網代」「ざる編」「網代編」「透かし編」「枡形網代」などの名で呼べることを示した。彼が挙げたそれらの名は、たぶん当時の民俗例の籠類を製作する技術名称だったろう。昭和二年の段階では籠類の造形手順について述べただけだったが、このときまでに洞察をいっそう深め、先史時代例と民俗例との編組技術がよく類似していることに着目し、その意味するところに注意すべきことを具体的に示したのである。それは日本考古学史上画期的な意味をもった、注目されて然るべき独創的な視点からの提起だったが、考古学界はこのときも全く顧みず、微動だにしなかった。

昭和時代の後半以降になると、民俗例を参照して考古学的事実を考察しようとする研究者が現れたが、その数は現在に至るまで少数にとどまったままだ。

このように振り返ってみると、出土遺物と民俗例を交差させ得る機会は何度か訪れていたことになる。しかし日本考古学界には発掘された考古学的事実の理解を図るために民俗例に目配りする方法論が育たないまま現在に至っている。

2　民俗考古学的方法（民俗考古学）の成立

本書各章では各種の遺物を取り上げたが、出土遺物と現代民俗例との関連性をうかがわせるものとして注視したのは遺物そのものではなく、それぞれの遺物に各様の痕跡を残すに至った背後の技術や状況である。すなわち民俗例に痕跡を残している、ある種の働きかけの結果と通じる痕跡を出土遺物にも認めた場合、その民俗例を成立させた諸技術や諸状況と同様の作用が遺物にも働いていたのではないかと推察するのである。

民俗例を参照することによって考古学的事実の理解を図ろうとするこのような研究方法（以下「民俗考古学的方法」という）は従来の日本考古学には存在しなかった。強いて求めようとすると、実に九〇年も前に著された濱田耕作（青陵）の本を挙げなければならないのだ。誤解のないようにはっきり言うが、私は含むところがあって大昔の本を持ち出すのではない。なにしろ「民俗考古学的方法」に少しでもふれている著書を探索しても一冊も見当たらないのだ。それもそのはずで、この研究方法はモースによる大森貝塚の発掘以来今年まで一三五年の間、言い換えれば日本の科学的考古学研究の発展史上、ただの一度も論議されたことがないのだ。この研究方法にふれている著書が見当たらないなら論文でも、と、探索してみて、ようやく発見できるのが、先に述べた杉山寿栄男の主張なのだ。

濱田耕作（青陵）は大正十一（一九二二）年に著した『通論考古学』の中で、層位学的方法、型式学的方法とともに、考古学的研究の特殊方法の一つとして「土俗学的方法」を挙げた。比較の対象を、現存する人々の物質文化に求めるという一面だけを取り上げると「民俗考古学的方法」は、濱田の「土俗学的方法」に近いように思われるかもしれない。しかし両者は次のようにさまざまな点で相違している。

濱田によれば「土俗学的方法」は「現存野蛮未開の諸人種の土俗と比較して、古代人民の遺跡遺物の性質を明」らかにしようとするものだ。彼は「古代の遺物が其の用途不明なるか、其の製作の方法明らかならざる場合等」には、「現今同一文化程度にある民族間における土俗品」や「同一民族間でも、一地方で絶滅した考古学的器具や用途が、他地方に残存している土俗品」から類推できると説く。つまり濱田が説くこの研究方法の目的は遺物の用途や製作方法を理解することにあり、その類推、比較のために着目するのは現存野蛮未開の他民族が用いている類例、あるいはその古態を留めるかたちで残存している土俗品だ。

これに対して「民俗考古学的方法」の目的とするところは遺物の用途などではなく、発掘された堅果類の乾燥、保存、利用技術や、「あく抜き」技術、樹皮採取方法や利用技術、木割り技術やそれに伴う楔の変遷、編組技術などを一例とする、諸種の遺物からうかがわれる実用的生活技術ないし「営み」について理解を深めることにある。その類推、比較のために参照するのは、わが国の民俗例に認められる諸技術や「営み」であって、現存野蛮未開の民族の土俗品などではない。

それらに加えて決定的に違っているのが、類推、比較の対象に対する評価である。濱田は、類推、比較の材料になり得ると説く他民族の「土俗品」などと遺物との間の偶然の類似性が如何に排除され、比較し得ると判断する合理的妥当性がどのように確保されるのか、という点について少しも言及していない。そこから推測すると、対象との間にたとえ文化的関連性が認められなくても遺物の理解に使えそうなものは使うというのが濱田の考えと思われる。これに対して「民俗考古学的方法」は、あくまでもこの列島内における先史時代から近現代に至る文化的連続性を認め、もしくは類推し、そこに立脚して時間軸を往来しようとする。連続性を認めることによって偶然の類似性は排除され、比較の妥当性が確保される。

こうしてみると、民俗的「営み」をもって考古学的事実や遺物に痕跡を留めた「営み」を理解しようとする「民俗考古学的方法」と、固形物たる遺物の理解を目的として「現存野蛮未開の諸人種の土俗と比較」する「土俗学的方法」とは、目的も比較の対象も、比較し得る妥当性についての評価も異なった、全くの別物と見なければならない。

本書の各章で述べたように、発掘されたクリや「どんぐり」の剝き実、「へそ」、あるいはトチ皮の大小破片の成因、石斧柄に装着されていた樹皮輪等々には、それがどのような「営み」によって生成されたものか、遺物をどれほど注視しても判らないところがあった。どうしても判らないその正体、核心が、民俗例を参照することによって初めて理解できる場合があることは各章で述べたとおりだ。また、ある遺物の性格を理解しているつもりでも、民俗例を参照すると別な面が見えてくる場合があることは、縄紋時代の「木を割った磨製石斧」や古墳時代の有袋鉄斧に関して論じたとおりだ。それらのように未知の事柄が理解できたり新たな考察を展開できたりするのは、先史時代から現代まで受け継がれている技術や「営み」があるからだ。その文化的連続性が最も端的にうかがわれるのが編組技術を駆使する分野であることについては多くの例を挙げたとおりだ。

昭和十七年に杉山寿栄男が著書『日本原始繊維工芸史　原始編』に提示した先述の指摘は、先史時代例と当時の編組技術の共通性に気付いたことが発想の基点となっている。以来、七〇年を経た今、「民俗考古学的方法」には新たな側面が伴うことがはっきりした。先史時代のある種の文化が、現代まで途切れることなく継承されてきたことを論じ得る研究法でもあることが明らかになったのである。「民俗考古学的方法」は考古学研究法の一つだが、便宜的にこれを「民俗考古学」と称しておきたい。杉山寿栄男は「民俗考古学」の先駆者だったのである。

三　民俗考古学の可能性

これまで日本考古学界に全く認知されてこなかった「民俗考古学的方法」だが、実はさまざまな可能性をもっている。民俗例を参照することによって、先史時代の、ある単一の技術や営みが初めて判明する例は本書各章で扱ったとおりだが、この方法がもっている可能性はそれだけではない。複数の民俗考古学的事実を総合することによって、従来の考古学では着手できなかった方面への新たな展開も可能になるようだ。以下では一つの試みとして縄紋時代草創期に起こった食料事情をめぐる大変革について考えてみる。

1　遊動から定住へ——草創期の食料事情を好転させた要因

この列島で生きた旧石器時代の人々は一ヵ所に定住することなく、獲物を求めて移動を繰り返す遊動生活を送っていた。固定的な住居を持たず、狩猟具やテントを持ち運んで短期間の野営を繰り返す生活だったらしい。それがおおよそ一万五〇〇〇年前、最終氷期が終わろうとするころ、一ヵ所に定住する人々が現れ始めたと考えられている。温暖期から再び寒冷期へと振れたこの時期は縄紋時代の草創期にあたっており、人々は温暖化によって大きく変わった植生の恩恵を受けて新たに入手が容易になった各種の植物性食料を利用するようになった。そのことが定住を可能にしたというのが、これまでの考古学の共通理解となっている。発掘によって明らかになった考古学的事実を基に、花粉分析その他、諸種の理化学的分析を加味して得られた右のような理解は、たぶんそのとおりだろう。しかし温暖化に伴って植生が変化すると何故に定住が可能になるのか必ずしも明快に説明されているわけではない。定住という、この列島に暮らした人々の発展の基礎になった出来事はどのような状況下で開始されることになったのか。私はその辺りについて民俗考古学の視点から考えられるところを述べてみたい。

(1)　食料を増やした「あく抜き」技術

鳥浜貝塚の発掘調査報告書によれば、六二～六五層から、「爪形紋土器、無紋土器、多縄紋土器」などとともに、縁が不規則に破れたトチ皮の大破片が発掘されている（写真7－3・4）。これと同様の破片は同じ遺跡の上位層からも「多縄紋土器」とともに出土しているから、それらのトチ皮は縄紋時代草創期の所産と見るのが妥当だ。しかしこのトチ皮からどのような意味を読み取ることができるか、考古学界では全く注意してこなかった。

これらのトチ皮が人為的な営みによって残されたものか、それとも自然の営みによって形成されたものか、判別は容易ではない。想像もつかない何らかの作用を受けていないとは断言できないからだ。しかしここでは自然の営みとの比較を試みることにする。

トチの実が落ちるころ、試しに山に生えている木の下に行ってみると小動物が齧った実を見つけることができるだろう。その皮の縁を観察すると、鋭い小さな歯で齧った場合に残される特有の形状を認めることができるはずだ。あるいは日向に一年でも放置したトチがどう変わるか、変わらないか、確かめることも簡単だろう。また、深さ一〇チセンぐらいの穴を掘り、木から落ちたばかりの新鮮な実を埋めておいたなら翌春に新芽が顔を出すから、そのときの皮がどうなっているか観察することも容易だ。そのようにして自然状態下における各様のトチを観察すると、鳥浜貝塚の草創期層から発掘されたトチ皮の大破片の破れ方はそれらのどれとも違っている。このことから、これらのトチ皮は自然の営みによって形成されたものとは思えない。しかし同時代のトチ利用の状況を知りたくても、今のところ草創期の発見例がほかにないので、ここでは慎重を期し、自然の作用を受けていない可能性がきわめて高い、と、言うにとどめておきたい。自然でないとしたら何か。見るべきは民俗例だ。このトチ皮の大破片を民俗考古学的視点に基づいて観察すると、次のように、俄然、重要な意味をもっていることが明らかになる。

本書第二章で述べたとおり、発掘されたトチ皮の形状からはトチの保存方法や皮の剝き方を読み取ることができる。それら先史時代の技術は民俗例を参照することで理解されたものだったが、それに基づくと鳥浜貝塚の草創期層出土例は、鳥浜貝塚人が生の皮付きトチ、あるいはそれを十分に乾燥し、保存しておいたのを水に浸け、ふやかした後で皮を破り、剝き実を取り出したさいに残された皮である可能性が非常に高い。つまりこの鳥浜貝塚例は、現在のところ人為的に剝かれた、わが国最古のトチ皮と考えられる。トチは誰でも知っているように「あく抜き」をしない限り

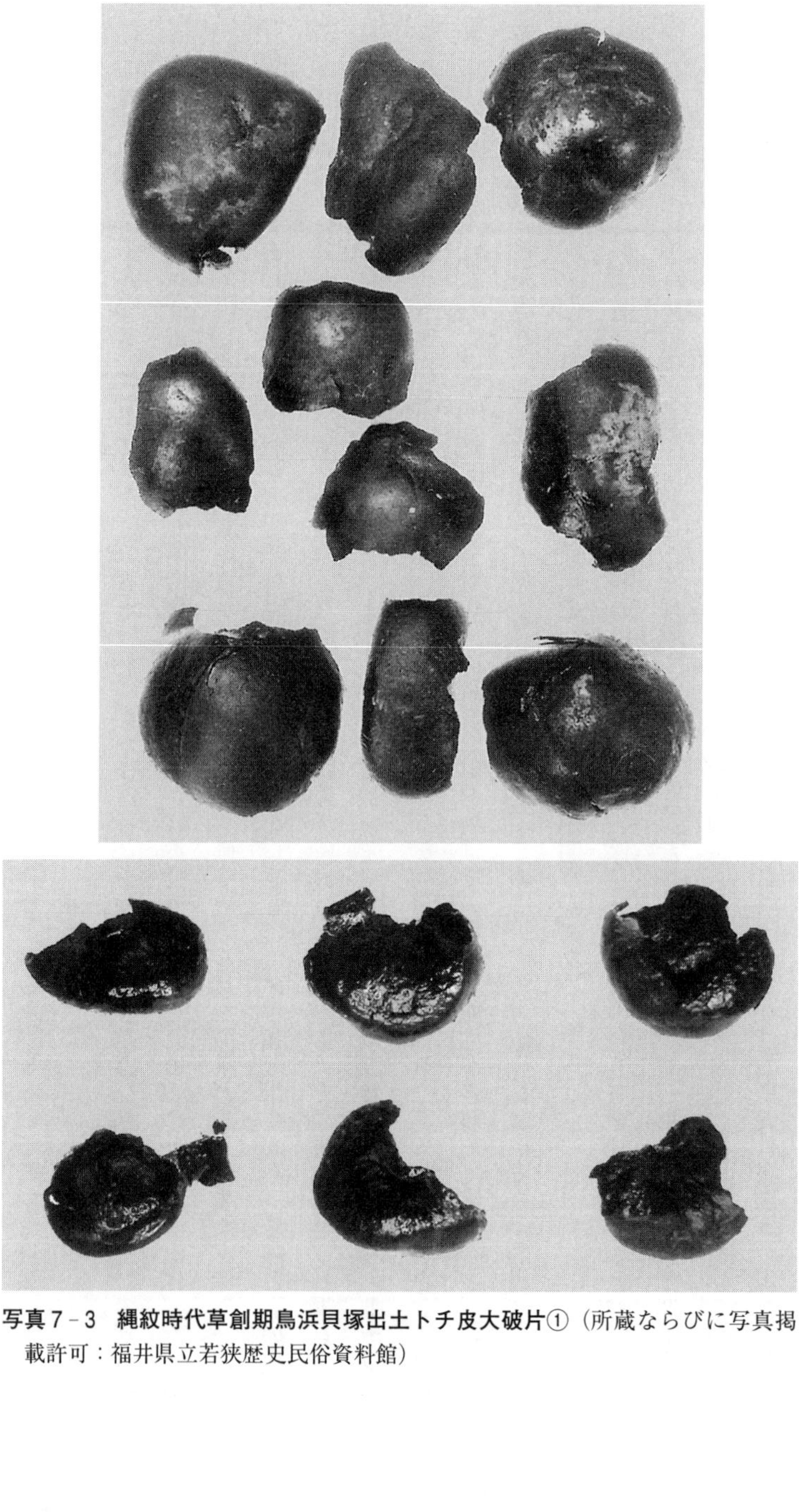

写真７－３　縄紋時代草創期鳥浜貝塚出土トチ皮大破片①（所蔵ならびに写真掲載許可：福井県立若狭歴史民俗資料館）

写真7－4　縄紋時代草創期鳥浜貝塚出土トチ皮大破片②（所蔵ならびに写真掲載許可：福井県立若狭歴史民俗資料館）

煮ても焼いても食えないものだから、この鳥浜貝塚例は草創期の人々が「あく抜き」方法を知り、トチを食料に加えていたことを裏付ける有力な物証ということになる。

本書の第一章にも記載したように、クリ、「どんぐり」をご飯代わりに食べたという民俗例（前出【事例一－2・3・7・8・9】）は、場合によっては堅果類が主食になり得たことを教える。トチだけを主食のように食べたという現代民俗例を私は知らないが、本書第二章に記したように、江戸時代の『秋山記行』には、水晒しによって「あく抜き」したトチを「そのまま椀に盛り食う」（小赤沢）とあることを参照すると、古くはトチも主食あるいはそれに近い利用の仕方が珍しくなかったのではないかと想像される。次に挙げる「どんぐり」の発見例も草創期の「あく抜き」をうかがわせる一例とみてよいかもしれない。

草創期の西鹿田中島遺跡（群馬県）の七一号土坑から発見された「どんぐり」はカシワの、七五号土坑から発見された「どんぐり」はコナラの可能性が高いと報告されている（写真7－5）。それぞれ子葉の一枚というから実の合わせ目から分離した半分だ。その量は少ないが、共に縄紋時代草創期の爪形紋土器に伴って出土しているから、自然科学者による年代測定のデータを参照するとたぶん一万二〇〇〇年以上も前のものだ。カシワもコナラも、民俗例では「あく抜き」してから食べられるから、西鹿田中島遺跡の人々も鳥浜貝塚人がトチの「あく」を抜いたようにして「どんぐり」の「あく」を抜いて食べていた可能性が高い。

ではトチやカシワ、コナラを食べた草創期の人々による具体的な「あく抜き」方法はどのようなものだったか。民俗例を参照すると先史時代の「あく抜き」方法には、「発酵系あく抜き」「水晒し系あく抜き」「はな（澱粉）取り系あく抜き」「灰汁合わせ系あく抜き」があった可能性が非常に高い。右に挙げた二遺跡の人々なら土器を使って「あく抜き」したかもしれないが、「はな（澱粉）取り系あく抜き」は樹皮製容器でも可能であるし、「発酵系あく抜き」

写真7－5　縄紋時代草創期の「どんぐり」の剝き実（西鹿田中島遺跡）

「水晒し系あく抜き」に容器が不要であることは民俗例から明らかだから、草創期の人々の「あく抜き」にはどうしても土器が必要だったと考えなくてもよい。

右のような状況の中から草創期の「あく抜き」方法を具体的に絞り込むことは難しいが、草創期の彼らが「あく抜き」をしなければ食べられない木の実を食べていた可能性が非常に高いということは明言できる。

「あく抜き」技術を獲得する以前の人々は、大木の下に落ちている多量のトチを見かけたとしても横目で見て通り過ぎるしかなかったろう。そんな、煮ても焼いても食えなかった木の実を主食にもなり得る食品に変えることができたのだから、「あく抜き」技術は食料の絶対量を増やすことと同じ効果を持っていた。クリよりも概して大きく、それだけ澱粉質が多いトチの「あく抜き」方法を獲得してみると、この実はさぞかし使い出があったことだろう。動物を仕留める狩猟は働き盛りの屈強な男にしかできないだろうが、「あく抜き」さえすれば主食にもなるトチや「どんぐり」の採集は、女、子供、老人にも可能であり、大量に採集することができれば動物を何頭も仕留めたのと同様の効果が期待できたはずだ。

生活圏に落葉広葉樹林をもつ草創期の人々によって獲得されたであろうトチや「どんぐり」などの「あく抜き」技術は、食料として利用できる対象を飛躍的に増やした革命的技術だったと認識したい。

(2)　食料の長期保存を可能にした乾燥処理技術

a　東黒土田遺跡出土の「どんぐり」

昭和五十五（一九八〇）年の暮れ、鹿児島県志布志町に所在するこの遺跡で「木の実貯蔵穴遺構」の発掘調査が行われた。これが貯蔵穴であるかどうかについては保留しなければならないのだが、調査された瀬戸口望さんの記載によると、この遺構は縄紋時代草創期の土器片が出土した地層よりも古い層に作られており、その中に「暗黒色に炭化した木の実がびっしりつまって」いた。その「木の実の炭化物」は「外皮を取り除いた内実だけのもの」であったという。その種類について植物学分野の研究者に鑑定を依頼したところ、「ブナ科カシ類のイチイカシであることが判明した」という。私がこの「どんぐり」を鹿児島県歴史資料センター黎明館で見せてもらったところ、丸みのある類と細長い類の複数種類があるように見えたから、もしかしたら一種類ではないかもしれない（写真7－6）。またそれらが「あく抜き」を要する類かどうかも気になるところだ。

b　西鹿田中島遺跡出土の「どんぐり」

(1)で取り上げたものだが、この遺跡の土坑から発見された「どんぐり」は剝き実だった。

c　王子山遺跡（宮崎県）出土の「どんぐり」

写真7－6　縄紋時代草創期の「どんぐり」の剝き実（東黒土田遺跡）

草創期の隆帯紋土器が出土したこの遺跡の一つの土坑から採取され、個体復元された一四点のコナラ、ミズナラ、アベマキなどはすべて剝き実だったという（都城市教育委員会　二〇一二年『王子山遺跡』）。

d　鳥浜貝塚出土の「へそ」

鳥浜貝塚からは、草創期爪形紋土器段階の「どんぐり」の「へそ」も検出されている（写真7－7）。

右に挙げた草創期の「どんぐり」利用例からどのような意味を読み取ることができるか。これを民俗考古学的視点に基づいて観察すると、そこから草創期の人々の「営み」が見えてくる。

注目したいのは、東黒土田遺跡、西鹿田中島遺跡、王子山遺跡から出土した「どんぐり」が、いずれも皮が除かれた剝き実であることだ。それは本書第一章で述べたとおり、乾燥処理されてから保存され、搗くことで皮が除かれたものと判断される。また「どんぐり」の「へそ」が、乾燥させた「どんぐり」を搗いて皮を除いた営みの産物であることも同じ章でふれたとおりだ。つまり

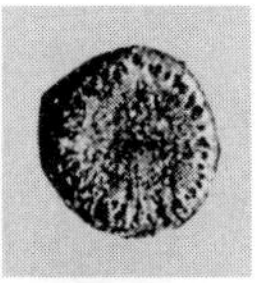
写真7－7　縄紋時代草創期の「へそ」（鳥浜貝塚，所蔵ならびに写真掲載許可：福井県立若狭歴史民俗資料館）

右に挙げた四遺跡の例から明言できるのは、草創期の人々は「どんぐり」を乾燥させて保存し、食べるために搗いて皮を除く技術を身につけていたという事実だ。そこから類推すると草創期の人々はクリもまた煮て食べていたばかりでなく、乾燥させて保存する方に振り向けていた公算が大である。さらには民俗例にわずかに顔をのぞかせる獣肉のほか、毎年決まった季節に河川を遡るサケをはじめ川や海産の魚介類の乾燥、保存もまた草創期段階から行われていたとみておいた方がよいのではないか。

たぶん落葉広葉樹林帯で獲得された堅果類その他、動、植物性食料の乾燥処理技術は、狩猟や漁労、採集活動によって入手した各種食料の多寡を平準化し、食料を食い延ばすことを可能にした。それは例えて言うなら、戸を開けさえすればいつでも乾燥食料を取り出すことができる食料庫を手に入れたに等しい画期的技術だった。草創期の人々はこの技術を獲得したことで、不猟による空腹や飢餓を過去のものにすることができたのではないか。

こうしてみてくると、トチや「どんぐり」の「あく抜き」技術と、各種食料を対象とする乾燥処理技術は、草創期の人々の食料事情を大いに好転させせたと推察することができる。

(3)　食料の採集ならびに乾燥に用いられた「いれもの」

旧石器時代の人々は石器を作る原材料をかなり遠方の産地から運ぶことがあったと考えられている。あるいは原石から不要な部分を叩き落として捨て、使える部分を携えて移動することがあったという。硬質で角ばった重い石を運ぶには、広葉樹ならシナノキ、針葉樹ならヒバ、ヒノキなどの樹皮製の組み籠が最も適しているだろう。また彼らは乳飲み子を伴って移動することもあったに違いない。それには植物性繊維で作った網や編み籠が相応しかったのでは

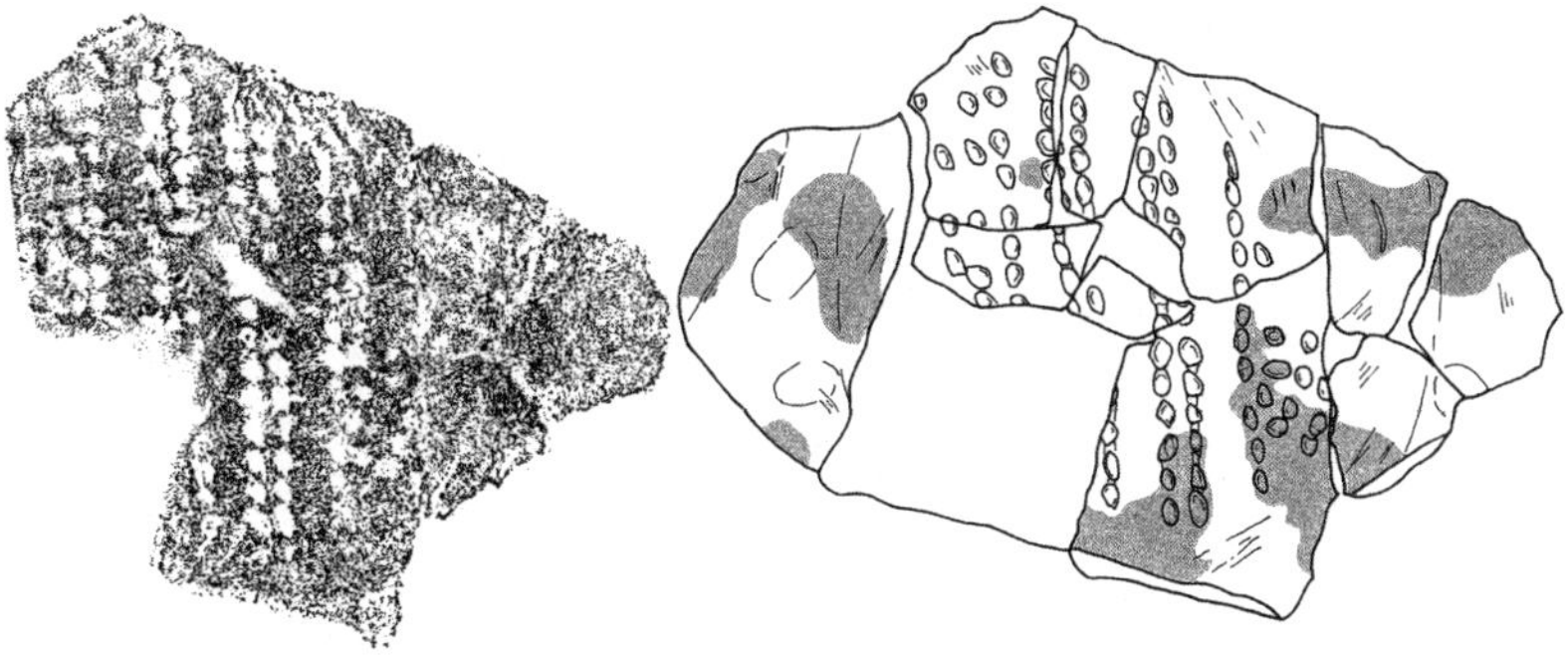

図7－2　縄紋時代草創期の縄目編み（鹿児島県立埋蔵文化財センター 2006『三角山I遺跡』105頁より引用）

ないか。旧石器時代人は何を運ぼうとするかによって、編む、組む、剛、柔、大、小などの要素を組み合わせ、必要に叶う「いれもの」を作り、使い分けていた可能性が高い。彼らが作った編組製品は欠けらも発見されていないから実態は不明だが、土器以前に植物性素材を編んだり組んだりして作った「いれもの」が使われており、その編組技術が草創期へと受け継がれたであろうことは十分に考えられる。

草創期の編組技術資料例は僅かしか発見されていないが、その一例である三角山I遺跡（鹿児島県）から発掘された土器の底部には「縄目編み」の痕跡が認められる（図7－2）。その土器の口縁部には草創期に属すことを意味する隆帯が巡らされているから、自然科学者による年代測定のデータを参照すると、たぶん一万三〇〇〇年以上も前のものだ。その土器を作った人々が「縄目編み」の製品を作っていたということは当時の人々が「編み籠」（前出図6－1）を作ることができたことを強く示唆する。同じく草創期のムジナ岩陰遺跡（山形県）や仲道A遺跡（静岡県）からはテープ状に整えた植物性素材を縦横に密に組んだ製品の圧痕がついた土器底部が発

図7－3　縄紋時代草創期の網代組み（『仲道A遺跡』124頁より引用）

見されている（図7-3）。彼らは「組み籠」（前出図6-3）を作ることができたとみてよい。縄紋時代草創期の人々が、各種の堅果類を採集するために携行したのは樹皮素材を含む植物性素材で製作した「編み籠」や「組み籠」だった公算が大きい。

採集してきた堅果類を、日向で、あるいは火力で乾燥させるには浅く広い製品が望ましい。草創期の人々は、たぶんそのような浅い「いれもの」を作ったほかに、「編み籠」を作ることができたと推察できるから、通気性のある［簀の子］状の製品を製作できた可能性も高い。彼らはまた目の詰んだ「組み籠」を作ることができたと推察し得たところから、目を緩ませた浅い「いれもの」を製作できた可能性も高い。

要するに草創期の人々は木の実その他の乾燥用の「いれもの」も製作できたとみてよい。

2　住居に先立って必要だった食料の乾燥小屋

縄紋時代草創期の人々は「編み籠」や「組み籠」を利用して採集、運搬した各種の動、植物性食料をすぐに食べたばかりでなく、長期保存のための乾燥処理も行ったと思われる。民俗例を参照すると、木の実その他を乾燥させる効果的な方法の一つは天日乾燥だ。「あく抜き」技術を獲得したことで新たに食料に加わったトチや「どんぐり」を含め、クリ、クルミなどの木の実を採集、乾燥させる季節にはサケも遡上する。乾燥処理の対象が急に増えるこの時期は日を追うごとに日没が早くなり、日差しも弱まってくる。晴天が毎日続くわけもないから乾燥処理には火力も利用しなければならなかったろう。必要に即した「いれもの」を使って、初めのうちは屋外で乾燥作業を行い、その成果品は遊動するさいに使うようなテントの中に貯蔵したかもしれないが、それではすぐに対応できなくなったのではないか。乾燥させた食料がきわめて長期間にわたって利用できることを知った草創期の人々は少しでも多くの食料を乾燥させ、貯蔵しようとしたはずだ。だから乾燥用の薪と、それを焚く所だけは、雨天、荒天から守らなければならなかったと想像する。彼らは遊動するときのようなやり方で木を伐り、簡易な屋根をかけた乾燥小屋を建て、そこで乾燥食料を作ったのだろう。そうして作った乾燥食料の貯蔵場所の一つは地面に掘った穴（土坑）であったかもしれないが、地表に置き場を設けて覆いを掛けることもあったのではないか。

このようにして、乾燥小屋や土坑、薪置き場や食料置き場などが大切な存在になったことは、ゆくゆく彼らが遊動を止めて定住することに連なる道筋の第一歩となった。というのは、貯蔵食料が多いことの効果を実感した彼らは、その食料乾燥、貯蔵用の小屋を少しでも大きく丈夫に作る方向に努力を傾けたと思うからだ。それは遊動から遠ざかる営みだった。彼らはやがて食料乾燥、貯蔵用の空間を広げるため、柱を立て、炉上空間を堅固に作り、ひとつ屋根の下で乾燥作業も貯蔵も行ったのではないだろうか。

そのようにして草創期の人々は、より多くの食料を入手しさえすれば、それだけ多くの乾燥食料を製造、貯蔵できるという仕組みを作り上げた。そのことが、時代に即した新式の道具の登場を促した可能性がある。草創期に「返し」のある石製の「矢じり」が作られたのは、そんな新たな状況が殺傷力の強い弓矢の開発を待望したからではないだろうか。働き盛りの男たちは新式の飛び道具を携え、植生の変化によって数を増やした鳥獣を盛んに狩ったのだろう。一方、秋に川を遡り浅瀬で産卵するサケを射たり集めたりするのは、狩猟に従事できない老人、女、子供でも可能だったはずだし、その「矢じり」は、たぶん新式でなくてもよく、木製でも十分に使えたかもしれない。

草創期には、おそらく前時代末期に登場した石器が受け継がれたばかりでなく、鋭利な刃を備えた伐採用と思われる磨製石斧や木割り用の楔も広く普及したと思われるが、それは右のような諸施設の造作に使う材料や火力乾燥用の薪を必要とする新興の状況に促された技術革新だったのではないだろうか（図7－4）。

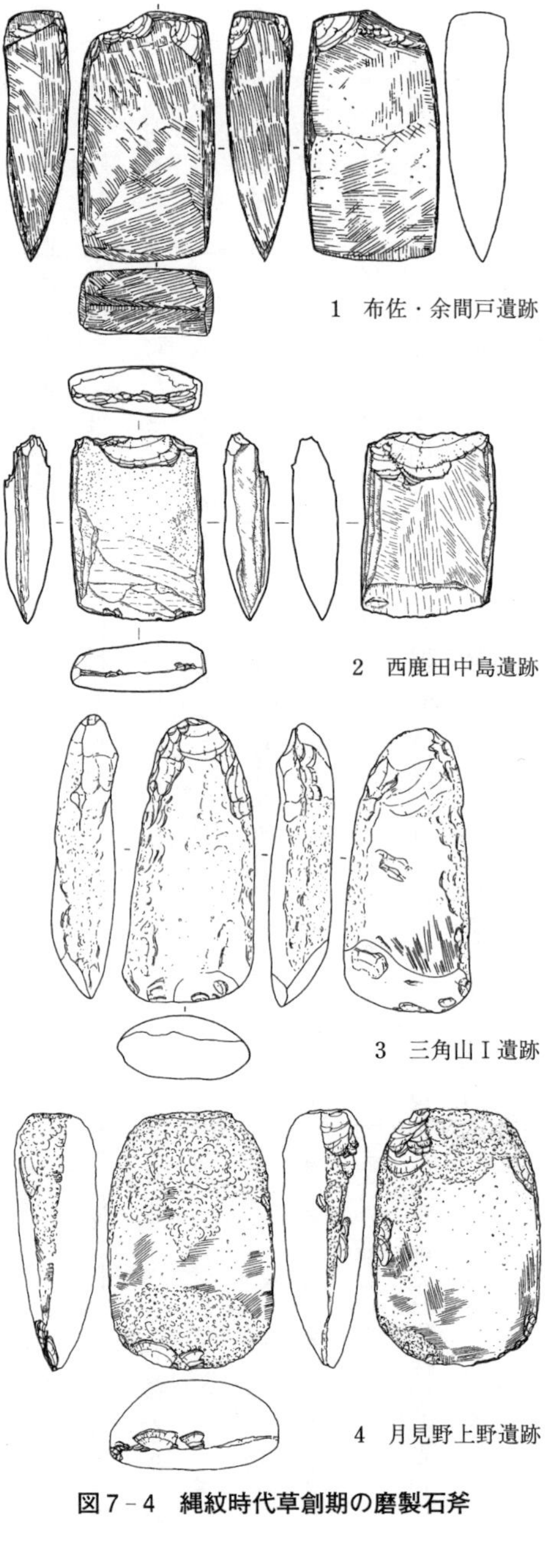

図7－4　縄紋時代草創期の磨製石斧

草創期の人々は前時代には食料になり得なかったトチや「どんぐり」はもちろんのこと、貯蔵が利く多くの動、植物性食料を入手し、盛んに乾燥して蓄えたのであろう。そのようにして多くの乾燥食料を蓄える営みは、主として獲物に頼る生活を送っていた段階よりも食料事情を格段に好転させた。それはおそらく人口を増加させたから、獲物に寄りかかる生活をいっそう困難にしたのではないか。人々はもはや遊動生活に後戻りできなくなり、乾燥食料を作って貯蔵する道を進むしかなくなったのである。蓄えた乾燥食料が多くなるにつれて狩猟に依存する度合いが低下し、あるとき、ついに獲物を追って遊動しなくなった。遊動を止めた彼らは、食料の乾燥兼貯蔵小屋に住み始めたのではないか。

先にふれた三角山Ⅰ遺跡で草創期の隆帯紋土器を出土した一つの竪穴住居の床面中央からは焼土が検出されている。また土坑から剝き実の「どんぐり」が検出された西鹿田中島遺跡では一つの住居跡の下位から草創期の爪形紋土器その他が発掘されたが、そこからは焼土の小さな固まりがまとまった状態で検出されている。また隆線紋土器を出土した湘南キャンパス遺跡（神奈川県）の住居跡ないし住居状遺構の床面中央部には「弱い炭化物集中」が認められたし、草創期の条痕紋土器を出土した大原D遺跡（福岡県）の住居跡床面には薄い炭が断続的に広がり、焼けて赤変している部分があると報告されている。掃除山遺跡（鹿児島県）で検出された二号住居跡内には炭化物の密集部分があり、直下の土はやや赤色化しているという。右のような草創期の住居跡もしくはそれに近似する遺構内から発見される焼土もしくは炭の分布が示唆する炉については、調理や寒さ対策用としてばかりでなく、食料の乾燥、貯蔵用としての役割も考える必要があると思う。草創期における食料の乾燥処理は、屋外から検出される炉穴や焼礫を含む炉でも行われたとみておきたい。

こうしてみると、おそらく後期旧石器時代末期までに獲得されていた「いれもの」の製作技術、磨石や石皿状石器が暗示する粉砕タイプの「あく抜き」技術、縄紋時代草創期に至って顕在化する、食料の乾燥処理技術、乾燥食料の製造、貯蔵施設の構築やそのための工具の開発といった諸要因が草創期の人々の食料事情を大きく好転させた。その大変革がこの列島の人々を遊動から定住へと向かわせたというのが、民俗考古学から知られるいくつかの事実を総合して得た私の仮説だ。

右のように複数の民俗考古学的事実を総合することによって、「営み」から「営み」を論じ得るのも民俗考古学の可能性の一つと言えよう。民俗考古学的研究は、めまぐるしく変転した歴史の基底に、縄紋時代から現代まで途切れることなく受け継がれてきた遠古の文化が存在することを明らかにした。先史時代と歴史時代とが文化的に連続していることが証拠を挙げて言えるようになったのである。縄紋時代から現代まで受け継がれたものがある一方で、途中から何が加わり途中で何が消えたか、その背景は何か、日本文化の形成を縄紋時代に遡って考える、そのような視点が成立し得ることを明らかにしたのである。

現代民俗例というフィルターを通して見ることによって初めてその素性を語り始める先史時代の遺物が実在しており、そのかすかな声に耳を傾けることによって初めて姿を現してくる世界が存在しているのである。

あとがき

本書で何度かふれたが、考古学的事実と現代民俗例との関連性を踏まえたところから展開する研究は、これまで考古学界でも民俗学界でも試みられたことがない。そんな空白の学問領域に、私がおぼつかない足取りで立ち入ることになった転機は四〇年ほど前に遡る。当時、高校教員だった私は、自宅で机に向かうときは、東北地方北部に分布する縄紋時代早期、前期の土器研究に没頭していた。そのころの私には、授業の下調べを別にすると、さまざまなタイプの土器の紋様を仔細に観察し、それらの前後関係や地理的分布を考究することだけが研究だった。しかしそんな生活も、定期人事異動で県立博物館の開設準備を進める仕事に移り、江戸時代以降の諸資料を扱うようになって大きく変わった。博物館の開館と同時に展示されることになるそれらは、素材も製法も形態も、機能も用途も多岐にわたっていたが、土器を凝視して文化的諸要素を抽出することに慣れた眼で観察すると、さまざまな発見があって面白かった。土器以外の「もの」でも、背後の文化を雄弁に物語ることを実感できたのは良い経験になった。

本書の「はじめに」の部分に書いた雑穀栽培についての民俗調査は、日本列島で暮らした人々が米を食べるようになる以前の、食料と、その栽培方法を探究する手掛かりを得るために設定したテーマだ。その調査から学んだことは多かったが、同時に私に後悔と反省を突きつける事実にも直面した。それは、もしも竹や蔓、樹皮、木材など有機質素材で製作された諸用具が存在しなければ、雑穀を栽培し、収穫してから口に入れるまでの諸作業がとうてい成立しないという、考えてみれば当たり前のことだった。

収穫した穀物を調理できる段階まで処理するために不可欠な有機質素材の製品だが、それらはたいてい土中で腐朽、消滅してしまって、遺跡からはほとんど発見されない。だから、辛うじて残存した、原型を留めないまでにひどく腐食した鋤先や鎌をどれほど精査しても、古代の農耕や食生活に肉薄できるはずがないのだ。遅まきながら身をもって知ったそのことは、わが身の来し方に否応なく反省を迫るものだった。有機質素材の生活用具は縄紋時代人にとっても不可欠であったに違いない。いうならば、それなくしては生きていけない、そんな、朽ち果て消滅してしまった「もの」たちに思いを馳せることがないまま、或る限られた時代の、しかも或る限られた地方にしか分布しない土器の紋様分析に専心して研究した気分になっていたのはいかにも視野が狭かった。山も森も見ないまま葉先だけを凝視することに何ら疑問をもたなかった十数年の歳月が悔やまれた、そんなときに出会ったのが北部北上山地の古老たちだったのである。私は各種の有機質自然素材を利用する彼らの話に縄紋文化の匂いを感じ取りながら、併行して各地の発掘調査報告書に紹介される有機質遺物に注目し始めた。すると何千年も前の人々が残した遺物であるにも関わらず現代民俗例と通じているものが少しずつ見つかり始めた。増えこそすれ減ることのない、そんな資料の数々を見ていると、縄紋時代から現代まで一万年の時を超えていくつもの技術が受け継がれていることは、もはや明らかだった。

これまで誰も発表したことがない、しかも民俗学界ではタブーのようになっていると漏れ聞く、縄紋時代と現代の文化的連続についてどのようにまとめるか、それまでの考察を整理しながら新たに気になったのは精神文化のことだった。というのは、この一万年の間、途切れることなく受け継がれてきたのが技術に関連した可視的資料ばかりだったとはとても考えられなかったからだ。もしかしたら、目に見えない精神的文化の中にも縄紋時代から現代まで伝承されてきたものが存在しているのではないかという着想は捨て難かった。

例えば儒教や仏教といったアジア大陸から将来された教えが根付く以前、この列島には独自の価値観、ものの感じ方や考え方、言ってみれば精神的な文化が存在したのかどうか。もしも存在したとしたら、それはどんなもので、いつの時代から存在し、現在へと受け継がれているのか。あるいは荘厳な山の頂の向こうに神霊を感得しようとする心情は、いつの時代から芽生えたのか。また、戦没者や大災害の犠牲になった人々を追悼する祭壇に据えられるのは角柱だが、それは、古来、神々の数を数えるのに「柱」と表す習いと関連があるのか。そしてそれは縄紋時代人が遺跡に太い柱を立てた営みを受け継いでいるのか。あるいは、三種の神器のうち勾玉だけが縄紋時代に起源するが、そのことには何らかの象徴的意味合いがあるのか。また、他界した肉親の声を聞きたいと切望する人がおり、その求めに応じる女性たちがいるが、そのような心情や宗教者の存在はどこまで遡ることができるのか。あるいは、民俗例の金精神が、男根をかたどった縄紋時代の石棒に類似しているのは、そこに何らかの関連があることを物語っているのか。

右のような精神的文化を含め、日本の文化は、いつ、どのように芽生え、どう推移して現在に至っているのだろうか。われわれの知っている物質文化、精神文化が、この列島住民の長い生活史の中で育まれ、現在に至っているとするなら、現代から遡及するようにして、その根源を探究する方法があって然るべきだと思いたい。場合によっては、逆に、発掘された事実から出発して、その事象がその後どのように推移したか、現代の方向へと探索する方法もあり得るのではないか。そのようにして双方向からの洞察を交差させるためには、自在に往来しようとする悠久の時間軸上に文化的な断絶があっては不都合だが、縄紋時代から現代まで、この国の文化は果たして連続しているのだろうか。日本の基層文化は縄紋文化であると、しばしば言われるが、そう言えばそのことを説く明確な論拠を聞いたことがないような気がする。そんなことがしきりに思われてならなかった。

そのような諸々の感懐に背中を押され、私は縄紋時代から現代まで途切れることなく伝承されてきた文化が確かに存在することを主張したいと考え、本書を執筆した。

本書では、クリ、「どんぐり」、クルミを乾燥させて長期保存し、利用する技術、トチや「どんぐり」の「あく抜き」技術、乾燥食料を作り、保存する炉上空間の利用、樹皮採取方法やその利用技術、植物性素材を用いた編組技術などを取り上げた。それぞれの技術が縄紋時代から一万年を超えて現代に受け継がれていることを論じたが、それはこれまでほとんど留意されなかった「民俗考古学的方法」によって論じることが可能になったものだ。

本書は岩手県の北上山地で出会った古老たちのご理解、ご協力なしには一行も書くことができなかった。皆さんの大恩は胸中深く銘記している。また各地で拝見した有形民俗文化財（民具）がなければ、「民俗考古学」の芽を出すことすら叶わなかった。ともすれば「ごみ」「がらくた」と揶揄されがちな、そして全土に及んで片時も止むことがない、時の流れという大奔流の中で失われがちな有形民俗文化財を収集、研究し、展示している各地の博物館、資料館の担当者、緻密な調査、記録を積み重ねている研究者、教育者には心からの敬意を表したい。本書の各テーマに関連する資料を実見させてくださった各地の埋蔵文化財センターや教育委員会、大学の皆さまのご親切にも深く感謝申し上げる。

なお本書は一般読者向けに書いたので引用文献の列挙を割愛したところがある。確認したい方は私がこれまでに書いた左記の諸初出論文を見ていただきたいと思う（序章、第三章、第五章の「裏見せ横使い」、終章、コラムは新稿）。

第一章　名久井文明　二〇〇四「乾燥堅果類備蓄の歴史的展開」『日本考古学』第一七号
第二章　同　二〇〇六「トチ食料化の起源—民俗例からの遡源的考察—」『日本考古学』第二二号
第四章　同　二〇一一「「木を割った磨製石斧」と、その後継器種」『東北芸術工科大学東北文化研究センター研

究紀要』第一〇号
第五章　同　一九九三「東日本における樹皮利用の文化―加工技術の体系と伝統―」『国立民族学博物館研究報告』第一八巻第二号／同　一九九九『樹皮の文化史』吉川弘文館／同　二〇〇七「鳥浜貝塚出土AZ[9258]―石斧柄の樹皮をどう読むか―」『富山市考古資料館研究紀要』第二六号
第六章　同　二〇〇四「民俗的古式技法の存在とその意味―特に編組技法について―」『国立歴史民俗博物館研究報告』第一一七集／同　二〇〇九「縄紋時代から受け継がれた現代網代組み技術」『日本考古学』第二七号

名久井文明

平成二十四年九月

著者略歴
一九四二年　東京都に生まれる
一九六五年　國學院大學文学部史学科卒業
現在　物質文化研究所一芦舎代表、岩手大学非常勤講師
〔主要著書〕
『九十歳　岩泉市太郎翁の技術』（一芦舎、一九九五年）
『樹皮の文化史』（吉川弘文館、一九九九年）
『山と生きる』（共著）（一芦舎、二〇〇一年）

伝承された縄紋技術
木の実・樹皮・木製品

二〇一二年（平成二十四）十月十日　第一刷発行

著者　名《な》久《く》井《い》文《ぶん》明《めい》

発行者　前田求恭

発行所　株式会社　吉川弘文館
郵便番号一一三―〇〇三三
東京都文京区本郷七丁目二番八号
電話〇三―三八一三―九一五一〈代〉
振替口座〇〇一〇〇―五―二四四番
http://www.yoshikawa-k.co.jp/

印刷＝株式会社 平文社
製本＝株式会社 ブックアート

ISBN978-4-642-08194-8

名久井文明著

樹皮の文化史

（歴史文化セレクション）

三九九〇円（税込）　A5判・上製・カバー装・二八六頁

かつて樹皮は日常的に使用されていた。暮らしの中での利用法を古老からの聞き取りに学び、加工技術の全容を明らかにする。さらに縄紋時代から近現代までの樹皮利用例を考察し、日本の樹皮加工技術文化を体系づけた。

吉川弘文館